浙江省普通本科高校"十四五"重点立项建设教材

全球数字经贸规则

国际经验与中国方案

诸竹君　任婉婉　商　辉　沈　鸿◎著

GLOBAL DIGITAL ECONOMIC AND
TRADE RULES

International experience and
China's solution

经济管理出版社
ECONOMY & MANAGEMENT PUBLISHING HOUSE

图书在版编目（CIP）数据

全球数字经贸规则：国际经验与中国方案 / 诸竹君
等著. -- 北京：经济管理出版社，2024. -- ISBN 978
-7-5243-0010-6

Ⅰ．F49

中国国家版本馆 CIP 数据核字第 2024XS0502 号

组稿编辑：谢　妙
责任编辑：谢　妙
责任印制：许　艳
责任校对：王淑卿

出版发行：经济管理出版社
　　　　　（北京市海淀区北蜂窝 8 号中雅大厦 A 座 11 层　100038）
网　　址：www. E-mp. com. cn
电　　话：（010）51915602
印　　刷：北京市海淀区唐家岭福利印刷厂
经　　销：新华书店
开　　本：720mm×1000mm/16
印　　张：15. 75
字　　数：318 千字
版　　次：2024 年 12 月第 1 版　　2024 年 12 月第 1 次印刷
书　　号：ISBN　978-7-5243-0010-6
定　　价：78. 00 元

目　录

第一章 数字经济开放

　　数字经济已成为全球科技发展与产业升级的新趋势。《全球数字经济白皮书（2022 年）》显示，2021 年，全球 47 个主要经济体的数字经济增加值达到 38.1 万亿美元，占 GDP 的比重为 45.0%。相比传统经贸规则而言，全球数字经贸规则仍处于初创阶段，全球数字经贸治理"赤字"问题较为突出。党的二十大报告提出：稳步扩大规则、规制、管理、标准等制度型开放。推动数字经贸规则开放既是数字经济高质量发展的关键路径，也是构建制度型开放新体制的重要领域。2020 年 6 月，新加坡、智利和新西兰正式签署了《数字经济伙伴关系协定》（Digital Economy Partnership Agreement，DEPA），2021 年 11 月，中国向 DE-PA 保存方新西兰提出加入这一协定的申请。DEPA 提出：本协定缔约方，决心认识到互联网及其开放架构作为数字经济的推动者和全球创新催化剂的价值。2023 年中央经济工作会议提出：对标国际高标准经贸规则，认真解决数据跨境流动、平等参与政府采购等问题。中国需要积极开展数字经济国际合作，加强与区域内各国的数字经贸合作，实现数字经济领域的合作共赢。本章分为三个部分，主要介绍数字经济的内涵、数字经济开放的现实背景和数字经济开放的主要内容。

第一节　数字经济的内涵

一、数字经济的定义

（一）数字经济概念的产生

　　从历史发展视角来看，人类社会经历了由农业革命和工业革命向信息革命转型的过程，历次科技革命与产业变革均对人类社会产生了深刻影响。当前，随着大数据、云计算、5G、人工智能等新技术的不断发展，数字化进程正在加速演进。与此同时，数字经济实现了创新驱动下的高速发展，与其他产业领域逐步实现深度融合，推动世界经济向数字化、智能化、共享化等方向发展，深刻地改变了人类社会的生产和生活方式。

数字经济的概念最早由唐·泰普斯科特（Don Tapscott）提出，其在 1996 年出版的《数字经济：网络智能时代的前景与风险》一书中对数字经济的概念进行了界定：数字经济是由可互动的多媒体、信息高速公路，以及互联网所推动的以人类智慧网络化为基础的新型经济。此后，尼古拉斯·尼葛洛庞帝（Nicholas Negroponte）在《数字化生存》一书中刻画了信息技术的概念内涵、发展趋势和应用价值，提出了利用信息技术为生活、学习、工作等各种活动提供数字化空间的观点。

21 世纪以前，互联网是数字技术最主要的表现形式。这一时期电子商务依托互联网技术实现了产业化应用，逐步成为数字经济的主要产品形态。此后，美国商务部陆续发布多项统计报告和研究成果，使数字经济逐步进入人们的视野。Lane（1999）认为数字经济是基于互联网技术引致的电子商务和组织变革。Margherio 等（1999）首次界定了数字经济的范围，将数字经济分为基于互联网技术的电子商务、数字商品和服务、有形产品的销售等相关类型。Mesenbourg（2001）认为数字经济包含电子商务基础设施（硬件、软件、通讯网络等）、电子业务（以计算机为媒介的商务活动）和电子商务（通过网络进行的商品与服务交易）三个部分。

（二）数字经济的定义

21 世纪以来，除互联网平台的电子商务应用以外，多种类型的新产业、新业态、新模式不断涌现。数字经济的内涵与外延不断扩展，部分组织和学者重新界定了数字经济的概念。2013 年，经济合作与发展组织（Organization for Economic Co-operation and Development，OECD）将数字经济界定为：通过互联网电子商务实现数字商品和服务贸易的经济新形态。《二十国集团数字经济发展与合作倡议》提出的相对公认的概念是：数字经济是以使用数字化的知识和信息作为关键生产要素、以现代信息网络作为重要载体、以信息通信技术的有效使用作为效率提升和经济结构优化的重要推动力的一系列经济活动。2016 年，英国议会下议院将数字经济定义为：货物和服务的数字准入，以及利用数字技术对经济发展产生的促进作用。Heeks（2008）认为，数字经济分为基础设施与相关软件、零售服务、生产与销售三个层次。Knickrehm 等（2016）认为数字经济是从各种数字输入中获得的经济总产出份额。Bukht 和 Heeks（2017）认为数字经济是完全或主要由数字产品与数字服务形成的经济模式，进而创造出由数字技术引致的经济产出。综上所述，对数字经济的总括性定义为：特定主体以数字技术使用为驱动，以数据为关键生产要素，通过生产并提供数字化产品和服务，以实现经济增长为目标的经济活动。

二、数字经济的范围

2021年，国家统计局发布了《数字经济及其核心产业统计分类（2021）》（以下简称《分类》），旨在提供更为科学准确的数字经济监测体系。《分类》将数字经济划分为"数字产业化"和"产业数字化"两类基本形式，包括五个大类：数字产品制造业（01）、数字产品服务业（02）、数字技术应用业（03）、数字要素驱动业（04）、数字化效率提升业（05）。《分类》说明，数字经济核心产业中大类01~04为数字产业化部分，大类05为产业数字化部分（见表1-1）。

表1-1 数字经济及其核心产业统计分类

代码		名称
大类	中类	
01		数字产品制造业
	0101	计算机制造
	0102	通讯及雷达设备制造
	0103	数字媒体设备制造
	0104	智能设备制造
02		数字产品服务业
	0201	数字产品批发
	0202	数字产品零售
	0203	数字产品租赁
	0204	数字产品维修
03		数字技术应用业
	0301	软件开发
	0302	电信、广播电视和卫星传输服务
	0303	互联网相关服务
	0304	信息技术服务
04		数字要素驱动业
	0401	互联网平台
	0402	互联网批发零售
	0403	互联网金融
	0404	数字内容与媒体

代码		名称
大类	中类	
05		数字化效率提升业
	0501	智慧农业
	0503	智能交通
	0505	数字金融
	0507	数字社会
	0508	数字政府

资料来源：《数字经济及其核心产业统计分类（2021）》。

（一）数字产业化

数字产业化即数字经济核心产业，是指为产业数字化发展提供数字技术、产品、服务、基础设施和解决方案，以及完全依赖于数字技术、数据要素的各类经济活动。

数字产品制造业包括计算机制造、通讯及雷达设备制造、数字媒体设备制造、智能设备制造等。计算机制造不仅包括计算机的硬件和软件等零部件制造，还包括医疗、金融等计算机应用电子设备的制造。通讯及雷达设备制造包括通讯系统、雷达及配套设备的制造等。数字媒体设备制造主要是广播电视接收设备及广播电视专用配件的制造等。智能设备制造包括智能机器人（工业机器人、特殊作业机器人、服务消费机器人）和智能设备（可穿戴智能设备、智能无人飞行器、智能车载设备）的制造。数字产品服务业包括数字产品的批发、零售、租赁、维修等，如计算机、软件、辅助设备、通信设备、音像制品等产品的批发、零售、租赁、维修等。数字技术应用业包括软件（基础软件、支撑软件、应用软件、其他软件）开发，电信、广播电视和卫星传输服务，互联网相关服务（接入、搜索、数据、资讯、安全）等。数字要素驱动业包括互联网平台（生产服务平台、生活服务平台、科技创新平台、公共服务平台）、互联网金融（网络借贷、非金融机构支付服务、金融信息服务）、数字内容与媒体（广播、数字内容出版、数字广告、电影放映）等。

（二）产业数字化

产业数字化是指在新一代数字科技的支撑和引领下，以数据为关键要素，以价值释放为核心，以数据赋能为主线，对产业链上下游的全要素数字化升级、转型和再造的过程。大类05数字化效率提升业就是产业数字化部分，包括智慧农业、智能制造、智能交通、智慧物流、数字政府等。例如，智慧农业是使用全球定位系统、遥感、大数据、人工智能等信息技术和智能化设备进行数字化种植、数字林业、自动化养殖等活动；智能交通是使用信息技术和数字化技术对铁路运输、道路运输、水上运输、航空运输等运输方式提供辅助活动。

三、数字经济的特征

（一）数据具备生产要素属性

数字经济是继农业经济和工业经济后人类生产生活的新型经济形态。随着社会经济形态变迁，关键的生产要素也随生产技术与工艺流程动态演进。在农业经济时代，最重要的生产要素是土地和劳动力；在工业经济时代，最重要的生产要素是资本和技术；在数字经济时代，最重要的生产要素是数据。从数据成为生产要素的原因来看，数据一般是指未经组织或处理的客观事物的原始素材，如数字、图像、符号、声音等。数据成为生产要素的前提是经过一定程度的组织或处理使其成为数字信息产品、中间投入品或者最终消费品。因此，提升数据处理的能力和效率，将成为推动数据向关键生产要素转型的重要因素。数字技术高速发展推动了信息化建设的逐步完善和互联网技术的高度覆盖，使产生数据、处理数据和储存数据的方式发生明显转变，效率显著提升。在此基础上，数据成为数字经济的关键生产要素。从数据作为生产要素的特征来看，由数据作为生产要素生产的数字信息产品区别于有形物质作为其使用价值载体的特征，其形态以无形物质为主，具备可复制性、可传输性、可增长性等新特征。从数据与其他生产要素的区别来看，第一，稀缺性的来源与特征差异性，传统生产要素的稀缺性一般是指要素资源总量的有限性，数据要素的稀缺性在于数据通过转化成为有效信息的有限性，数据规模已不再是稀缺性的主要来源。第二，要素传递方式的差异性，数据具备可传输、可共享、可复制、可增长性的特征。相较传统生产要素，其具备更快的流动速度、更短的增长时间和更便捷的传递方式。

（二）规模经济效应

数字经济条件下的规模经济表现形式与传统产业存在显著区别。在一定产量和技术水平不变的条件下，传统产业的规模经济是指，随着企业自身生产规模的扩大，长期平均成本呈先增后降的倒"U"形曲线关系。对于传统产业下的规模经济来说，随着企业规模扩大直至超过企业生产规模的临界点，长期平均成本呈现先下降后上升的特征。这是由企业资产供应和管理能力不足等因素导致的，说明企业规模扩张到一定程度可能会有负向作用，即由于企业自身规模变动导致的内部规模经济。数字经济条件下的规模经济主要是由网络外部性来实现的，正向网络外部性导致平均成本降低和收益增加。根据梅特卡夫法则①，网络用户数量增加意味着网络价值上升，不会受到企业内部因素的制约。例如，假定全世界仅有一个人使用互联网，那么其就缺乏网络扩展效应。随着互联网用户的增加，外部规模经济将推动行业生产成本逐步下降，互联网使用的经济价值就会显著提升。

（三）平台经济效应

数字经济条件下，产生了平台经济这种新的发展模式。平台经济是一种双边市场，将消费者和企业紧密联系起来，如京东等购物平台和微信等社交平台。从平台经济的优点来看，平台的边界性不会受到类似传统企业的资源、能力等因素的限制。平台经济可以聚集众多消费者和生产者，高效匹配不同类型的供给和需求，不仅可以满足大多数人的需求，还可以满足一些利基市场的小众需求。从平台经济的缺点来看，数据安全未能得到充分保障。用户在进入平台市场时，需要将一些私人信息输入平台，可能会因系统缺陷、管理者疏忽等原因导致用户私人信息被泄露，对个人安全和国家安全造成影响。

（四）产业发展的前沿性

新产品投入市场后在技术水平和使用效果方面具有一定优势，同时也存在产品性能和质量的稳定性不强等问题。数字经济发展正处于这一阶段，它需要更多技术支持以推动新旧动能转换。从内生动力来看，处于产业生命周期导入期是经济增长动力转换的关键期。我国经济需要从依靠劳动力要素成本的传统增长方式转换至依靠创新驱动和效率增进的新型模式上来。从外在表现来看，处于产业生命周期导入期是产业结构转换的关键期。我国的传统产业具有低技术、低成本、低附加值等特征，新兴产业具有高技术、高质量、高附加值的技术密集型特征。数字技术和数字经济高速发展，成为新旧动能转换的主要推动力。

四、数字经济的发展现状

（一）全球数字经济的发展现状

全球数字经济的发展现状主要从数字经济规模、数字经济占比、数字经济增速和数字经济结构四个方面进行分析。从数字经济规模来看，根据中国信息通信研究院发布的《全球数字经济白皮书——疫情冲击下的复苏新曙光》，2020年，美国的数字经济规模最大，产值高达13.60万亿美元；其次是中国，产值规模为5.36万亿美元；德国、日本和英国排名位列其后。从数字经济占比来看，数字经济占GDP比重最大的是德国，高达66.7%；随后依次是英国和美国，分别为

---

① 梅特卡夫法则是数字经济的基本定律之一，1973年由罗伯特·梅特卡夫（Robert Metcalfe）提出，指网络价值以用户数量的平方的速度增长。

66.0%和65.0%；中国的这一比例超过30%。从数字经济增速来看，中国数字经济增速位居全球第一，达到9.6%；随后是立陶宛、爱尔兰和保加利亚等国家。从数字经济结构来看，这一比例是指数字产业化和产业数字化的相对占比，各国产业数字化占比逐渐上升，数字产业化占比逐步下降，其中，德国产业数字化占比高达91.3%，英国、美国、中国等国家也超过了80%。

（二）中国数字经济的发展现状

1. 数字经济规模绝对值与相对值不断增长

中国数字经济经历了从无到有、从弱到强的转型过程。2002年，中国数字经济增加值仅为1.22万亿元，占GDP的比重仅为10.3%。2014年，中国数字经济增加值首次突破10万亿元，占GDP的比重增至26.1%。2016年，中国数字经济增加值规模达到22.58万亿元，占GDP的比重突破30%。2019年，数字经济增加值和数字经济占GDP的比重均创历史新高，数字经济增加值达到35.84万亿元，占GDP的比重为36.2%（见图1-1）。

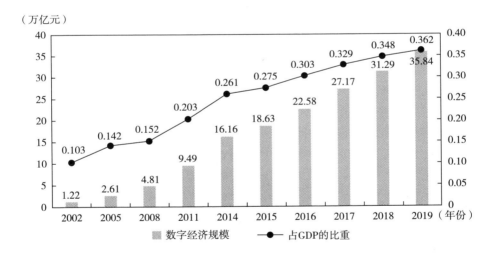

图1-1　中国数字经济规模与比重

资料来源：《中国数字经济发展白皮书（2020年）》。

2. 产业数字化不断深化

随着中国数字技术的进步和产业数字化进程加快推进，数字产业化与产业数字化的内部结构发生了很大的变化，产业数字化的相对比重逐步增长。根据图1-2可知，2005年，中国数字产业化和产业数字化占数字经济的比重大致相当。随后产业数字化呈现增长趋势，2019年产业数字化占比已达80.2%，数字产业化占比逐步降至 19.8%。产业数字化在数字经济中的占比显著提升，表明中国数字经济内部结构不断优化，数字技术正加速向各行业融合发展，经济整体数字化水平不断提升。

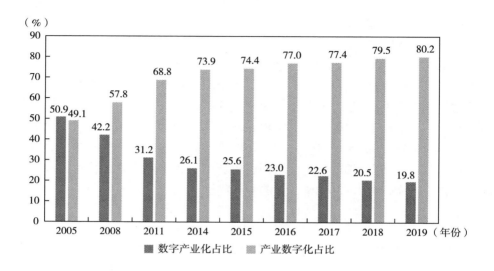

图 1-2　中国数字经济内部结构

资料来源：《中国数字经济发展白皮书（2020 年)》。

3. 数字经济发展中存在的问题

中国数字经济呈现高速发展趋势，同时也存在亟待解决的问题。一是核心环节的国际竞争力不足。中国数字经济起步较晚，与其他发达国家相比，与数字经济相关的关键技术与核心环节相对薄弱，数字经济营商环境有待完善，制度型开放体制机制尚不成熟，制定数字经贸规则的国际经验较为缺乏。二是数字鸿沟问题较为严重。区域差距、城乡差距和收入差距"三大差距"是造成中国数字经济发展不平衡的重要原因。根据《中国数字经济发展白皮书（2020 年)》统计，北京、上海、江苏、浙江、广东等地区数字经济发展水平较高，发展速度较快。2019 年，上述地区的数字经济增加值均超过 1 万亿元，占 GDP 的比重超过 40%。中国西部省份如青海、宁夏、甘肃、新疆等的数字经济发展水平较低，增加值低于 2000 亿元，占 GDP 的比重仅为 10% 左右。三是各类产业数字化转型速度存在差异。《中国数字经济发展白皮书（2020 年)》显示，2019 年农业数字经济增加值占行业增加值的 8.20%，同比增长 0.90%；工业数字经济增加值占行业增加值的 19.50%，同比增长 1.20%；服务业数字经济增加值占比为 37.80%，同比增长

1.90%（见图1-3）。农业由于具有生产的自然属性，对数字化转型的需求较低，具备充足的数字化发展潜力。第二产业方面，表现为重工业数字化发展水平高于轻工业；第三产业方面，表现为生产性服务业数字化发展水平优于生活性服务业。

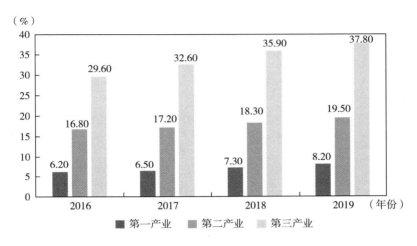

图1-3　中国三次产业数字经济增长情况

资料来源：《中国数字经济发展白皮书（2020年）》。

第二节　数字经济开放的现实背景

一、数字经济开放的经济背景

（一）新一轮科技革命和产业变革为数字经济开放提供物质基础

新一轮科技革命和产业变革深入发展，推动全球经济格局深刻变化，发展中国家与发达国家在前沿产业领域存在"同发优势"。从新科技革命与产业变革推动的数字经济领域来看，当前云计算、大数据、物联网等技术的发展方兴未艾，发达国家和新兴市场国家围绕5G等新一代信息技术展开了广泛的竞争与合作。同时，聚焦高端集成电路芯片技术研发的全球竞争越发激烈，光刻机等关键设备不断迭代创新，为芯片的微型化、智能化提供了重要基础，类脑智能、量子信息等前沿新兴领域正处于发展的萌芽期。上述数字领域的硬件和软件基础为数字经济的高质量发展提供了直接动力。从新科技革命与产业变革推动的其他前沿领域来看，中国乃至全球范围内生物技术、新能源、新能源汽车等战略性新兴产业快速发展，数字经济具有无可比拟的融合赋能发展优势，推动了"数字经济+"与上述战略性新兴产业的深度融合，这将不断提升前沿产业的数字化、智能化发展水平。从新科技革命与产业变革的微观结构来看，以数字经济科技公司为代表的龙头企业引领，"专精特新"中小企业积极参与成为数字经济发展的主流模式，龙头企业的集成创新能力与中小企业的原始创新质量，成为决定一国数字经济创新发展水平的关键微观基础。世界范围内涌现出以谷歌、微软、华为、阿里巴巴、腾讯等为代表的科技型龙头企业，正引领数字经济发展与开放的进程。

<h3 style="text-align:center">专栏 1-1 信息与通信技术全球发展现状</h3>

在新一轮科技革命和产业变革背景下，全球信息与通信技术高速发展。我们从移动电话用户数和固定（有线）宽带用户数两个方面刻画这一发展趋势。图 1-4 是 2001~2020 年全球移动电话用户数和固定电话用户数的变动趋势。世界银行数据显示，2001 年全球移动电话用户数为 15.748 户/百人，呈逐渐上升趋势，2019 年，这一数据上升至 109.464 户/百人，2020 年有所下降，为107.521 户/百人。固定电话用户数呈现先增后降的趋势。2001 年全球固定电话用户数为 16.662 户/百人，2005 年为 19.352 户/百人。以 2005 年为界，全球固定电话用户数呈现先增长后下降的趋势，2006 年为 19.169 户/百人，2020 年为12.260 户/百人。图 1-5 是 2001~2020 年全球固定（有线）宽带用户数。可以看出，2001~2020 年全球固定（有线）宽带用户数在不断增加。2001 年全球固定（有线）宽带接入数为 0.803 户/百人，2020 年为 17.116 户/百人。

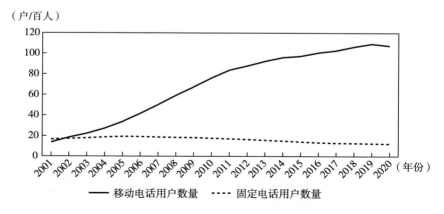

图 1-4 2001~2020 年全球移动电话用户数和固定电话用户数

资料来源：世界银行（https://www.worldbank.org）。

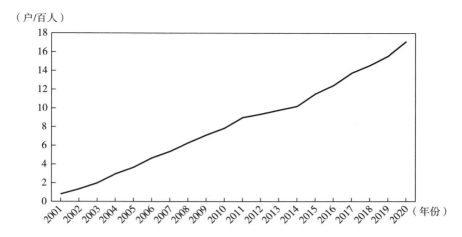

图 1-5　2001~2020 年全球固定（有线）宽带用户数
资料来源：世界银行（https：//www.worldbank.org）。

（二）经济全球化为数字经济开放提供需求侧支撑

大航海时代以来，人类社会已经历了两次经济全球化，推动了国际贸易和世界市场的形成与发展。前两次经济全球化以殖民扩张和贸易自由化为主要特征，发达国家主导了前两次经济全球化，构建了以世界贸易组织为核心的全球性贸易投资治理模式。第三次经济全球化伴随数字经济高速发展应运而生，互联网和新一代信息技术为数字经济全球化发展提供了重要基础。从第三次经济全球化的主要特征来看，以通信技术、商务咨询、研发设计等为代表的生产性服务业成为经济全球化的新载体，推动全球货物贸易自由化向货物和服务贸易自由化、便利化方向发展成为必由之路。本次经济全球化更为强调包容性和共享性，国际分工和世界市场由发达国家主导向兼顾发展中国家利益的方向转型。从第三次经济全球化的关键动力来看，全球配置资源成为决定本次经济全球化的关键动力，推动数据、技术、人力资本等新型要素的全球配置成为决定本次全球化福利效应的重要基础。从第三次经济全球化的关键性技术需求来看，数字经济成为决定一国经济全球化竞争优势的重要来源，推动数字经济融合赋能发展成为提升生产性服务业等新兴产业可贸易性的关键基础，全球数字经济基础设施建设水平是决定数据、技术、人力资本跨境自由流动的首要因素。

（三）新发展格局为数字经济开放提供国家战略保障

"十四五"乃至更长一段时期，中国提出加快构建以国内大循环为主体、国内国际双循环相互促进的新发展格局。这是以畅通国内大循环为基础，"以内带外"推动中国更为自主地参与国际市场的竞争与合作。从新发展格局的重要基础来看，中国依托超大规模国内市场优势和产业链供应链齐全优势，建立了全球领先的数字经济应用市场，数字经济核心产业发展处于世界第一梯队，推动数字经济持续健康发展有利于不断扩大内需，推动国内生产、分配、流通、消费等各环节形成更高水平的动态平衡，促进国民经济良性循环发展。从新发展格局的关键外部机制来看，促进国内国际双循环要求推动进出口协同发展，提高国际双向投资水平，加快发展跨境电商等数字贸易平台，推动建设海外仓、服务贸易创新发展开放平台，推动中国服务、技术、品牌、标准"走出去"等均为题中之义，上述外部发展环境的有效畅通对数字经济基础设施和数字经济发展提出了迫切需求。从新发展格局的显著特征来看，发挥国内大循环的基础性作用，实现"以内带外"式的内生发展路径是优化中国国际市场参与能力的关键一招，将中国数字经济的应用创新和技术创新优势与世界市场相结合，推动国内相对丰裕要素基于新一代信息技术实现跨境配置、跨境收益，推动国内相对稀缺要素的柔性引进、包容共享。新发展格局下，数字技术与数据驱动型创新蓬勃发展，中国乃至世界各国均试图通过数字技术创新获取新的国际分工竞争新优势。

二、数字经济开放的制度背景

（一）世界贸易组织框架下的全球性贸易投资开放

世界贸易组织（World Trade Organization，WTO）推动了全球性的贸易投资开放、一体化多边贸易体制的形成以及世界贸易争端的解决等，其互惠性、非歧视性、公平竞争等原则促进了发展中国家在国际贸易中包容性增长。

2001年12月，中国正式加入WTO之后，在贸易和投资等领域逐步加大了开放力度。总体上削减了关税壁垒与非关税壁垒以提升贸易与投资的自由化、便利化。在货物贸易领域，采取有序开放农产品和制造业市场等措施；在服务业贸易领域，逐步开放银行、证券、保险、电信等生产性服务业。特别是中国加入WTO后的服务贸易开放，在加入WTO初期（2001~2007年），中国服务贸易的增长速度低于货物贸易。2008年之后，服务贸易的增速快于货物贸易且结构不断完善，新兴服务贸易（旅游、运输、通讯等）呈现较快的发展趋势。

在数字经贸相关规则方面，WTO涉及的协定和条款较少，主要包括：《服务贸易总协定》（General Agreement on Trade in Services，GATS），涵盖通讯服务和跨境交付；《信息技术协定》（Information Technology Areement，ITA），旨在降低IT产品的关税；《与贸易有关的知识产权协定》（Agreement on Trade-Related Aspects of Intellectual Property Rights，TRIPs），旨在促进数字经济开放中的知识产权保护。

（二）区域自由贸易框架下更高水平开放举措

相比 WTO，区域贸易协定（Regional Trade Agreement，RTA）在数字经济开放领域进行了更深层次的探索。截至 2022 年 3 月 1 日，向 WTO 通报并且生效的区域贸易协定数量为 354 个，其中有 118 个协定含有数字经济开放条款。包含数字经济开放条款的 RTA 主要可以分为以下三个发展阶段：

第一，起步阶段（2008 年以前）。在 2008 年全球金融危机前后，数字经济作为新业态促进了全球经济复苏，取得了广泛关注。截至 2007 年底，共有 24 个包含数字经济开放条款的 RTA 生效。由于处于产业生命周期导入期，人们对数字经济的认识相对有限，数字技术发展存在瓶颈，规则制定过程与内容范围也较为简化。2001 年，美国与约旦签署了《约旦—美国自由贸易协定》（Jordan–United States Free Trade Agreement），其中包括了与数字贸易有关条款，开辟了全球数字贸易相关规则发展的新篇章；2004 年 1 月 1 日生效的《美国—新加坡自由贸易协定》（United States–Singapore Free Trade Agreement）包含电子商务领域；2006 年 3 月 2 日生效的《韩国—新加坡自由贸易协定》（Republic of Korea–Singapore Free Trade Agreement）包括数字产品和服务的有关条款。这一阶段的数字贸易协定条款大多是关于数字产品和服务的关税减免，包括减少设置数字产品及服务的非关税壁垒，实施数字产品及服务的非歧视性待遇和无纸化贸易等。第二，发展阶段（2008~2015 年）。据统计，共有 46 个包含数字经济开放条款的 RTA 生效。这一阶段的数字经济开放呈现发展迅速、涉及面广、参与方多、规则制定多元化等特点。美国、新加坡、欧盟等国家和地区的开放表现尤为突出，发起了若干双边和多边自由贸易协定谈判。例如，2012 年 3 月 15 日生效的《美韩自由贸易协定》（United States—Republic of Korea Free Trade Agreement），美国发起的《跨太平洋伙伴关系协定》（Trans–Pacific Partnership Agreement，TPP）、《跨大西洋贸易与投资伙伴关系协定》（Transatlantic Trade and Investment Partnership，TTIP）、《国际服务贸易协定》（Trade in Service Agreement，TISA）等谈判。这一阶段的数字经贸规则探索，在对网络消费者的保护、实施电子签名和电子认证、实施跨境信息的自由流动等领域，相较第一阶段取得了显著突破。第三，成熟阶段（2016 年至今）。数字经济开放向更深层次发展，同时其约束力水平也在逐步提升。在这一阶段，美国仍处于主导地位，澳大利亚、加拿大、日本等国家的表现突出。中国在此阶段也积极参与 RTA，推动数字经济开放。2016 年 1 月 1 日至 2022 年 3 月 1 日，共有 48 个包含数字经济开放的 RTA 生效。具有代表性的协定包括：2018 年 12 月 30 日生效的《全面与进步跨太平洋伙伴关系协定》（Comprehensive and Progressive Agreement for Trans–Pacific Partnership，CPTPP）和 2022 年 1 月 1 日生效的《区域全面经济伙伴关系协定》（Regional Comprehensive

Economic Partnership，RCEP）等。相较第二阶段，此阶段增加了个人信息保护、源代码保护、网络安全维护、使用密码技术的 ICT 产品保护等条款，显著提升了数据安全性。

（三）数字经济开放的"中国方案"

中国作为发展中大国，充分发挥数字经济开放的后发优势。在数字经济成为全球经济增长的重要领域背景下，中国积极响应全球数字化潮流，广泛参与全球数字经济开放，精准制定适合本国具体国情的数字经济开放发展的中国方案。从中国数字经济的发展方案来看，中国推动完善建设数字基础设施，稳步发展数字产业化，深入推进产业数字化，努力提升数字化治理能力，推动制造业数字化转型，加快服务业数字化转型，促进中小企业数字化转型，致力于发展绿色数字经济等。从中国数字经济开放的发展方案来看，提出"一带一路"倡议以推动与共建国家和地区的数字经贸合作，打造数字贸易示范区以推动数字服务贸易的发展；建设海南自由贸易港以提高境内数字经济开放程度，设立跨境电商综合试验区以解决中国跨境电商发展的制度性难题。从中国参与全球数字贸易协定的方案来看，中国积极申请加入 CPTPP、DEPA，积极参与制定全球数字经贸规则。

第三节　数字经济开放的主要内容

一、数字经济开放的基本原则

（一）数字包容

数字包容是指在全球数字化过程中降低数字鸿沟的负面影响。国家间、国内区域间、社会阶层间的数字化程度差异严重影响到数字经济开放的发展，通过数字包容原则消除或进一步降低数字鸿沟刻不容缓。具体措施包括：提高信息与通信技术的接入和使用水平，消减社会壁垒（性别差异、民族差异、年龄差异等），降低数字排斥性等。数字包容有助于数字化渗透至更广的群体，体现数字经济的普惠性。

（二）数据共享

数据共享是在数字经济开放中数据生产要素发挥使用价值的前提，数据可传输、可共享的特征决定了数据共享原则在数字经济开放中的重要性。第一，数据共享有助于提升社会效率。例如，办公数据共享促进了各部门的分工合作，交通数据共享减少了道路堵塞情况和意外发生的风险，医疗数据共享简化了就诊流程和提高了救治水平等。第二，数据共享有助于加速科技发展。例如，科学研究的数据共享，促进了不同领域的学科交叉研究，全面提升了科研效率与创新质量。第三，数据共享有助于推进国家治理能力现代化。例如，通过创建政务数据平台、智慧化城市等方式以解决"数据孤岛"、信息不规范、服务不全面等问题。

（三）数据安全

数据安全是指通过采取必要措施确保数据处于有效保护和合法利用的状态，以及具备保障持续安全状态的能力。数据安全问题是数字经济开放产生的负面影响，这引致的数据泄露不仅给相关主体和用户造成了巨大损失，还可能危害国家安全。例如，Facebook 于 2019 年发生了一起数据泄露事件，超过 5.3 亿用户的姓名、电话、电子邮件等重要个人信息被泄露，对许多用户的生活造成了负面影响。Facebook 被处以 50 亿美元的罚款。2021 年 7 月，"滴滴出行"App 于美国上市，存在中国用户的私人信息甚至国家道路交通精密数据被泄露的风险，对中国的国家安全造成了潜在威胁。

近年来，全球各数字经济主体对数据安全问题采取了不少措施。在数据的技术管理方面，数据安全技术的完善和数据管理能力的加强为数据安全提供了保障。个人信息保护、源代码保护、同态加密等数据安全技术的进步也为数据安全提供了基础保障。例如，对数据采取分级分类的管理方法，制定不同数据的分类方法，根据数据的分层分类实施差异化的防范措施；对重要数据实施特别管理，抓实数据收集、数据存储、数据传输和数据销毁的各个环节，对数据提供了全面的保护。在区域自由贸易协定规则方面，对数据安全的重视程度与日俱增，在协定上增加了个人信息保护、源代码保护、网络安全保护等条款。例如，《数字经济伙伴关系协定》指出：本协定缔约方，决心认识到在与数字经济有关的事项方面的相互依存关系，并认识到作为主要的网络经济体，在保护关键基础设施和保证安全可靠的互联网以支持创新和经济社会发展方面的共同利益。例如，第 4.2 条：个人信息保护；第 5.1 条：网络安全合作；第 5.2 条：网上安全和保障；第 6.3 条：在线消费者保护等。在中国立法实践方面，陆续颁布了一系列法律，以保护数据安全并完善数字经济法治建设。例如，2016 年 11 月 7 日颁布的《中华人民共和国网络安全法》，2018 年 8 月 31 日颁布的《中华人民共和国电子商务法》，2020 年 5 月 28 日颁布的《中华人民共和国民法典》（网络安全审查办法），2021 年 6 月 10 日颁布的《中华人民共和国数据安全法》，2021 年 8 月 20 日颁布的《中华人民共和国个人信息保护法》等。

二、数字经济开放的主要准入措施

数字经济开放的准入措施以边境措施为主。边境措施是指根据国家或地区的法律法规，由专门负责出入境的行政机构对进入本国领土前的外国商品或服务采取的特定措施，分为边境外措施和边境内措施。

一直以来，数字经济开放准入措施的制定与实施是重点和难点。第一，从对外开放的基本国策来看，扩大数字经济开放具有充分的必要性和重要性，中国需要积极参与和数字经济开放有关的区域自由贸易协定，有效梳理和解决与数字经贸相关的贸易壁垒，加快完善区域内数字经贸规则。第二，从中国经济处于高质量发展新阶段的客观要求来看，需要更为重视数字经济开放的公平竞争、改革创新和绿色发展。综上所述，在中国数字经济开放过程中，既需要同时放宽关税壁垒、技术性贸易壁垒、电子交易壁垒、数据限制等边境外措施，也需要消除国内歧视性待遇、不规范竞争和垄断等边境内措施。

（一）放宽边境外措施，扩大开放程度

边境外措施是包括关税和非关税壁垒的市场准入措施，旨在保护国内市场和产品免受国外产品冲击而设立的措施，它们在一定程度上阻碍了数字经济开放的发展。例如，对数字产品的关税壁垒提高了数字经贸企业产品的价格，导致进出口数量减少；技术性贸易壁垒、电子交易壁垒、数据限制等数字经贸的非关税壁垒会导致企业研发支出增加，通过增加固定成本这一渠道，显著降低了贸易发展的概率。因此，在政策允许的范围内，应进一步降低贸易壁垒，不断提升数字经济开放的程度。

（二）重视边境内措施，改善营商环境

全球经贸规则可分为第一代贸易政策和第二代贸易政策（盛斌和陈帅，2015），第一代贸易政策是以边界措施和市场准入为重点的制度规制，第二代贸易政策是以边境内措施为重点的制度规制。相比边境外措施，边境内措施并未聚焦关税和非关税壁垒，而是重点关注国内管制以完善国内市场的营商环境。边境内措施旨在通过对国内政策和国际规则的融合协调，促进消除国内的歧视性待遇、不规范竞争和垄断等问题，主要包括知识产权保护、反腐败、竞争政策、消费者保护、区域合作等。

基于数字产品的高技术性、非实体性等特征，在数字经济开放过程中需要以边境内措施为主，更为重视营商环境。主要原因如下：第一，从全球角度来看，营商环境对一国的国际交往和经济合作发挥着重要作用，良好的营商环境能够提升国家的市场竞争力，吸引更多的贸易和投资。例如，对数字技术的知识产权保护可以防止信息提供者的财产受到损害。第二，从国内角度来看，数字经济开放的高质量发展需要更高水平的标准来保证，边境外措施的关税和非关税壁垒已经不能满足数字经济开放的高质量标准，需要制定新的规则以保证数字产品的质量和安全。例如，权力关系和腐败行为等不规范的国内市场环境因素可能导致不正当竞争，需要完善营商环境予以解决。

三、数字经济开放的主要业态

随着信息技术革命的广泛覆盖，数字经济与实体经济深度融合，不断催生出各类新技术、新模式、新业态。"业态"是指针对消费者的不同需求，使用差异化的商品经营结构、商店位置、商店规模、销售方式、价格策略等手段以提供商品和服务的形态。"新业态"是指通过经济变革和科技发展，产业之间或产业内部呈现的融合发展或分工细化的形式，旨在促进制造业转型升级，为制造业提供配套服务而产生的生产性服务业是数字经济开放的主要业态。主要原因为：第一，在客观条件上，数字技术为产业赋能是生产性服务业可贸易的基础。数字技术对产业的渗透，是数字经济与实体经济融合发展和产业数字化发展的重要推动力。互联网、物联网、5G等技术的广泛应用使万物互联得以实现，研发设计、信息、科技成果转化、商务咨询等原本不可贸易的生产性服务可以跨越时空等障碍，实现跨境贸易。第二，在作用机制上，数字经济条件下的生产性服务业开放具有成本节约效应。例如，互联网金融服务业开放有助于拓展企业融资渠道，降低企业的融资成本；交通物流服务业开放有助于降低商品运输成本；信息服务业开放有助于减少企业间的信息不对称，促进进出口信息交流等。第三，在产业结构上，生产性服务业作为数字经济开放的主要业态可提升国际竞争力。长期以来，中国发挥劳动力要素成本的比较优势，以"大进大出"的加工贸易嵌入全球价值链中低端环节，造成了"贫困化增长"的潜在困境。生产性服务业一般位于产业链上游环节，蕴含大量适用于技术研发的高端要素。在数字经济背景下，大力推进生产性服务业开放，将数据、技术等高端要素融入制造业，打造具有高质量、高技术、高附加值的现代产业体系，有助于提升中国的全球价值链地位。

本章复习题

一、名词解释

1. 数字经济　2. 数字产业化　3. 产业数字化　4. 数据　5. 平台经济　6. 经济全球化　7. 数字鸿沟　8. 边境内措施　9. 业态　10. 生产性服务业

二、简答题

1. 数字经济与传统经济有哪些相同之处？又有哪些不同之处？

2. 数据作为数字经济时代的关键生产要素，价值体现在哪些方面？

3. 我国在数字经济开放中的机遇和挑战有哪些？

4. 为什么数字经济条件下服务业贸易发展的速度快于农业和工业？

5. 对于处理数据开放与安全的关系，你还有哪些想法？

三、案例分析

请阅读以下材料，回答问题。

弥合数字鸿沟　推动包容发展

新一轮数字技术应用造福人类，但同时也伴随着新的数字鸿沟，在不同群体、不同区域、不同国家之间产生。如何弥合各种数字鸿沟，推动包容发展？2021 年 9 月 25 日下午，"2021 世界互联网大会"举办的本届峰会首个研讨会就聚焦于此，专家学者、企业代表等就此展开讨论。

数字经济快速发展，老年人、残疾人、低收入者等弱势群体需要被给予更多关注。中国工程院院士邬贺铨在研讨会上表示，事实上中国一直致力于此。他分享了一则数据：目前 60 岁及以上的网民占比是 11.2%，较 2015 年底提高了 7.3 个百分点。不过不少专家学者也表示，数字经济不断发展，数字鸿沟也不是一成不变的，因此对数字技术应用能力普遍低于社会平均水平的群体应该持续给予支持。

"这就要求政府、社会组织、企业都要参与其中。"贝壳找房高级副总裁李文杰举例道，他们公司在全国 40 多个城市的接近 2000 个社区开展相关活动，员工累计教会了十几万名老人用手机挂号。虽然有很多老人怎么学也学不会，但是他们还是愿意耐心地教。利用社区网络等帮助老人提高信息化水平，这是他们为减少数字化鸿沟而做出的努力。

"不同企业的数字化技术应用能力也存在一定程度的鸿沟。"悦商集团创始人戴政举例道，新冠病毒感染疫情前许多城市社区小店开展线上业务的比例大概只有 20%，疫情后大家才开始做线上数字化的沟通、交流、售卖。在这些零售小店的转型过程中，政府应该给予更多政策上的支持，如实施供应链的数字化建设等。他说，这些零售小店许多都在三、四、五线城市甚至农村市场，它们的数字化转型也能给下沉市场带去数字化活力，带动消费升级。

数字鸿沟的存在，对于相对欠发达地区来说，在某种程度上意味着机遇。国家信息中心首席信息师、研究员张新红认为，数字技术的应用往往可以打破地理条件等的限制，让一个区域实现更快发展。他认为，弱势地区如果能够更好地利用数字经济，可以实现跨越式发展，推动实现共同富裕，这体现的便是数字技术应用的包容性。

如何激活欠发达地区数字经济的潜力？浙江大学信息资源管理系主任、教授黄萃说，浙江、广东、福建等 6 个"国家数字经济创新发展试验区"在许多领域先行先试，助力各地因地制宜发展数字经济。她希望，让试点走出这些基础较好的地区，在一些欠发达地区进行探索。

从全球角度来说，数字鸿沟也同样存在，并影响着经济全球化的发展。北京大学中国社会与发展研究中心主任、教授邱泽奇在讨论中表示，目前中国数字经济发展已经进入起飞阶段，有专家判断在2025年左右数字经济占中国GDP的比重会超过50%。尽管如此，在基础性的数字技术创造领域的差距依然较大。中国科学院大学应急管理科学与工程学院院长李颖认为，随着国际环境的变化，完全依赖国外技术和产品来跨越数字鸿沟的风险越来越大，中国需要在这一方面努力缩小差距。

国际上的数字鸿沟对于中国来说是挑战，但同样存在机遇。邬贺铨院士直言，"一带一路"倡议有利于推动经济全球化朝着更加开放、包容的方向发展。当前，"一带一路"倡议的推进需要建立统一的国际规则，特别是要破除国际数字贸易壁垒，让共建"一带一路"国家和地区都能享受到数字经济的红利。

（选自《浙江日报》，2021年9月26日）

1. 数字鸿沟主要体现在哪些方面？
2. 结合案例和教材内容，分析数字鸿沟对数字经济开放的影响。
3. 案例中提出"国际上的数字鸿沟对于中国来说是挑战，但同样存在机遇"，请分析原因。
4. 提出几点"弥合数字鸿沟，推动包容发展"的"中国方案"。

第二章 全球数字经贸规则发展概况

20世纪90年代以来，以信息通信技术和网络为基础的数字贸易蓬勃发展。数字化的贸易方式和贸易对象不断突破传统贸易规则体系，推动现行经贸规则的迭代升级与重新谈判。本章分为四个部分，分别介绍 WTO 中数字经贸规则、区域自由贸易协定中数字经贸规则、全球首个数字经济专项协定 DEPA 和当前全球数字经贸规则谈判的关键领域。学习、了解多边和区域数字经贸规则的发展历程，有助于掌握全球数字经贸规则的发展现状与未来趋势。

第一节 WTO 中数字经贸规则概况

作为制定和维护国际贸易规则的重要国际组织，WTO 在数字经贸国际规则制定中发挥了关键作用，其发展历程可以分为以下三个阶段：

一、初步探索阶段（1996~2000年）

1996年，WTO 首次部长级会议通过了《关于信息技术产品贸易的部长宣言》（Ministerial Declaration on Information Technology Products，以下简称《部长宣言》），标志着数字经贸规则正式进入发展阶段。这一《部长宣言》肯定了信息技术对全球经济与福利的积极贡献，支持信息产业在世界范围内持续发展。《部长宣言》约定各方在1994年《关税及贸易总协定》（General Agreement on Tariffs and Trade，GATT）框架范围内消除关税和其他任何形式的税费，最大限度地推动信息技术产品的自由贸易。

显著区别于传统商务模式，电子商务开始在 WTO 谈判中受到广泛关注。1998年5月，在日内瓦举行的第二次 WTO 部长级会议通过了《全球电子商务宣言》（Declaration on Global Electronic Commerce，以下简称《宣言》）。《宣言》肯定了电子商务是一个"新的贸易机会"，首次提出数字贸易相关规则，成员方一致认同"继续现行做法，不对电子传输征收关税"。《宣言》中电子传输免征关税的现有做法已延伸至 2023 年 12 月。在此基础上，为规制与数字贸易相关的各类问题，《宣言》提议 WTO 总理事会制订一个全面的工作计划。按照《宣言》的要求，1998 年 9 月 WTO 总理事会基于《服务贸易总协定》（GATS）、《信息技术协定》（ITA）和《与贸易有关的知识产权协定》（TRIPs）的框架，通过了《电子商务工作计划》。主要内容包括：第一，进一步明确了"电子商务"的内涵，"电子商务"被界定为"通过电子方式生产、分销、营销、销售或交付货物和服务"；第二，探讨与数字交易基础设施开发相关的问题；第三，由于数字贸易涵盖诸多不同领域，WTO 专门设立了商品贸易理事会、服务贸易理事会、贸易发展委员会、与贸易相关的知识产权等专门理事会以处理各方面存在的问题。

综上所述，这一阶段下，数字贸易主要通过 WTO 的《服务贸易总协定》《信息技术协定》《与贸易有关的知识产权协定》进行协调，确立了对电子传输不征收关税的惯例。然而，电子传输免征关税是临时性政策，可预见性和法律确定性不足。这一时期 WTO 未能产生专门规范数字经贸的多边协定或数字贸易规则，在电子认证服务、消费者隐私保护等方面存在大量监管空白。

二、发展停滞阶段（2001~2017 年）

2001 年 6 月，WTO 总理事会开始针对数字经贸固有的交叉属性问题开展专门讨论，通过总理事会召集的非正式不限定成员名额的会议进行。由于 WTO 的"多哈回合"贸易谈判缺乏实质性进展且 WTO 应对数字贸易引致的机遇和挑战能力有限，除对电子传输暂停征收关税外，电子商务议题的多边讨论并未产生实际成果，电子商务模式及分类的定性问题仍未解决。

2012 年，美国、欧盟、澳大利亚等 20 多个 WTO 成员方签订了《国际服务贸易协定》（TISA）。数字贸易规则是 TISA 框架下的重要议题，旨在解决跨境数据流动的贸易壁垒、线上消费者保护、个人信息保护以及其他领域相互协调等问题。TISA 关于数字贸易规则的谈判成果已集中体现于"电子商务"附件中。附件文本共有 14 项条款，包括 4 项解释条款和 10 项具体条款。主要包括数据信息的自由流动、网络的自由访问和使用、在线消费者保护、电子签名、电子认证等议题。在经历了多轮谈判后，TISA 成员方已就部分数字贸易的基本规则，如垃圾邮件处理、国际合作、数字产品零关税等达成共识，然而在"数据跨境流动""数据存储本地化""源代码开放""互联网平台责任"等议题上仍未达成一致。

鉴于数字经贸领域日益增长的治理需求和多边规则相对滞后的现状，WTO 成员方开始在《区域贸易协定》（RTA）中重视并强化数字贸易规则的制定。数字经贸条款被广泛纳入各项区域贸易协定中。截至 2017 年，向 WTO 通报的区域贸易协定中大约有 20% 的协定包含与电子商务相关的章节，涉及内容包括电子商务定义、透明度、数据保护、无纸化贸易、计算机设备本地化等议题。

三、快速发展阶段（2018 年至今）

2017 年底，在第十一次 WTO 部长级会议上，43 个成员方发表了《电子商务联合声明》，重申电子商务在贸易和发展中的重要性，标志着数字经贸规则进入快速发展阶段。2019 年 1 月，代表世界贸易 90% 以上份额的 76 个 WTO 成员方签署了《电子商务联合声明》，确认启动数字贸易议题谈判。截至 2021 年 12 月，共有 86 个 WTO 成员方参加该电子商务联合声明倡议。从成员结构来看，发达经济体是谈判的主导者，发展中经济体参与谈判和提交提案的比例偏低；从议题设计来看，谈判内容除以往的电子商务谈判外，更多聚焦于跨境数据流动、源代码披露等数字贸易规则议题；从博弈焦点来看，直接或间接指向数据要素、市场空间、监管治理、技术发展和收益分配五个方面（见表 2-1）。

表 2-1　WTO 成员方博弈焦点及各方主张

博弈焦点	核心议题	各方主张
数据要素	跨境数据流动、数据储存本地化限制、政府数据开放	（1）美国：单方面强调跨境数据自由流动； （2）欧盟、日本等发达经济体和部分高收入发展中经济体：同时强调跨境数据流动和个人隐私保护问题； （3）中国、乌克兰等发展中经济体：未提及跨境数据流动或仅强调个人隐私保护
市场空间	市场准入以及相关的网络开放、技术和标准对接等非关税壁垒	（1）美国、欧盟和日本：各国应将原有分类和承诺扩展至新的技术领域； （2）发展中经济体：关注开放政策的灵活性和包容性，如开放部分领域和设定开放时间表等
监管治理	消费者权益保护、非应邀电子信息、互联网中介责任、平台垄断、网络安全、监管合作等	（1）发达经济体：支持取消数据储存本地化限制，主张成员应禁止网络封锁，采用更灵活的基于风险的网络安全防范手段； （2）发展中经济体：采取不同程度的数据储存本地化限制以管控本国数据，充分考虑互联网主权、数据安全等问题
技术发展	源代码、专有算法和商业秘密的保护、加密技术的选择	（1）美国：不应将分享源代码作为市场准入条件，认为限制企业使用或强制执行特定国家的加密标准可能会严重阻碍数字贸易； （2）欧盟：为市场准入条件的使用列举多种例外情况； （3）日本：强调为实现合法公共政策目标可能要求公开源代码和算法，认为企业使用限定的加密技术可能加剧安全风险
收益分配	国际：电子传输免税 国内：数字服务税	（1）美国：主张免征电子传输关税和数字服务税； （2）欧盟、加拿大、新西兰、新加坡、巴西和乌克兰：主张免征电子传输关税和征收数字服务税； （3）印度、南非、印度尼西亚等发展中经济体：主张征收电子传输关税和数字服务税

2021 年 12 月 14 日，在诸多关键问题仍存在分歧的情况下，澳大利亚、日本和新加坡贸易部长作为联合召集人发表了联合声明：在线消费保护、电子签名和验证、未经请求的商业电子信息、开放政府数据、电子合同、透明度、无纸化交易以及开放的互联网访问八项条款的谈判均获得较好效果。这次谈判是恢复 WTO 谈判功能的一次重要尝试，有助于推动数字贸易规则创新。

第二节　区域自由贸易协定中数字经贸规则概况

一、区域自由贸易协定中数字经贸规则谈判的发展历程

当前，依托互联网技术的数字贸易快速发展，在很大程度上改变了全球贸易利益格局。因 WTO 框架下有关数字贸易规则的多边谈判一直未取得实质性进展，为促进本区域数字产业的发展，争取在数字贸易规则上的主导权，美国、欧盟、日本等经济体开始以双边或区域经贸谈判为契机，推动区域内经贸规则的国际化。区域经贸规则旨在弥补 WTO 在数字贸易治理规则领域的缺失，逐渐成为推动数字经贸规则谈判的关键力量。区域数字经贸规则的形成与发展，经历了一个由点到面、由浅入深的演进过程。本节结合相关标志性事件以及实质变化，梳理出区域数字贸易规则的演进过程，将其主要分为以下两个阶段。

（一）探索阶段（2001～2017 年）

这一阶段，美欧等发达经济体积极参与制定数字经贸规则，以期共同构建符合本国利益诉求的新国际贸易规则体系。2001～2012 年，数字经济发展程度仍然较低，电子商务成为数字贸易发展的主导形式，数字经贸规则也主要围绕电子商务展开。

为促进数字价值输出与数字产业发展，2013 年美欧启动《跨大西洋贸易与投资伙伴关系协定》（TTIP）谈判。有关数字贸易规则的内容主要集中在 TTIP 的第六章。数字贸易被视为数字产品和服务贸易，即不同关境的交易主体通过电商平台达成交易并进行支付结算。目前，TTIP 谈判双方已对线上消费者的保护、反垃圾邮件、承认互联网的开放性、确保电子认证服务（如电子签名、电子时间戳承认）等数字贸易条款达成共识。

2016 年，美国、日本、澳大利亚等 12 个国家共同签署了《跨太平洋伙伴关系协定》（TPP）。在该协定中，数字贸易被视为实体货物及数字产品和服务贸易，其主要特征为交易内容的数字化。TPP 设立了电子商务专章，主要内容包括

减少数字贸易壁垒、保护消费者权益、促进电子商务发展、加强国际合作四个方面，形成了当前数字经贸规则的基本框架。减少数字贸易壁垒包括电子传输免关税率、数字产品非歧视性待遇、商业信息跨境自由传输、计算设施的位置、源代码等条款，旨在降低对国外数字服务和产品以及提供商的市场准入限制和国民待遇限制，为美国数字贸易的全球扩张提供制度支持；保护消费者权益主要包括线上消费者保护、个人信息保护等条款，旨在提高消费者对电子商务的信心，防止个人信息滥用；促进电子商务发展主要包括国内电子交易监管框架、电子认证与电子签名、无纸贸易等条款，旨在推动数字贸易便利化，并适度监管；加强国际合作包括合作条款、网络安全与国际合作等，旨在提高中小企业电子商务水平、电子政务水平以及网络安全的应对能力。TPP 最终因美国退出而未得到充分实践，然而其涵盖的数字经贸规则对全球范围内数字贸易和互联网治理均产生了重要影响。

（二）发展阶段（2018 年至今）

随着数字产业和数字贸易的发展，基于本国利益最大化考虑，各经济体对数字贸易规则产生了不同诉求。最具代表性的是以美国为主导的"美式模板"和以欧盟为主导的"欧式模板"。

2018 年，美国与加拿大、墨西哥签订了《美墨加三国协定》（United States-Mexico-Canada Agreement，USMCA），首次设置了数字贸易专章。USMCA 在承袭以 TPP 为代表的数字贸易规则"美式模板"的基础上还升级了一系列规则，进一步推动数字贸易规则向更高标准发展。USMCA 是在美国签订的区域贸易协定中最能体现其数字贸易核心诉求的协定。USMCA 中与数字贸易相关的内容主要体现在数字贸易、电信、知识产权、投资、跨境服务和部门附件等章节，包括数字产品免征关税、数字产品的非歧视待遇、数据跨境流动、禁止计算设施本地化等规则。

欧盟着力打破境内数字市场壁垒，在数字单一化市场、数据传输保护以及人工智能等重点领域推动数字贸易和数字经济的发展。2015 年 5 月，欧盟启动数字化单一市场战略，主要目的是通过减少成员国之间的法律和监管障碍，实现数据和信息的自由流动，进而为个人和企业提供优质的数字产品和服务；2016 年 5 月，欧盟在关于开展电子商务活动的建议中更新了《视听媒体服务指令》（Audiovisual Media Services Directive，AVMSD），对本地内容及平台责任等作出了具体规定；2017 年 11 月，欧盟通过了《数字贸易战略》报告，制定了欧盟成员国数字贸易政策，以保障数据的跨境传输，推动欧盟数字贸易发展。

在美欧不断推进数字贸易规则演进的同时，日本也通过双边区域贸易协定推动本国数字产业和数字贸易发展。2018 年 3 月，日本、加拿大、澳大利亚等

11 个国家签署了《全面与进步跨太平洋伙伴关系协定》（CPTPP）。CPTPP 将与数字贸易相关的条款集中在电子商务章节，共有 18 项，并保留了 TPP 关于数字贸易规则的内容。具体而言，在延续电子传输免关税、个人信息保护、线上消费者保护等传统电子商务议题的基础上，CPTPP 不仅创新性地引入了跨境数据流动、计算设施本地化、源代码保护等争议性议题，还为多项条款预留了回旋的空间（如设置例外条款），具有继承性、创新性和前瞻性的特点。2019 年 10 月，美国、日本签署了《美日数字贸易协定》（U. S. –Japan Digital Trade Agreement, UJDTA），UJDTA 在保留 USMCA 核心条款的基础上进行了修正和拓展。一是在一般例外条款的基础上，增加了安全例外、审慎例外、货币及汇率政策例外等条款，对缔约方的安全诉求和金融稳定诉求予以回应；二是对激进的数字贸易自由化条款进行了适度回调，增加了本国政策的监管力度和调控能力；三是增加了"使用加密技术的信息和通信技术产品"条款，进一步增强了对数字贸易领域知识产权的保护力度；四是更好地对接了国际公约的相关规定，比如，协定内容均不得影响任何一方根据任何税务公约承担的权利和义务。上述的修改与完善提高了规则的适用性，有利于数字贸易规则的推广。

除了美欧等发达经济体制定的数字贸易规则，中国等发展中国家也在积极协商探讨数字贸易规则的制定。2020 年 11 月，中国、日本等 15 个成员国签署了《区域全面经济伙伴关系协定》（RCEP），该协定由 20 个章节组成，涉及数字贸易规则的章节包括电子商务、服务贸易、投资、知识产权等，主要内容涵盖促进无纸化贸易、推广电子认证和电子签名、保护电子商务用户个人信息、保护在线消费者权益等内容。RCEP 各成员国在数据跨境流动、计算设施位置等重要议题上达成共识，提高了区域内数字贸易开放水平。

数字经贸规则相比其他领域的国际经贸规则更加复杂，不仅关乎企业商业利益与国家数字红利之争，还涉及数据主权、国家安全、公民权利等敏感性社会问题。未来，数字贸易规则制定必将是一个异常复杂和激烈的博弈过程。

二、区域自由贸易协定中数字经贸规则的比较

（一）"美式模板"的演进

目前，"美式模板"已成为数字经贸规则中具有较高影响力的代表性范例。数字经济的快速发展加快了全球经济结构重组。传统贸易治理体系难以有效解决数字贸易发展带来的问题与挑战。在 WTO 的多边谈判中，跨境数据流动等议题的谈判陷入僵局，全球范围内数字贸易治理规则尚未统一。为促进数字产业发展，以美国为主导的 TPP、TTIP 等谈判和以欧盟为主导的《通用数据保护条例》（GDPR）等协定对数字贸易规则进行了系统规制，逐渐引领全球数字贸易规则

的发展。

2016 年，美国、日本、澳大利亚等国家签订的 TPP 是数字贸易规则"美式模板"的集中体现。TPP 不仅涵盖了 WTO 成员方已基本达成共识的第一代数字贸易规则（"电子签名""无纸化贸易""透明度"等），还推出了"跨境数据自由流动""数据存储非强制本地化"等第二代数字经贸规则。2017 年美国退出 TPP 后，TPP 框架下的数字经贸规则并未真正付诸实践。随着世界经济一体化程度加深，美国政府越来越深刻意识到 TPP 框架下的数字经贸规则对自身的重要战略价值。2018 年，美国、加拿大、墨西哥签订了 USMCA，不仅是对 TPP 框架下数字经贸规则的延续和升级，也成为最能体现美国数字贸易核心诉求的区域自由贸易协定。

（二）主要数字经贸规则比较

USMCA 中涉及数字贸易规则的内容主要集中在第十九章数字贸易，这也是美国首次以数字贸易取代电子商务概念，设定了数字贸易章节。其余内容分散在知识产权、投资、电信、跨境服务等相关章节。

USMCA 的数字贸易章节主要就数字产品的非歧视性待遇、国内电子交易框架、电子认证和电子签名、个人信息保护等基础性内容进行了规定，并提出了"交互式计算机服务"和"公开政府数据"等全新议题。USMCA 中对 TPP 进行深化的内容主要包括以下几个方面：

1. 扩展了给予缔约方数字产品及数字产品提供者的非歧视性待遇

2003 年生效的美国—新加坡 FTA 第 14.3 条、2004 年生效的美国—澳大利亚 FTA 第 16.4 条以及 2007 年生效的美国—韩国 FTA 第 15.3 条，均明确要求缔约方不可对来自另一缔约方的数字产品及其提供者实施歧视性待遇。同时上述条款排除了音像广播类内容在非歧视性待遇上的适用性，包括"影响一系列文本、视频、图片、录音和其他内容供应商的固定时间播送，内容消费者对播送时间安排无从选择的音频和（或）视频接受产品电子传输的措施"。2016 年签订的 TPP 在沿用非歧视性待遇的基础上，将例外范围缩减为"广播"内容（第 14.4 条）。USMCA 中第 19.4 条承袭了上述条款，要求缔约方对来自其他缔约方的数字产品及其提供者给予国民待遇。与此同时，USMCA 取消了 TPP 第 14.4 条中关于"广播例外"的相关规定。这意味着对来自其他缔约方的广播服务产品及服务提供者，缔约方也必须给予国民待遇。

2. 剔除了"跨境数据自由流动"条款中"考虑各方监管需求"的例外规定

美国的比较优势主要在于"可数字化的服务产业"。跨境数据流动为美国经济贡献了高达数千亿美元的价值。确保数据跨境接收转移畅通对美国经济至关重要（Internet Association，2017）。推动"跨境数据自由流动"已成为数字贸易规则"美式模板"的最关键诉求。2007 年，美国—韩国 FTA 第 15.8 条中首次明确提出推动数据流动的规则，强调双方应承认数据流动的重要性，但并未对促进流动提出强制性要求。TPP 第 14.11 条"电子方式的跨境信息传输"明确提出要促进"跨境数据自由流动"，该条款也进行了例外规定，提出"各缔约方要认识到其他缔约方对于通过电子方式跨境传输信息可能有各自的监管要求"。值得注意的是，TPP 并没有明确地界定"各自的监管要求"的具体涵盖内容。相对模糊的例外规定使 TPP 框架下"数据跨境自由流动"条款的实际影响力不足。例如，部分国家要求涉及"公共安全"的数据可不履行"跨境数据自由流动"义务。USMCA 第 19.11 条则直接删除了 TPP 第 14.11.1 条有关"监管需求"的例外规定，强化了"跨境数据自由流动"条款的约束力，提升了其执行力和可信度。

3. 明确指出了在"个人信息保护"方面需遵循的国际框架及基本原则

有效执行"个人信息保护"以保证隐私安全是影响跨境数据自由流动的重要命题。"跨境数据自由流动"的不合理监管将无法有效保障隐私安全和版权所有人的权益。国际法律保障体系的缺失让各国对推动"跨境数据自由流动"存在疑虑，消费者也会因此对数字贸易丧失信心。因此，美国在 TPP 中引入了"个人信息保护"条款，要求"各缔约方要认识到保护数字贸易用户个人信息的重要性，参照相关国际原则和指导方针构建数字贸易用户个人信息的法律框架"（TPP 第 14.8.1 条与第 14.8.2 条）。美国在 RTAs 中首次引入该议题，并在 TPP 中对"个人信息保护"作出原则性规定，但并未具体回答如何在实施过程中解决"隐私侵权问题"。相比 TPP，USMCA 在"个人信息保护"方面的规定更加具体：①USMCA 指出在建立个人信息保护的法律框架过程中，参考"亚太经济合作组织（Asia-Pacific Economic Cooperation，APEC）的隐私框架以及经济合作与发展组织（OECD）理事会的《关于保护隐私和个人数据跨境流动准则（2013）》"的框架和原则（第 19.8.2 条）。②USMCA 第 19.8.3 条为新增条款，指出缔约方在"个人信息保护"中应重视的具体原则，包括"收集限制、选择、数据质量、目的规范、使用限制、安全保障、透明度、个人参与和问责制"。同时，该条款强调了缔约方需确保任何限制"跨境个人信息流动"的措施是必要的且与相关风险成比例。③USMCA 建议缔约方在促进跨境信息传输便利化时参考 APEC 的《跨境隐私规则体系》（第 19.8.6 条）。

4. 在"数据存储非强制本地化"中剔除了"缔约方监管例外"和"合法公共政策目标例外"条款

美国首次在 TPP 中规定了 RTAs 的"数据存储"问题。TPP 第 14.13.2 条规定，缔约方不得将使用该缔约方境内的计算设施或将设施置于其领土之内作为在另一缔约方的服务提供者在其领土内从事经营的前提条件。然而，为促进国内创新和国内企业发展，实践中包括加拿大在内的越来越多的国家以强制实施数据本地管理、储存或处理的方式，限制以云存储设备为载体的数据流动。这些国家以TPP 第 14.13.1 条（缔约方监管例外）和第 14.13.3 条（合法公共政策目标例外）作为实施"数据存储强制本地化"的依据。美国认为，使用本国而非其他缔约方本地的存储设备有利于提升数据安全及数据处理效率，将云计算服务的市场准入机会与使用当地基础设施相挂钩的政策严重损害了美国企业和消费者的利益，违背了互联网开放包容的本质属性，威胁到计算设施的配置效率及安全性。因此，美国在 USMCA 框架下就该问题提供了新的解决方案。USMCA 第 19.12 条再次重申"实施数据存储非强制本地化"诉求，完全剔除了 TPP 第 14.13.1 条（缔约方监管例外）和第 14.13.3 条（合法公共政策目标例外）（见表 2-2）。

表 2-2　USMCA 与 TPP 数字贸易相关条款对比

主要规则	TPP	USMCA	USMCA 对 TPP 的深化
数字产品的非歧视待遇	第 14.4 条	第 19.4 条	扩展适用于广播
国内电子交易框架	第 14.5 条	第 19.5 条	限定于符合联合国框架下 1996 年而非 2015 年的法规
个人信息保护	第 14.8 条	第 19.8 条	具体指出需遵循的隐私保护的国际框架（APEC、OECD）及关键原则
电子方式的跨境信息传输	第 14.11 条	第 19.11 条	未考虑各成员方有各自的监管要求
计算设施的位置	第 14.13 条	第 19.12 条	排除了一些例外规定：通信安全、保密或公共政策

为深入推进数字贸易的发展，USMCA 除深化 TPP 中的既有规则外，还纳入了一些未被 TPP 覆盖的新规则，具体分析如表 2-3 所示。

表 2-3　USMCA 对 TPP 的扩展

主要规则	TPP	USMCA	USMCA 对"美式模板"的扩展
交互式计算机	无	第 19.17 条	交互式计算机服务对数字贸易的开展很重要，在界定与信息储存、处理、传输、分配、可获得性相关的侵害责任时，要将这个交互式计算机服务的提供者与信息内容的提供者区分对待
公开政府数据	无	第 19.18 条	方便公众对政府公布的信息的准入和使用；规定公共信息的格式及其他要求；给企业尤其是中小企业创造商业机会

USMCA 在一定程度上反映了美国政府在数字贸易关键议题上的基本立场和

政策方向。USMCA 框架下的数字贸易规则已经替代 TPP 成为数字贸易规则"美式模板"的新代表。

随着数字贸易的重要性日益提升，美国不断推动"美式模板"的推广及应用。2019 年，美国、日本两国签订了《美日贸易协定》和《美日数字贸易协定》（UJDTA）。UJDTA 的生效在解决数字贸易壁垒问题上具有重要的积极引导作用。UJDTA 的多数条款沿袭了 USMCA 的内容，也是对 TPP 内容的边际扩展。表 2-4 对比了 UJDTA 与 TPP、USMCA 的相关条款。

表 2-4 UJDTA 与 TPP、USMCA 有关数字贸易规则的对比

主要规则	核心内容	UJDTA	USMCA	TPP
市场准入	关税	禁止对电子传输（包含电子传输内容）征收关税，允许缔约方可以在国内征收税费		
	非歧视待遇	不适用于知识产权、补贴或赠款	不适用于知识产权、补贴或赠款、广播	不适用于广播
数据跨境流动与存储	数据跨境流动	要求允许数据（包含个人信息）跨境自由流动		强制要求各方允许跨境数据流动
	数据本地存储	禁止将数据本地化存储作为开展业务的条件		不得强制在本地存储数据的副本
		删除监管例外规定		
数字贸易便利化环境	国内电子交易框架	要求建立符合《电子商务示范法》（1996）或《电子通信公约》（2005）原则的电子交易法律框架		
	电子签名和认证	有	有	有
	无纸化贸易	有		有
	数字身份	无	无	无
	电子发票			
	电子支付			
行业监管	个人信息保护	要求采取或维持保护电子商务用户个人信息的法律框架，大多要求在制定时考虑相关国际机构的原则和指南，鼓励成员国在机制上促进各类个人信息保护规则之间的兼容性		
	线上消费者保护	应立法保护线上消费者，以避免诈骗和商业欺诈行为		
	非应邀商业电子信息	应采取措施保护消费者免受非应邀商业电子信息骚扰，或将其减至最低程度		

续表

主要规则	核心内容	UJDTA	USMCA	TPP
数字知识产权	源代码	禁止将公开源代码作为进口该软件的条件		不得强制其他成员国商务软件提供商共享源代码
		适用于关键基础设施软件，并引入"密钥保护"条款	不适用于关键基础设施软件	

目前，"美式模板"主导世界数字贸易规则的发展，其他国家也积极争取制定数字贸易规则的主动权。美国退出 TPP 后，日本、加拿大、新西兰等国签订了 CPTPP。CPTPP 的数字贸易相关规则得到了多数国家的认同。CPTPP 数字贸易规则主体部分在电子商务章节，其余部分分布在第十章跨境服务贸易和第十三章电信中。具体如表 2-5 所示。

表 2-5　CPTPP 数字贸易相关规则

章节	条款
跨境服务贸易	国民待遇（10.3）、最惠国待遇（10.4）、市场准入（10.5）、当地存在（10.6）、不符措施（10.7）、国内规制（10.8）、承认（10.9）、拒绝给予利益（10.10）、透明度（10.11）、支付与转移（10.12）、其他事项（10.13）
电信	公共电信服务的接入和使用（13.4）、公共电信服务供应商的义务（13.5）、国际移动漫游（13.6）、与主要供应商的互联互通（13.11）、独立监管机构和政府所有权（13.16）、电信争端的解决（13.21）、透明度（13.22）、与国际组织的关系（13.25）
电子商务	海关关税（14.1）、数字产品的非歧视待遇（14.4）、国内电子交易框架（14.5）、电子认证和电子签名（14.6）、在线消费者保护（14.7）、个人信息保护（14.8）、无纸贸易（14.9）、关于接入和使用互联网开展电子商务的原则（14.10）、通过电子方式跨境传输信息（14.11）、互联网互通费用分摊（14.12）、计算设施的位置（14.13）、非应邀商业电子信息（14.14）、合作（14.15）、网络安全事项合作（14.16）、源代码（14.17）、争端解决（14.18）

CPTPP 在数字贸易规则方面的突破主要体现在"电子传输免关税"和"个人信息保护"上。第一，"电子传输免关税"作为国际贸易谈判的重要议题，长久以来备受争议。1998 年 WTO 发布了《全球电子商务宣言》，承诺对电子传输暂时免征关税，部分数字贸易发展水平较低的国家仍担心会侵蚀本国税基。CPTPP 在第 14.3 条中将此条款强制化，规定不得对"电子传输，包括电子传输的内容征收关税"。该条款帮助发达经济体清除了数字贸易壁垒，有助于最大限度地实现数字贸易自由化。同时，该协定强调国内税和其他费用不在禁收范围内，这为有意征收数字税的经济体预留了政策空间，缓解了部分利益冲突。第二，"个

人信息保护"是数据快速增长时代的重要挑战，也是各国博弈的焦点。CPTPP第14.1条对个人信息有清晰的法律定义，即"个人信息指关于已被识别的或可被识别的自然人的任何信息，包括数据"。尽管其在第14.8条中认可了保护个人信息的经济和社会效益，在强调"每一缔约方应采取或维持保护电子商务用户个人信息的法律框架"的同时，提出了"每一缔约方应考虑相关国际机构的原则和指南"。这一条款并无明确规定立法模式和保护形式，亦无具体的操作指引和参考框架，或使各缔约方之间难以实现统一的高标准的个人信息保护。

此外，CPTPP创造性地引入了跨境数据流动、计算设施本地化、源代码保护等争议性议题。"源代码"是数字经济竞争和企业创新发展的核心价值，具有研发成本高、易复制、易传输、易被剽窃等特征。CPTPP第14.17条中禁止将披露或转移源代码作为外国企业在本国市场开展业务的先决条件。保护源代码的主要目的是保护企业竞争优势，降低商业机密遭泄露、知识产权被盗窃、网络犯罪等风险。部分国家担心，禁止公开软件源代码将降低政府对企业的监管能力，增加国家安全隐患。为此，多数发展中国家通过制定网络安全相关法律法规，强制国外企业向政府披露加密密钥和源代码，以此作为市场准入条件。CPTPP的规则侧重于防止政府出于贸易保护主义，将企业公开源代码作为市场准入条件。其条款可理解为在企业进入本国市场之后，仍允许政府出于监管和安全目的，要求企业公开源代码。并且，关键基础设施所使用的软件不在禁止范围之内，这减轻了部分国家政府的顾虑。

美国在退出TPP之后，与加拿大和墨西哥签署了USMCA，并将TPP中的电子商务章节升级为数字贸易章节。USMCA和CPTPP虽在数字贸易规则方面有一定的相似性，但也存在显著差异。本章对比了USMCA的数字贸易章节和CPTPP的电子商务章节（见表2-6）。

表2-6　USMCA中数字贸易章节与CPTPP中电子商务章节的对比

USMCA（数字贸易章节）	CPTPP（电子商务章节）
第19.3条　关税	第14.3条　关税
第19.4条　电子产品的非歧视待遇	第14.4条　数字产品的非歧视待遇
第19.5条　国内电子交易框架	第14.5条　国内电子交易框架
第19.6条　电子验证和电子签名	第14.6条　电子认证和电子签名
第19.7条　在线消费者保护	第14.7条　在线消费者保护
第19.8条　个人信息保护	第14.8条　个人信息保护
第19.9条　无纸化贸易	第14.9条　无纸化贸易

USMCA（数字贸易章节）	CPTPP（电子商务章节）
第 19.10 条　数字贸易访问和使用互联网的原则	第 14.10 条　电子商务访问和使用互联网的原则
第 19.11 条　电子方式的信息跨境转移	第 14.11 条　通过电子手段进行的信息跨境转移
第 19.12 条　计算设施的位置	第 14.12 条　互联网费用分担
第 19.14 条　合作	第 14.14 条　未经请求的商业电子信息
第 19.15 条　网络安全	第 14.15 条　合作
第 19.16 条　源代码	第 14.16 条　关于网络安全事项的合作
第 19.17 条　交互式计算机服务	第 14.17 条　源代码
第 19.18 条　开放政府数据	第 14.18 条　争端解决

第一，深化了跨境数据自由流动和禁止数据本地化规则。USMCA 将上述两项规则扩大，使其适用于金融服务，旨在促进金融数据的自由流动。根据金融服务章节第 17.17 条"信息传输"条款，缔约方不得禁止或限制通过电子方式跨境传输金融信息。第 17.18 条"计算设施的位置"规定，只要金融监管当局能立即、直接、完整和持续地访问其领土外的计算设施上存储或处理的信息，政府就不得限制金融公司计算设施的位置。同时，USMCA 将禁止数据本地化升级为无例外的责任。第 19.12 条"计算设施的位置"删除了 CPTPP 第 14.13 条的合法公共政策目标例外，意味着在任何情况下政府都不得将在其领土内使用或放置计算设施作为市场准入的条件。

第二，扩大了源代码等专有信息的保护范围。USMCA 第 19.16 条"源代码"规定，不得将转让、访问企业的软件源代码或该源代码表达的算法作为市场准入条件，同时规定了强制披露的情形，以确保主管部门实现合法监管目标的能力。相比而言，CPTPP 源代码条款仅适用于大众市场软件或包含该软件的产品，并不包括用于关键基础设施的软件，也不适用于政府采购。至于关键基础设施的范围，条文并未明确。CPTPP 源代码条款也没有将源代码表达的算法纳入其中。算法与数据、算力一起并称为信息技术的三大基石，其不仅是大数据、物联网、云计算、人工智能等数字技术核心思想的体现，对搜索引擎、社交媒体等平台的运作也至关重要。随着数字贸易快速发展，算法的作用还将加速扩大。对于算法治理，各方还存在较大争议，禁止公开算法与算法透明度之间的冲突尤为突出。USMCA 对算法加以保护，其目的是维护谷歌、脸书、亚马逊等美国互联网巨头在算法上的竞争优势。

第三，增加了互联网服务提供者的责任限制条款。USMCA 界定了"交互式计算机服务"新规则，即提供或允许多个用户对计算机服务器进行电子访问的系统或服务。简而言之，交互式计算机服务就是互联网服务。根据第 19.17 条规定，互联网服务提供者原则上不得被视为信息内容提供者，对用户在互联网上传输信息导致的侵权行为，互联网服务提供者作为中间服务商无须承担法律责任。互联网服务提供者日趋平台化，全球互联网巨头尤其是美国公司均是大型平台企业，例如，微软公司有 Azure 云服务平台、苹果公司拥有 App 应用商店平台。平台化显著增加了用户数量，但也带来了更多的侵权风险。因此，对于美国而言，明确限制互联网服务提供者的责任，保护互联网平台利益的需求更加凸显。

第四，增加了开放政府数据的"软法"条款。USMCA 首次将开放政府数据写入贸易协定。第 19.18 条规定，如果政府选择向公众提供包括数据在内的政府信息，应努力确保采用机器可读和开放的格式，并且可以被搜索、检索、使用、重复使用和重新分发。由于大量可利用、可开发、有价值的数据都集中在政府，这一规定将大力推动政府生成的公共数据开放，从而增加创新和创业机会。当然，"应努力确保"的表述使该条款不具有法律约束力，政府只需承担"软法"义务。即使缺乏强制执行力和司法救济的保障，政府通常会遵守开放数据规则的指引，这是因为违背义务的行为受到来自其他成员国的政治与外交压力。这给政府开放敏感数据和重要数据带来了一定的挑战。

在美国和其他发达国家积极促进数字产业快速发展的同时，亚太地区也在不断提高区域内数字贸易开放水平。2020 年，东盟十国与中国、日本、韩国、澳大利亚、新西兰共 15 个亚太国家正式签署了 RCEP，这标志着当前世界上人口最多、经贸规模最大、最具发展潜力的自由贸易区正式成立。从文本内容来看，RCEP 中的电子商务和电信章节是水平较高的规则成果，具有全面性、互惠性、现代化和高质量等特征（见表 2-7）。

表 2-7 RCEP 电子商务章节的相关内容

RCEP 章节	条款
电子商务章节	合作（12.4）、无纸化贸易（12.5）、电子认证和电子签名（12.6）、线上消费者保护（12.7）、线上个人信息保护（12.8）、非应邀商业电子信息（12.9）、国内监管框架（12.10）、海关关税（12.11）、透明度（12.12）、网络安全（12.13）、计算设施的位置（12.14）、通过电子方式跨境传输信息（12.15）、电子商务对话（12.16）、争端解决（12.17）
金融服务附件	附件 1.9 信息转移与信息处理
电信服务附件	附件 2.4 接入和使用，附件 2.21 技术选择的灵活性

对比上述自由贸易协定可知，USMCA 和 TPP 具有典型的"美式模板"特

征。美国和欧盟作为数字贸易发达区域，为促进数字价值输出和数字产业发展，在它们主导的一系列区域自由贸易协定中不断推出满足其利益诉求的数字贸易规则，形成了影响力较为广泛的数字贸易规则"美式模板"和"欧式模板"。由于历史背景和本国经济发展情况不同，"美式模板"和"欧式模板"存在一定的分歧，主要体现为：

（1）在数字贸易中，数据成为主要的生产要素以及战略性资源，掌握了数据就占据了经济增长的制高点。不同国家出于对本国经济利益、国家安全的考虑，要求数据本地化。"美式模板"主张数据存储本地化是一种新型贸易壁垒，明确反对数字存储本地化。"欧式模板"出于对个人隐私保护和国家安全的考虑，认为数据应该本地化存储。"美式模板"反对数据本地化的主要原因有：①倡导技术中立原则，数据本地化在一定程度上不利于技术的交流，会阻碍相关技术的发展，违背了技术中立原则；②美国认为将数据存储于本地是为了保护个人隐私的观点并不充分。将数据存储于单一设备，一旦遭受黑客攻击，所有数据将消失殆尽，不仅未能保护个人信息，反而增加了风险集中的可能性。美国还强调，本地化措施不仅难以完全阻止数据外流，而且还会进一步强化本国政府对数据的控制，使政府更容易监视公民的行为。

（2）跨境数据的自由流动。"美式模板"提倡数据跨境自由流动，强调信息和数据的自由化。"欧式模板"对跨境数据自由流动更加谨慎，更加关注对个人信息和隐私的保护，在数据流动方面做出了一系列限制。美国认为互联网是全球的，各国都可以自由地接入和使用，数据的自由流动不仅可以促进数字产业的快速发展，也可以为世界带来更好的数字服务，从而使各国供应商可以从数字产业中获取利润。因此，"美式模板"主张不对数据的流动进行限制，以提供相对宽松的数字贸易发展环境。由于欧洲本身的历史传统和社会文化使其更加注重隐私保护，加之其数字产业发展相对滞后于美国和强化境内产业保护的动机，欧盟在《个人数据指令》中规定：个人数据不能传输到欧盟区外不能提供充分保护的国家。即"欧式模板"认为数据跨境流动是地域性的，不能将数据看作全球共享的产品。

（3）数据传输中的个人隐私权。欧盟更加注重保护个人信息和隐私。在个人信息范围的划分上，欧盟的《通用数据保护条例》指出个人信息就是"与已经被识别或者能够被识别身份的自然人有关的所有信息"。其主要含义为：只要通过一条信息就能够确定一个自然人，不管信息是通过直接手段还是间接手段获取的，均可以归类为个人信息。美国在《消费者隐私权法案》中认为，"能够连接到特定个人或者设备的信息"都属于个人信息的范畴。从定义上看，美国对个人信息的界定范围远宽泛于欧盟。

第三节　《数字经济伙伴关系协定》：
全球首个数字经济专项协定

一、《数字经济伙伴关系协定》简介

2020年6月12日，新加坡、新西兰和智利三国签订了《数字经济伙伴关系协定》（DEPA）。2021年1月7日这一协定正式生效，成为全球首个涵盖数字经济跨国合作的专项协定，也是首个线上签署的重要国际公约。这一协定旨在制定数字经济的国际标准，为签署方之间提供数字贸易便利。

DEPA是推动全球数字经济规则发展的第四种力量。现阶段全球数字经济规则主要由三种力量主导：美国主张充分保障数据自由流动，反对服务器和数据本地化；欧盟强调隐私、视听产品例外的知识产权和消费者保护；以中国为代表的发展中国家倡导要在国家安全、数据安全得到充分保障的基础上构建数字经济规则，强调数字主权。三方侧重点存在明显差异且短时间内不易调和。在这种情况下，强调数字贸易便利、数据转移自由、个人信息安全的DEPA作为推动全球数字经济规则构建的第四种力量，为团结更多国家合力发展数字经济提供了良好契机，也为数字经济时代全球经贸规则的重构和推广提供了新的选项和可能。

DEPA代表了一种新的发展趋势。作为全球首个关于数字经济规则的重要协定，创造性地采取非约束性承诺框架，为全球数字经济制度设计提供了模板。第一，DEPA缔约方可以通过技术优势以巩固现有的贸易协定承诺，加强数字经济时代的连接，就数字经济领域共性问题进行协作，使缔约方企业和消费者更好地参与数字经济发展，充分利用、共享贸易数字化带来的更多机会与红利。第二，DEPA将促进国家间加强数字连接，作为在WTO框架内制定数字贸易多边规则的基础，以及全球未来多边和双边数字经济与贸易规则的制定基准，可以在促进贸易的同时为数字经济治理创建可行框架。

2021年11月1日，为抓住数字贸易国际规则第三次重大变革的历史性机遇，中国向《数字经济伙伴关系协定》保存方新西兰正式提出加入申请。这一举措充分体现了中国在数字经济、数字贸易领域的开放姿态，符合进一步深化国内改革和扩大高水平对外开放的发展方向，有助于推动在新发展格局下与世界各国加强数字经济领域合作、促进创新和可持续发展。

二、《数字经济伙伴关系协定》的特征

《数字经济伙伴关系协定》作为全球首个数字经济国际合作的专项协定，与美欧国家的数字贸易规则相比，在参与方式、成员准入以及协定内容等方面具有独特性。

（一）参与方式：模块化协定

DEPA 共由 16 个主题模块构成：初步规定和一般定义、商业和贸易便利化、数字产品及相关问题的处理、数据问题、更广泛的信任环境、商业和消费者信任、数字身份、新兴趋势和技术、创新与数字经济、中小企业合作、数字包容、建立联合委员会和联络点、透明度、争端解决、例外条款和最后规定。上述内容涵盖了推行无纸贸易、加强网络安全、保护个人信息、加强金融科技领域合作等社会关注的问题。成员方不必同意全部内容，可以只加入其中几个模块，这极大简化了成员方的加入流程，提升了治理效率。灵活的模块化加入方式在一定程度上打破了数字贸易大国的规则垄断，提供了包容性的政府间数字经济合作制度框架，为全球数字经济良性发展提供了可能。

（二）成员准入：开放式平台

当前数字经济治理呈现联盟化、区域化趋势，在大国难以达成共识的情况下，DEPA 为致力于数字经济治理的国家提供了合作平台。此外，与西方国家联盟化趋势不同，DEPA 对所有 WTO 成员方开放，其他经济体达到 DEPA 的要求即可申请加入，促进了发展中国家参与全球数字治理。事实上已经有一些国家表达了加入的意向，包括 APEC 成员和非 APEC 成员。从 P4（智利、新西兰、新加坡和文莱于 2005 年达成的区域性经贸协定）到 TPSEP（《跨太平洋战略经济伙伴关系协定》），再到 TPP（《跨太平洋伙伴关系协定》）和 CPTPP（《全面与进步跨太平洋伙伴关系协定》），"开放性"是其成功的基础，发起国的目标是建立自由贸易区并制定新的经贸规则，达到成员间在货物贸易、服务贸易、知识产权以及投资等领域相互给予优惠并加强合作的目的。同时，DEPA 致力于推进国家间关于数字包容事项进行合作等议题，体现出对全球发展议题的高度关注。

（三）协定内容：创新型议题

新发展阶段下，DEPA 的 16 个主题模块涵盖了支持数字经济和数字贸易的各方面内容，涉及居民和社会关注的重点问题。该协定是一个具有灵活性的文件，随着贸易政策和电子商务的发展可以进行修改、完善。同时，其在多个领域扩大了数字经济的对外开放，致力于推动数字经济创新。相比 TPP 和 CPTPP 中的数字经济章节，DEPA 内容更全面、规定更细致，是对 TPP 和 CPTPP 中数字

经济条款的升级换代。相比代表数字贸易规则最高标准的《美墨加三国协定》（USMCA），DEPA 包含人工智能等一系列在 USMCA 中尚未涉及的新议题。此外，DEPA 的贸易规则涉及跨境数字经济产业链构建，如人工智能、金融技术创新、供给端数字技术发展、数字经济国际合作安排等，有助于将数字贸易规则向数字经济产业跨国合作进行延伸。

三、主要议题

在构成 DEPA 的 16 个主题模块中，前 11 个模块涉及实体性议题，依次为初始条款和一般定义、商业和贸易便利化、数字产品和相关问题的处理、数据问题、更广泛的信任环境、商业和消费者信任、数字身份、新兴趋势和技术、创新和数字经济、中小企业合作和数字包容；后 5 个模块涉及实施和程序性问题，依次为建立联合委员会和联络点、透明度、争端解决、例外条款和最终规定。其中颇具特色的条款包括数字贸易便利化、数字跨境流动与创新、提升中小企业和民众数字参与程度。

（一）数字贸易便利化

包含数字身份认证（Digital Identity）、无纸化贸易（Paperless Trade）、电子发票（E-Invoicing）、金融科技与电子支付（Fintech and E-Payment）等内容，旨在通过简化程序和手续，协调基础设施标准和法律适用以促进数字贸易的发展，主要集中在模块 2：商业和贸易便利化（Business and Trade Facilitation）。第一，DEPA 以增强区域和全球的连通性为导向，要求各国促进在个人和公司数字身份方面的合作，同时确保它们的安全性。这有助于促进各个体系之间的互操作性，为数字身份领域的跨境合作打下坚实基础。第二，DEPA 建议成员方以法律允许的电子方式订立合同，且与纸质合同具有同等效力和可执行性，无纸贸易建议成员方将贸易管理类文件电子化，由单一窗口受理，以此提高速率、降低成本。第三，DEPA 是首个涵盖电子发票的数字经贸协定，要求缔约方在电子发票系统内进行合作，鼓励各国对本国内电子发票系统采用类似的国际标准。这将使从事国际业务的企业能够通过跨境操作系统进行便捷交易，企业可以缩短发票处理时间并更快地收付款。第四，由于电子支付的快速发展，DEPA 鼓励采取公认的国际标准和支付基础设施联通等措施，推动构建安全有效的跨境支付体系。

（二）数据跨境流动与创新

包含个人信息保护（Personal Information Protection）、跨境数据流动（Cross-border Data Flows）、政府信息公开（Open Government Data）、信息创新与监管沙盒机制（Data Innovation and Regulatory Sandboxes）等内容，以期实现值得信赖的跨境数据流动和创新，主要集中于模块 4：数据问题（Data Issues）。在个人信息

保护方面，DEPA 制定了加强保护个人信息的框架与原则，包括透明度、目的规范、使用限制、收集限制、个人参与、数据质量和问责制等，要求缔约方在国内建立一个与这些原则相匹配的框架，以促进各国个人信息保护法律之间的兼容性和互操作性。在跨境数据流动方面，DEPA 成员坚持它们现有的 CPTPP 承诺，允许数据跨边界自由流动，允许在符合必要法规的情况下，在新加坡、智利和新西兰开展业务的企业跨边界无缝传输信息。在政府信息公开方面，DEPA 缔约方可以探索扩大访问和使用公开政府数据的方式，为企业（尤其是中小企业）创造新的机会，这包括共同确定可使用的开放数据集（尤其是具有全球价值的数据集）以促进技术转让；人才培养和部门创新要求各方应努力实现政府数据公开，鼓励基于开放数据集开发新产品和服务。跨境数据流动和数据共享有助于实现数据驱动创新，DEPA 通过促进跨境数据驱动型创新以促进新产品和服务的开发。例如，监管沙盒是政府和行业合作的机制，在数据沙盒中，各国根据国内法律在企业间分享包括个人信息在内的数据，从而支持私营部门数据创新并弥补政策差距。

（三）提升中小企业和民众的数字参与程度

包含人工智能（Artificial Intelligence，AI）、线上消费者保护（Online Consumer Protection）、中小企业合作（SME Cooperation）、数字包容性（Digital Inclusivity）等。第一，人工智能的出现对现有的规范体系和治理思路带来了巨大挑战。DEPA 明确提出构建"人工智能治理框架"，促进成员方在道德和治理层面达成共识，以可信赖、安全和负责任的方式使用人工智能，尤其是跨境使用人工智能。第二，数字贸易的主体已由传统的大型跨国公司扩展至中小企业和个人消费者，DEPA 专门探讨中小企业问题，建议成员方以易于获取的方式进行信息公开（如政府采购信息），加强成员方之间以及中小企业之间的对话和交流。第三，DEPA 承认包容性在数字经济中的重要性，通过共享最佳实践和制订促进数字参与的联合计划，改善和消除参与数字经济的障碍，加强文化交流和民间联系，促进与数字包容性相关的合作。

第四节　全球数字经贸规则谈判的关键领域

一、数字技术

以数字技术为关键领域推动数字贸易便利化。近年来，大数据、物联网、移动互联网、云计算等数字技术的不断突破和深度融合推动了数字经济快速发展。数字技术的创新应用主要包括高端芯片、操作系统、人工智能关键算法、传感器等，以及通用处理器、云计算系统和软件核心技术一体化研发。数字技术成为数字贸易的发展基石，是推动数字贸易便利化的内在驱动力。

在数字经贸规则谈判过程中，世界贸易组织框架或者诸（多）边自由贸易协定均积极提倡使用无纸化贸易、电子认证等数字化手段促进电子商务便利化。RCEP 电子商务章节中强调无纸化贸易，提高对电子形式贸易管理文件的接受度，并提倡采用电子认证和电子签名以促进贸易便利化。[①] CPTPP 电子商务章节中提出鼓励缔约方使用可交互操作的电子认证。新加坡与澳大利亚签署的《双边数字经济协议》（SADEA）提出增强对电子发票的认识和能力建设，促进电子支付的互操作性和相互联系。WTO 电子商务联合声明倡议（Joint Statement Initiative，JSI）中提出以电子合同、电子支付等促进电子交易，以数字技术赋能电子商务。

二、数字产品

以数字产品为关键领域完善和优化数字经贸规则。数字产品主要是指以商业销售或传播为生产目的，能够借助电子方式传送的计算机程序、文本、视频、图像、录音或其他数字编码的产品。随着互联网信息技术的发展，以数据为生产要素、以数字交付为主要特征的数字产品贸易正在成为全球贸易的新形态和新引擎。

2019 年全球数字服务出口规模达 31925.9 亿美元，占服务贸易出口的52.0%，占全部贸易出口的 12.9%，较 2018 年增长 1152.6 亿美元，同比增长3.75%。在数字经贸规则中，数字产品主要围绕"可通过电子方式传送的计算机程序、文本、视频，且为商业销售而生产"等关键词展开。数字产品的非歧视待遇是数字经贸规则关注的焦点。CPTPP 规定"任何缔约方给予在另一缔约方领土内创造、生产、出版、定约、代理或首次商业化提供的数字产品的待遇，或给予作者、表演者、生产者、开发者或所有者为另一缔约方的人的数字产品待遇，不得低于其给予其他同类数字产品的待遇"。USMCA 和 UJDTA 不仅提出对数字产品实行非歧视待遇，同时提出不得对数字产品进出口征收关税、费用或其他费用。DEPA 中规定"任何缔约方不得对一缔约方的人与另一缔约方的人之间的电子传输及以电子方式传输的内容征收关税"。

---

① http：//fta.mofcom.gov.cn/rcep/rcep_new.shtml.

三、数据跨境流动

以数据跨境流动为关键领域推动数字经济治理。在数字经济时代，数据不仅成为基础性生产要素，更成为一国重要的战略性资产。国际上对跨境数据流动的内涵与外延界定主要包括两类：一类是数据跨越国界的传输、处理与存储；另一类是在数据尚未跨越国界的条件下，能够被第三国主体进行访问。近年来，数据流动对全球经济增长的贡献，早已超越了以商品、服务、资本、贸易、投资为代表的传统形态。在此基础上，随着国际经济呈现数字化转型，跨境数据流动越来越独立地发挥作用，数据全球化正成为推动新一轮全球化的新增长引擎。完善跨境数据流动规则体系，促进数据流通和交易实现成为全球数字经济治理的重要命题。在 WTO 电子商务联合声明倡议（JSI）谈判中，数据的自由流动是引起争议的关键领域。SADEA 第 27 条提出开放政府数据。《通用数据保护条例》（GDPR）中提出对个人数据跨境流动保护的七个基本原则，以建立一个更加强有力的、更加一致的数据保护框架。《非个人数据在欧盟境内自由流动框架条例》第 4 条中提出欧盟境内数据的自由流动，禁止数据本地化的要求。DEPA 鼓励通过数据跨境自由流动、政府数据开放共享和数据资源的开发利用等方式来推动数据跨境流动。

四、网络安全

网络安全是夯实数字经济发展基础的关键领域。随着传统领域数字化转型不断深入、物联网与新技术加快融合，网络安全问题已成为各行业、各领域关注的焦点。全球安全产业市场规模正在稳步增长，2017 年已达到 990 亿美元。然而，要素投入持续增长并未有效改善网络安全形势，恶性攻击事件呈现多发态势。数字经济背景下，网络安全已成为具有全局性影响的关键因素，也是未来物联网与新技术融合之路的基本前提。在"网络安全"议题上，发达经济体立足于国内完善的网络安全法律和制度体系，反对过度的网络安全保护；发展中经济体更关注网络主权与安全合作。CPTPP 第 14.16 条提出增强国家实体负责计算机安全事件应对能力。DEPA 要求缔约方加强计算机安全事件应变能力建设，探索反电子网络恶意侵入、恶意代码传播等领域的合作机制。USMCA 第 19.15 条提出建设各自网络安全事件响应的实体能力，加强现有合作机制来识别并减轻网络恶意入侵或恶意代码传播。SADEA 中提出网络安全是数字经济的基础，应提高政府机构处理网络安全事件的能力。

五、数字包容

以数字包容为关键领域弥合数字鸿沟。以 5G 网络、人工智能等先进技术为引领的新一轮技术革命与产业变革正在蓬勃兴起，"智慧社会"发展新阶段已初露端倪。同时，信息化基础设施发展不平衡、数字出版物价格偏高以及公民数字技能不足等问题日益严重，数字鸿沟问题已经成为一项全球性重要议题。截至2019 年底，发达国家互联网渗透率已达 86.6%；最不发达国家使用互联网的人口仅占 19.1%。2020 年 9 月国际电信联盟（ITU）发布报告称，随着新冠病毒感染疫情在全球范围的扩散，数字鸿沟问题进一步凸显。数字鸿沟不断扩大导致了发达国家和发展中国家网络权益显著失衡。数字包容是利用数字技术提升经济社会发展公平性、均等性与包容性，其重点是缩小狭义的数字鸿沟——拥有和未拥有计算机和互联网访问权限的人群之间的差距。DEPA 第 11 章强调数字包容性对数字经济的贡献以及通过消除障碍以扩大和便利数字经济机会获得的重要性，认为缔约方应该就数字包容性相关事项进行合作，包括妇女、农村人口、低收入社会群体和原住民参与数字经济。

六、数据驱动型创新

数据驱动型创新成为促进产业数字化的关键领域。数据要素包含了大量有效信息，是数字时代的基础性资源和驱动产业创新发展的核心要素。深入挖掘数据有效信息能够促进传统产业数字化、网络化、智能化转型，重塑国家竞争优势，提升国家治理现代化水平。然而，由于各国数字经济发展水平不同，在数据治理方面存在分歧，数字鸿沟与数据安全问题也阻碍着数字经济的发展。因此在制定多边、双边自由贸易协定过程中，更多国家开始重视数据驱动型创新。DEPA 提倡促进跨境数据驱动型创新，鼓励在监管数据沙盒环境下进一步增强创新，以最大限度促进新产品和服务的开发。SADEA 中提出数据创新，强调通过数字化和数据使用以推动数字经济的高质量发展。通过合作开展数据共享项目，制定数据可移植性的政策和标准等措施以促进数据驱动型创新。

本章复习题

一、名词解释

1. 模块化协定　2. 数字贸易便利化　3. 数字包容　4. 美式模板

二、简答题

1. 数字经贸规则发展阶段分为几个部分？

2. RCEP 的签署对我国的数字贸易发展有何重要意义？

3. "美式模板"的主要特征有哪些？

4. 数据跨境流动作为数字经贸规则的关键领域，其价值体现在哪些方面？

5. 推行电子传输免征关税对中国数字贸易发展有何意义？

三、案例分析

请阅读以下材料，回答问题。

"城下之盟"《美墨加协定》：典型的"美国优先"

2020 年 7 月 1 日，《美国—墨西哥—加拿大协定》（以下简称《美墨加协定》）生效，正式取代了 1994 年生效的《北美自由贸易协定》。专家分析认为，在新冠肺炎病毒感染冲击地区及各国经济的背景下，新协定的实施前景及效果仍是一个问号。同时，新修订的部分条款体现了美国一家的利益，很难带来真正平等的自由贸易。

美国主导协定

《美墨加协定》生效当天，美国大力鼓吹新协定带来的各种好处。美国贸易代表莱特希泽发表声明称，"今天标志着美国与墨西哥、加拿大贸易新篇章的开始"。他表示，该协定将会带来更多就业、更强劲的劳工保护、扩大的市场准入，并为企业提供更多贸易机会。

墨西哥和加拿大方面也对新协定期待颇高。墨西哥总统洛佩斯肯定了协定生效在经贸领域的重大意义。墨西哥经济部长格拉谢拉·马尔克斯在发布会上表示，希望协定的生效能够抵消新冠病毒感染疫情给经济造成的消极影响。加拿大总理特鲁多近日表示，鉴于 2018 年北美自贸协定成员之间的贸易总额接近 1.5 万亿加元，新协定对三国间保持自由公平贸易的重要性，"无论怎样强调也不为过"。

1994 年 1 月 1 日，由美国、加拿大、墨西哥共同签署的《北美自由贸易协定》生效，北美自贸区正式成立，成为当时世界上最大的区域经济一体化组织。自 2017 年起，美国政府多次批评《北美自由贸易协定》造成美国制造业流失，要求就协定内容重新谈判，甚至以"退群"相威胁。

新协定的谈判经历了漫长的"拉锯战"。2018 年 9 月，美墨加就更新《北美自由贸易协定》初步达成一致，并于当年 11 月签署协定。但由于三国在诸多领域分歧严重，协定签署后又经过多轮谈判。期间，美国不断向墨西哥和加拿大施压，并一度以加征关税为要挟。2019 年 11 月，三国代表又签署了协定修订版。

中国社会科学院美国研究所研究员袁征在接受本报记者采访时指出，从谈判过程来看，美国采取了与墨西哥、加拿大分别谈判的策略，墨、加两国在美国的压力下不得不做出妥协和让步。可以说，《美墨加协定》完全是在美国的主导下签署的。

体现"美国优先"

与《北美自由贸易协定》相比，《美墨加协定》对产业布局、争端解决等板块条款进行了大幅度修订，在数字贸易、知识产权、金融服务、投资、劳工和环境保护等方面进行了更新和升级。

值得注意的是，新协定制定了更加严格的汽车原产地规则，即汽车零部件的75%必须在三国生产，才能享受零关税，而原协定中的标准是62.5%。在劳工待遇方面，新协定规定到2023年，零关税汽车40%~45%的零部件必须由时薪最低16美元的工人生产。同时，美国将建立一个跨部门的劳工委员会，履行监督及执法职能。

在美方看来，《美墨加协定》充分体现了美国政府"自由、公平且对等"的国际贸易价值导向。但舆论普遍认为，其所倡导的对等和公平主要目的在于缩小墨西哥和加拿大与美国的贸易顺差，这无疑更符合美方的利益。袁征指出，墨西哥与加拿大对美国市场的依赖程度很高，两国与美国在国际贸易体系中的地位也不对等。墨、加为达成协定，保住对美出口市场，必须做出相应让步。

此外，美国还将《美墨加协定》标榜为"21世纪最高标准的贸易协定"。分析认为，美国试图将《美墨加协定》的相关条款加以推广，以引领国际贸易体制改革。袁征分析指出，近年来，美国政府贸易保护主义倾向明显，甚至认为"全世界都在占美国的便宜"，对多边主义兴趣索然。当前，美国加强与各经济体的双边谈判，试图推广"毒丸条款"，对国际经济合作氛围和国际多边贸易体制都将产生不利影响。

实施前景存疑

与美国官方的高调宣传不同，企业界及学界普遍对《美墨加协定》的前景持谨慎态度。

美国全国对外贸易理事会近日表示，对于许多商业活动来说，《美墨加协定》结束了长达3年的不确定性，但是这一协定能否成功还取决于执行的状况如何。美国知名智库彼得森国际经济研究所发布的一项研究认为，新协定中更加严格的汽车原产地规则将限制贸易，并损害美国相关产业，对三国经济造成不利影响。还有一些业内专家担忧，《美墨加协定》的新规则会增加汽车制造商的成本和消费者购车的成本。

对于加拿大的一些行业而言，变数仍旧存在。据彭博社近日报道，美国正考虑再度对加拿大铝产品加征关税。加拿大总理特鲁多回应称，美国需要加拿大的铝。如果美方加征关税，只会增加其制造业的投入以及消费者的成本，并损害美国自身经济。

袁征指出，《美墨加协定》并不是一个完全平等的协定，必然孕育着矛盾和冲突，这将在未来执行过程中逐渐显现出来。

（选自《人民日报海外版》，2020 年 7 月 7 日）

1. 试述《美墨加协定》的签订对全球经贸格局的影响。

2. 中国应采取什么策略应对《美墨加协定》给中国在全球经贸规则中的地位所带来的挑战？

第三章 《数字经济伙伴关系协定》与数字技术

数字技术是推动数字经济发展和数字经贸合作的核心动力。数字技术的发展得益于计算技术、通信技术和信息处理技术三大基础领域的进步，三股力量相互结合共同推动数字技术的快速发展。当前，以 5G、大数据、人工智能、云计算、区块链等为代表的新一代数字技术成为新增长引擎。本章第一部分从数字经济核心技术导入，介绍其演进特点、发展趋势与技术发展引发的经济社会问题；第二部分论述数字技术国际规则谈判的相关领域；第三部分比较《数字经济伙伴关系协定》与其他经贸规则中数字技术条款的异同；第四部分分析在数字技术方面经贸规则谈判的最新趋势及中国的应对方案。

第一节 数字技术的内涵

一、数字技术的定义

数字技术是数字经济的核心领域与发展基础。广义的数字技术是指一种具有通用性的技术，广泛应用于社会经济的各行业、各领域，是数字经济的关键生产要素，也是数字经济发展的核心驱动力。狭义的数字技术是指一系列采用现代计算机技术将传统信息资源转换为能够在线识别的数字信息的技术。数字技术将各种传统形式的信息转化为可识别的二进制形式，以计算机作为操作媒介实现相关工作。

数字技术在数字经济发展中具有重要地位，构成数字经济的核心产业基础。《数字经济及其核心产业统计分类（2021）》对数字经济核心产业的定义是：为产业数字化发展提供数字技术、产品、服务、基础设施和解决方案，以及完全依赖于数字技术、数据要素的各类经济活动。其中，数字技术主要指大数据、互联网、物联网、人工智能、VR/AR、边缘计算、异构计算、工业视觉算法等新兴计算关键技术。数字技术应用包括软件开发，电信、广播电视和卫星传输服务，互联网相关服务，信息技术服务和其他数字技术应用等。

机械电子技术和模拟电子技术向数字技术的转变，特别是数字技术在信息和通信领域的应用，推动了经济社会的数字革命，深刻改变了企业的运营方式、生产组织方式、国家和企业的贸易方式及人们的工作与沟通方式。数字技术的发展得益于计算技术、通信技术和信息处理技术三大基础领域技术力量的发展，三股力量相互结合共同推动数字技术的快速发展。当前，以5G、大数据、人工智能、云计算、区块链等为代表的新一代数字技术成为新增长引擎。

（一）计算技术

现代计算技术的核心是晶体管和集成电路的物理特性。数字电路的发展经历了从电子管、半导体分立器件到集成电路等多个时代。20世纪70年代，微处理器的出现使数字集成电路发生了质的飞跃，影响人类发展进程的计算机就此诞生。电子计算机是一种利用电子技术和相关原理，基于一系列指令对数据进行处理的机器。现代数字技术与电子计算机相伴而生，是指借助一定设备将各种信息，包括图、文、声、像等转化为电子计算机能识别的二进制数字后，进行计算、加工、传送、传播和还原的技术。

1965年，摩尔预测集成电路中的元器件的数量每年将翻一番，这意味着集成电路的处理和计算能力每年翻倍增长。摩尔定律的具体内容为：集成电路可容纳的晶体管数目每隔约18个月便会增加一倍，性能随之提升一倍；或者说，当价格不变时，每1美元所能买到的电脑性能将每隔18个月翻两倍以上。这一定律揭示了信息技术进步的速度，计算能力的飞速增长和计算设备成本的大幅下降使个人电脑和外围设备在全球范围内迅速普及。计算技术的成本随时间推移稳步下降。1997~2015年，美国个人电脑领域的居民消费价格指数下降了95%，消费者购买一篮子商品的价格指数上升了50%。计算机在个人、企业和政府部门中被广泛使用。

（二）通信技术

1969年，互联网始于美国国防部建立的阿帕网（ARPAnet）。基于不同网络间串联形成的庞大网络，以一组通用协议相连，形成逻辑上单一巨大的国际网络。互联网使用一种专门的计算机语言保证数据传输的安全、准确。其中，包含两部分关键协议：传输控制协议（Transmission Control Protocol，TCP）和网络之间互联协议（Internet Protocol，IP）。TCP将数据分成若干数据包并为其设定序号，以便接收端将数据还原成原始格式；IP为每个数据包协商发送主机和接收主机的地址，使数据可以在物理网上传送。TCP/IP逐步成为国际标准，为世界范围内互联网的发展铺平了道路。

1989年，蒂姆·博纳斯·李提出构建万维网的设想，以方便研究人员共享和更新信息。这一设想的一端是超文本链接，将不同物理空间的文件、音像、图片、视频等组织构成多媒体网页，存放于服务器；另一端的用户通过网页浏览器将所需内容列表展示在终端屏幕上，登录网页浏览、修改和下载文件。这一设想催生了三项对互联网发展至关重要的技术发明：一是制作网页的标准语言HTML（Hypertext Markup Language）；二是网页传输和通信的标准HTTP（Hyper Text Transfer Protocol）；三是"网址"URL（Uniform Resource Locator）。

通信技术飞速发展的标志是网络带宽的快速增长。带宽是通信系统承载能力的衡量标准。吉尔德定律预测，总带宽的增长至少比计算能力快3倍（Gilder，2000），即每六个月带宽翻1倍。大容量带宽保证了通信系统任何两个节点之间大量数据的即时传输。2000年，国际带宽平均速度约为3700兆/秒，2015年提高到120万兆/秒，增长300多倍。带宽增加使通信成本大幅下降，成为互联网和移动网络快速发展的催化剂。1990年全球仅5%的人口可以上网；2018年全球互联网用户突破40亿，占世界人口的50%以上；2020年全球互联网带宽提高了35%，是2013年以来增幅最大的一年。联合国贸易和发展会议（United Nations Conference on Trade and Development，UNCTAD）预测，全球每月的数据流量预计将从2020年的230艾字节激增至2026年的780艾字节。

（三）数字化与数据处理技术

第三个技术层面推动因素是数字化技术，即利用强大的计算机使搜集、存储和转换模拟形式存储的信息变为可处理的数字信息，通过光缆传至全球受众。麻省理工学院媒体实验室创始人尼古拉斯·尼葛洛庞帝预测，世界将不可避免地走向任何东西都可以实现数字化的未来（Negroponte，1995）。数字电路是数字技术的基础。按照处理信号编码技术的形式不同，电子电路通常分为模拟电路和数字电路两类。数字电路被广泛应用于数字电子计算机、数字信号系统、数字式仪表、数字控制装置及工业逻辑系统等领域，具备实现对数字信号的传输、运算、计数、寄存、显示和脉冲信号的产生和转换等功能。与模拟方式处理信息相比，数字方式具有稳定性好、可靠性高、储存期限长、便于计算机处理和易于高度集成化等优点。

数字化技术的发展与计算能力的飞跃、通信系统的快速扩张相辅相成。企业和政府可以组织大量数据，使用先进的分析方法，挖掘模式、观点和关系。"大数据"的概念应运而生，它不仅是指数据规模的庞大，更是指处理数据信息能力的飞跃。大数据的使用能够造福各利益相关者，从使用"谷歌流感趋势"的公共卫生机构实时检测流感动态，到亚马逊（Amazon）和奈飞（Netflix）等科技巨头使用大数据算法向消费者推荐产品带来销售额。同时，大数据的应用也产生了企业间信息不对称、数字鸿沟、数据驱动型创新的市场失灵等问题。

数据爆炸造成了数据信息量的迅速增长。2010～2020 年，全球数据呈现爆发式增长状态，2020 年全球数据量为 60ZB，2022 年达到 70ZB；预计 2025 年全球数据量将达到 175ZB，其中，中国占到 48.6ZB，成为全球第一。数据存储、访问和处理的方式也发生了转变，基本呈现从集中到分散，再到集中的发展趋势。1980 年以前数据几乎全部储存于专用数据中心，数据处理集中于大型计算设备。1980～2000 年，个人计算机的兴起使数据和计算能力的分配成为可能，数据中心发展成为集中枢纽，负责管理和分发数据。2000 年之后，无线宽带和快速网络的发展促使数据流入云端，从特定物理设备（PC、电话、可穿戴设备）分离数据，进入任意设备均可访问数据的时代。

二、数字技术的特点

一是数字技术渗透速度前所未有。以各项技术在美国的渗透率达到 25% 所用的时间为例，电话、收音机、电视机、手机、互联网分别用了 35 年、31 年、16 年、13 年和 7 年，数字技术渗透速度快的特点凸显。二是数字技术的渗透对经济发展水平依赖度不高。世界银行数据显示，2016 年多数人均 GDP 低于 5000 美元的发展中国家已经达到与发达国家相近的数字技术采用指标。2010 年以来，中国已成为全球电子商务领域的领先者。三是新兴市场国家的生产和消费者在数字技术应用中作用巨大。根据联合国数据，2017 年中国和印度 90% 以上的人口对互联网的应用持积极乐观态度，认为其利大于弊，这一比例在美国不足 70%，在日本不足 60%。以移动支付为例，中国和印度接受移动支付的受调查者比例超过 80%，美国不足 45%，法国、日本不足 30%。接受数字技术的态度在各国之间存在巨大差异的原因在于新兴市场国家的零售和金融服务业发展程度和效率较低，采用数字技术的边际成本较低，而发达国家现有的传统服务提供商受到数字技术和商业模式的冲击，转型较慢，倾向于抵制数字技术带来的商业变革。四是数字技术的应用带来前所未有的挑战，需要社会各方面共同应对。数字经济蓬勃发展的同时引致不少社会问题，如就业机会的丧失、技能要求的变化、隐私和数据安全问题、产业竞争政策调整等。很多问题的产生机制错综复杂，与数字技术产生的正向效应相伴而生。

三、数字经济核心技术概述

（一）新一代通信技术与物联网

中国电信研究院将第五代移动通信技术（5th Generation Mobile Communication Technology，5G）概括为以增强的移动宽带、高可靠的低时延和大规模机器通信为特征的最新一代蜂窝移动技术，是继 4G 系统之后的技术延伸。作为实现人、机、物互联的网络基础设施，5G 的高速率、低时延和广连接等特点，使无线技术应用于现场设备实时控制、远程维护及操控、工业高清图像处理等工业应用新领域成为可能。上述技术进步为未来柔性生产线、柔性车间建设奠定了基础。由于具有媲美光纤的传输速率、万物互联的泛在连接特性和接近工业总线的实时能力，5G 正逐步向数字化、智能化制造渗透。5G+制造数字化的总体架构主要包括 4 个层面：数据层、网络层、平台层和应用层（见表 3-1）。

表 3-1　5G 技术的四个层面

数据层	数据层依托由传感器、视频系统、嵌入式系统等组成的数据采集网络，对产品制造过程的各种数据信息进行实时采集，包括生产使用的设备状态、人员信息、车间工况、工艺信息、质量信息等，利用 5G 通信技术将数据实时上传到云端平台，形成一套高效的数据实时采集系统。通过云计算、边缘计算等技术，对数据进行实时高效处理，获取数据分析结果，通过数据层进行实时反馈，指导整个生产过程，为智能制造的生产优化决策和闭环调控提供基础。数据层实现了制造全流程数据的完备采集，为制造资源的优化提供了海量、多源、异构的数据，是实时分析、科学决策的起点，也是建设智能制造工业互联网平台的基础
网络层	网络层的作用是给平台层和应用层提供更好的通信服务。作为企业的网络资源，大规模连接、低时延通信的 5G 网络可以将工厂内海量的生产信息进行互联，提升生产数据采集的及时性，为生产优化、能耗管理、订单跟踪等提供网络支撑。网络层采用的 5G 技术可以在极短时间内完成信息上报，确保信息的及时性，确保生产管理者能够形成信息反馈，对生产环境进行精准调控，有效提高生产效率。网络层还可以实现远程生产设备全生命周期工作状态的实时监控，使生产设备的维护突破工厂边界，实现跨工厂、跨区域的远程故障诊断及维护
平台层	基于 5G 技术的平台层可以为生产过程中的分析和决策提供智能化支持，是实现智能制造的重要核心之一。主要包括以图形处理器（Graphics Processing Unit，GPU）为代表的高性能计算设备，以边缘计算、云计算为代表的新一代计算技术，以及以云存储为代表的高性能存储平台。平台层通过关联分析、深度学习、智能决策、知识推理等人工智能方法，实现制造数据的挖掘、分析和预测，为智能制造的决策和调控提供依据
应用层	应用层主要承担 5G 背景下智能制造技术的转化和应用工作，包括各类典型产品、生产与行业的解决方案等。应用场景包括状态监测、数字孪生、虚拟工厂、人机交互、人机协同信息跟踪与追溯等。基于 5G 网络的大规模连接、大带宽、低时延、高可靠等优势，研发系列生产与行业应用全面满足了企业数字化和智能化的需求。依托数据与用户需求，应用层为用户提供精准化、个性化定制，从而使整个生产更加贴合用户实际需求

物联网是一个通过传感器等设备实时采集各种信息并接入互联网而形成的巨大的互联互通的网络。作为一个基于互联网、传统电信网的信息承载体，物联网能够实现物与物、物与人的泛在连接。物联网可以将新一代信息技术充分运用于各行各业。具体而言，就是把感应器嵌入电网、铁路、桥梁、隧道、公路、建

筑、供水系统、大坝、油气管道等产品设备中，然后将物联网与现有互联网结合，实现人类社会与物理系统的整合。经过上述整合得到的网络中存在能力强大的中心计算机群，可以对整合网络内的人员、机器、设备和基础设施实施实时管理和控制。在此基础上，人类能够以更加精细和动态的方式管理生产和生活以达到"智慧"状态，依托物联网的数字技术提升资源利用率和生产力水平，改善人与自然间的关系，为新一代智能制造提供坚实基础。

国际电信联盟将物联网定义为信息社会的全球基础设施，通过基于现有和不断发展的可互操作信息及通信技术互联互通（物理或虚拟手段）来实现先进的服务提供。物联网技术允许日常物品具有识别、传感、网络和处理功能，能够通过互联网相互通信与其他设备和服务进行通信，实现有价值的目标，如射频识别（Radio Frequency Identification，RFID）等技术已广泛用于跟踪物品。射频识别系统具有标签和阅读器两个基本要素。机器与机器直接通信是物联网理念的基础，大规模计算能力、大数据处理能力以及通过互联网通信带来技术进步为机器之间的通信提供了广泛的应用。对消费者而言，物联网可以跟踪身体健康数据，通过智能家电管理家庭，提高生活质量。对企业而言，物联网可以预防性维护机器和产品，帮助提高运转效率，提供销售新数字产品和服务的机会。物联网使企业能够通过产品和服务来提供更好的客户体验，更好地管理组织和复杂系统。

物联网不仅推动了数字贸易智能化和社会进步，也促进了社会变革和产能转型。我国物联网的商业模式已较为丰富，相对而言物联网相关法律法规尚不完善。物联网相关的国际标准由电气和电子工程师协会（Institute of Electrical and Electronics Engineers，IEEE）、3GPP 等组织和 SigFox 等共同推进。相应地，国内规则由物联网标准联合工作组制定。2010 年由 19 家现有标准化组织发起成立物联网标准联合工作组，致力于推动中国物联网国家标准体系构建和相关标准的制定，同时积极参与相关国际标准的编制。NB-IOT、LoRa 是国内主要发展的物联网技术。2017 年以来，三大运营商积极部署 NB-IOT 网络，目前已基本实现全国覆盖且仍在持续建设中。广电集团、铁塔公司、腾讯、阿里相继加入 LoRa 阵营。

专栏 3-1　工业互联网

工业互联网是链接工业全系统、全产业链、全价值链，支撑工业数字化、智能化发展的关键信息基础设施，是新一代信息技术与制造业深度融合形成的新兴业态和应用模式，是互联网从消费领域向生产领域、从虚拟经济向实体经济延伸拓展的核心载体。工业互联网最早由美国通用电气公司于 2012 年提出，核心是通过工业互联网平台把原料、设备、生产线、工厂、工程师、供应商、产品和客户等工业全要素紧密地连接和融合起来，形成跨设备、跨系统、跨企业、跨区域、跨行业的互联互通,从而提高整体效率。工业互联网可以帮助制造业拉长产业链、推动整个制造过程和服务体系的智能化,有利于推动制造业融通发展,实现制造业和服务业之间的紧密交互和跨越发展,使工业经济各种要素和资源实现高效共享。作为工业数字化发展的重要基础设施,工业互联网的本质是使工业形成基于全面互联的数据驱动智能。工业互联网构建了面向工业数字化创新的三大路径:

(1)面向机器设备/产线运行:核心是通过对设备/产线运行数据、生产环节数据的实时感知和边缘计算,实现机器设备/产线的动态优化调整,构建智能机器和柔性产线。

(2)面向生产运营:核心是通过对信息系统数据、制造执行系统数据、控制系统数据的集成融合处理和大数据建模分析,实现生产运营的动态优化调整,形成各种场景下的智能生产模式。

(3)面向企业协同、用户交互与产品服务:核心是通过对供应链数据、用户需求数据、产品服务数据的综合集成与分析,实现企业资源组织和商业活动的创新,形成网络化协同、个性化定制、服务化延伸等新模式。

工业互联网对现代工业的生产系统和商业系统均产生了重大变革性影响:基于工业视角——工业互联网实现了工业体系的模式变革和各个层级的运行优化,如实时监测、精准控制、数据集成、运营优化、供应链协同、个性定制、需求匹配、服务增值等;基于互联网视角——工业互联网实现了基于营销、服务、设计环节的互联网新模式新业态带动生产组织和制造模式的智能化变革,如精准营销、个性化定制、众包众创、协同设计等。

资料来源:《国务院关于深化"互联网+先进制造业"发展工业互联网的指导意见》。

(二)大数据与人工智能

大数据是一种规模巨大的数据集合,在获取、存储、管理、分析方面远超传统数据库软件工具能力范围。大数据具有"6V"特征:一是海量(Volume),指非结构性数据的超大规模及快速增长;二是快速(Velocity),即数据的产生与采集异常频繁;三是多样性(Variety),指大数据的构成多样;四是真实性(Veracity),即保证大数据挖掘扎根真相以及避免数据质量的污染;五是可见性(Visibility),即把潜在、不可见的因素转换成可见、可用于判断与决策的信息;六是价值(Value),即大数据挖掘的信息是技术创新、需求发现、新的商业模式开拓,以及价值创造的工具。

随着大数据技术飞速发展,大数据应用已经融入各行各业,大数据产业正快速发展成为新一代信息技术和服务业态。我国大数据应用技术的发展将涉及机器学习、多学科融合、大规模应用开源技术等领域。大数据技术的意义在于通过挖掘、处理和运用大量数据信息来产生价值。为实现大数据技术有效处理大量、复杂且不断变化的数据，需要依托大规模并行处理、数据库、数据挖掘、分布式文件系统、分布式数据库和云计算平台。数据挖掘是从大量数据中提取有价值信息的过程。大数据背景下数据处理与传统数据处理方式存在显著不同，大数据技术更注重对全体数据的挖掘，而非抽样的数据；更注重处理的效率而非绝对精度，具体包括数据采集、数据存储、数据分析与挖掘和数据可视化等步骤。

人工智能是指数字计算机或计算机控制的机器人执行通常与人类相关任务的能力，如推理、发现意义、概括逻辑或从过去经验中学习的能力。机器学习是人工智能的重要组成部分，是依靠计算能力筛选大数据来识别模式并进行预测而无需精确编程。人工智能使用始于技术领域，目前更多转向非技术领域。人工智能的发展由算法、数据和计算三大基础要素共同驱动。算法是机器实现人工智能的核心，计算能力和大数据是人工智能的基础。近年来，工程学法和模拟法被大规模应用在人工智能技术中，推动人工智能逐步发展至感知智能阶段。传统汽车制造商（通用、日产等）采用人工智能，与科技公司（谷歌、优步、特斯拉）等竞争开发自动驾驶汽车。据咨询公司 Venture Scanner 统计，2016 年全球人工智能公司已突破 1000 家，涵盖 13 个子部门，融资金额高达 48 亿美元。其中，研究机器学习的人工智能公司最多，占行业整体的 30%。欧美等西方发达国家发展尤为迅猛，中国等发展中国家在人工智能领域仍处于起步阶段，以传统互联网巨头进入为主。《全球人工智能发展报告》数据显示，2016 年中国人工智能专利申请累计达到 15745 项，居世界第二位。根据麦肯锡咨询公司的预测，2025 年人工智能应用市场总值将达到 1270 亿美元。

从人工智能概念被提出至今已经历了半个多世纪，如何准确定义这一概念仍存在一定争议。部分观点认为，人工智能是使计算机模拟人的部分思维过程和智能行为（如学习、推理、思考、规划等）的学科，主要包括计算机实现智能的原理，或制造类似于人脑智能的计算机，使计算机实现更高层次的应用。人工智能是机器人的大脑，也是人机共融的核心。人工智能的核心是机器学习——使系统能够自动地从经验中学习和改进而无需人工编程。机器学习主要包括两个子领域：①深度学习——利用多层神经网络，对大数据（尤其是图像、文本、视频等）进行分析处理，模仿人脑机制对数据进行解释；②强化学习——在未知情况下，以"试错"方式进行自主学习（见表 3-2）。

表3-2　深度学习和强化学习的应用实例

人脸识别	光线、姿态、表情和年龄等因素引起的类内变化和由个体的不同产生的类间变化是非线性的，用传统方法处理十分复杂，通过深度学习可以尽可能保留类间变化，去除类内变化
语音识别	深度学习能够从大量的数据中自动提取所需特征，无须像高斯混合模型那般需要人工提取，可以显著降低语音识别的错误率
无人驾驶	进行物体识别时，可以提高物体识别的准确率，进行可行域检测；做场景理解时，能够精准检测可行驶区域的边界，进行行驶路径检测；做路径规划时，能够解决无车辆线和车辆线模糊的情况

（三）云计算

云计算是一种计算模型，可随时随地按需访问共享的、可配置的计算资源池，只需少量管理工作即可快速实现资源配置和分发。云计算将硬件资源虚拟地、动态地扩展，在网络上作为服务器向用户提供近似无限资源的访问。云计算的定义有多种说法：有观点认为，云计算技术基于分布式架构，采用分布式数据处理方法，从分布式存储和并行计算两方面挖掘大数据蕴藏的价值，有效地解决数据存储、计算和容错等问题。谷歌提出分布式文件系统理论，深层次地解决数据搜索、存储、分析等问题。美国国家标准和技术研究所认为，云计算是一种按用量付费的模式，对可配置的计算资源共享池提供可用的、便捷的、按需供应的网络访问。云计算就像一个资源聚集的领地，将处理好的数据信息快速、高效地传递给用户，进而实现便捷、实时的服务体验。

云计算技术具有以下特点：一是连接的广泛性。云端的IT资源一旦配置完成，云服务的使用者可以通过多种终端设备、不同的传输协议、不同的接口访问云资源。云服务的使用者可以自由地访问资源，服务提供者不需要更多介入。二是采用分布式存储方式，利用多副本冗余存储，具有安全性和可靠性特点。三是具有多租户性和资源池的特征。云服务的提供者将大量IT资源置于资源池，满足用户的不同需求，客户可以灵活调动资源且互不干扰。四是云资源的使用可度量。云资源的使用情况可以被清楚准确地记录，按照使用进行收费。

目前，云计算技术主要为用户提供三种服务：①基础设施即服务（IaaS）：以虚拟机的形式为客户提供硬件资源，由客户维护应用程序、数据库和服务器软件，供应商维护云虚拟化、便携服务器、存储和网络。②平台即服务（PaaS）：把开发环境作为一种服务提供给用户，用户在平台上开发自身应用程序并开源给其他用户。③软件即服务（SaaS）：用户只需远程接入网络，即可使用服务提供商在云上部署的服务。

（四）区块链

区块链是使用各种加密技术保护的分散式数字数据库（或分类账本），是一个不断增长的记录列表，称为"块"，使用加密工具相互"链接"形成"区块链"。信息一旦上传到区块链，即通过加盖时间戳以致无法修改。为便于跟踪追溯，只要具有相应权限，任何人均可在对等原则基础上记录、共享和验证交易。狭义区块链是指按照时间顺序，将数据区块以顺序相连的方式组合成链式数据结构，并以密码学方式保证不可篡改和不可伪造的分布式账本。广义区块链技术则是利用区块链式数据结构验证与存储数据、利用分布式节点共识算法生成和更新数据、利用密码学的方式保证数据传输和访问安全、利用由自动化脚本代码组成的智能合约来编程和操作数据的一种全新的分布式基础架构与计算方式。

区块链技术具有以下特征：一是从通常用于验证交易的集中中介转移信任价值。在区块链技术使用条件下，身份验证通过加密手段实现，因而所有参与者均可访问相同的最新数据版本。由于任一用户均无法完全控制身份验证机制，推动了不依赖可信中介条件下行为人的相互协作。二是区块链技术提供了智能合约的可能性，满足特定条件时自行执行计算机程序，使支付关税等相关过程实现了自动化，保证了用户严格执行交易。区块链的分布式和加密技术对网络攻击具有较高的保护性。黑客攻击区块链网络的成本高，技术难度大。区块链可以是"无权限的"，任何人可以参与网络或"许可"，对区块链上阅读或写入的人进行限制。

区块链技术具有更高水平的安全性、高效性、完整性和可追溯性等特点，吸引了更多公司深入研究这一技术在削减成本和改善业务实践方面的潜力。区块链技术的核心应用在于加密货币的公共无权区块链，并扩展至其他应用领域，如银行等金融业、土地登记、在线投票、供应链整合等。区块链是常见的分布式分类账技术，多种分布式分类账技术正在开发中，部分已经脱离"块"的概念，甚至同时脱离"块"和"链"的概念。例如，用于机器之间通信的加密货币，每笔交易作为验证过程的一部分链接到两笔先前的交易，形成"纠缠"而不是链。在金融行业中，利用区块链点对点的特性，将其用于国际汇兑、信用证、股权登记和证券交易所等方面能省去第三方中介环节，显著降低成本并快速完成交易支付；在物流领域，区块链可降低物流成本，追溯物品的生产和运送过程，提高供应链管理效率；在版权方面，区块链技术可用于对作品进行鉴权，保证权属的真实性、唯一性。

区块链技术也存在若干局限性：一是区块链的可拓展性仍然相对有限。公共区块链每秒只能处理较少的业务。二是现有区块链网络和平台具有自身技术特性，无法实现"相互通信"。国际标准化组织和国际商会开始研究互操作性和标准化问题，需要较长时间。三是区块链技术的应用引发许多法律问题。包括从区块链交易的法律地位到法律适用和责任问题，以及现有法律的兼容性问题等，涉及区块链交易是否合法、不同司法管辖区的区块链法律适用性、问题负责机制、冲突解决机制等关键问题。

四、数字技术的发展趋势

（一）网络连接的广泛化

互联网产业发展经历了互联网时代、门户时代、搜索时代、第二代互联网（Web 2.0）时代、移动互联网时代等不同阶段。在消费升级驱动背景下，互联网业务逻辑持续演化，实现以内容功能、业务获取、业务发现、叠加映射用户要素为主，向以现实中真实人为中心定义融合服务的功能转变。目前，全球移动互联网用户超过 20 亿，增速显著放缓，全球消费者与服务已广泛链接，聚焦万物互联的物联网成为产业拓展连接的着力点。智能服务成为互联网下一演进阶段的重要方向。随着机器学习技术的快速进步，互联网凭借不断接近人类智慧的人工智能，为用户提供个体化、精确化、智能化服务以优化业务体验，在进一步协同智能硬件的基础上，重塑互联网产业发展图景。技术进步驱动下，虚拟与现实的感知、交互、服务边界正在快速消失。指纹、心率、血糖、血压等新型传感器向移动消费电子产品加速渗透，虚拟世界将实时获取用户的身体状况信息，实现对用户人体数据全维感知。

（二）计算能力的智能化

数据爆炸时代背景下，人工智能、虚拟现实等技术快速发展对高性能计算的需求陡增。由中央处理器（Central Processing Unit，CPU）和图形处理器（Graphics Processing Unit，GPU）构成的异构加速计算体系成为计算领域的新趋势，GPU 在高性能计算领域的作用越发明显。云网融合成为信息和通信技术发展的趋势。伴随互联网进入大流量、广互联时代，业务需求和技术创新并行驱动，加速了网络架构发生深刻变革。云计算和互联网高度协同，云计算服务的开展需要强大的网络能力支撑，网络资源的优化也要借鉴云计算的理念。随着云计算业务的不断产业化应用，网络基础设施需要更好地适应云计算应用要求，优化网络结构，明确网络的灵活性、智能性和可运维性。

（三）多种技术跨界融合化

传统技术变革主要以一种技术的出现和发展为代表，对产业和经济的带动作用有限。数字技术则是多项技术的同步爆发，技术之间的融合使多个产业产生化学反应，共同飞速发展。比如，"基因技术+大数据+人工智能+云计算"的融合发展正推动基因行业大变革。生物感知能力快速进化，激光、红外线、超声波等传感器的综合使用极大地提高了虚拟世界三维环境感知能力，空间感知、计算机视觉、移动跟踪等技术的综合应用，使物理世界感知精度和速度倍增，赋予虚拟世界感知环境的全新能力。

五、数字技术带来的挑战

（一）隐私问题

数字隐私是对搜集数据和使用个人信息进行自主控制的权利。个人数据包括银行和其他财务数据、信用评分、医疗记录、生物识别数据、联系方式、朋友和亲戚名单、地址和行程等。数字技术的发展使个人可识别数据的生成、搜集和存储更为容易，对隐私的关注相应提高。个人数据的搜集可以通过自愿提供信息时产生，如在线购买、订阅服务或加入社交媒体成为会员。即使未经个人授权，个人信息也可能因监控设备的使用或黑客入侵等原因被搜集。个人数据的搜集和分析对企业有利，可以更好地为消费者提供定制产品和服务。例如，在健康领域，通过互联网实现医疗记录的数字化并将医疗记录提供给其他医疗从业者。因此，整个社会需要在使用个人数据产生的经济利益和滥用数据产生的系列问题之间进行权衡。

（二）市场集中

数字技术可以产生促进竞争的积极效果，也可能通过排他性和共谋行为限制行业竞争。数字市场的竞争受到三种有别于传统市场的因素制约：一是网络效应。在线平台市场中的网络效应是指网络中总产值增加使每个用户的价值提高，这是"直接网络效应"；"间接网络效应"是指网络规模的增加吸引了其他潜在市场用户。这种双重效应倾向于产生"赢家通吃"的结果（Haucap and Heimeshoff，2014）。二是规模效应。数字平台的"大规模扩张"允许公司大量快速地添加新用户，因为他们无须生产产品，而是简单地分发和再现数字字节即可。三是锁定效应。高转换成本通过锁定客户，限制了新进入者的市场扩张行为。消费者使用在线服务与共享服务提供的数据越多，其数据转移的运行成本就越高。一方面，上述效应通过提升市场进入壁垒，限制了新企业进入的行为；另一方面，这也促使企业之间出现共谋现象，企业在生产数量和价格之间进行互通。数字市场竞争的性质与传统市场呈现较大差异性，在一个平台或商业模式被其他模式取代之前，反竞争效应可能会引致重大的福利损失（Farrell and Katz，2001）。

（三）数字经济的"索洛悖论"

互联网等数字技术的使用能否显著提升生产率存在疑问。部分经济学家指出，数字技术不会像上一代技术创新那样产生生产率增进效应，从计算能力中得到的获益回报迅速递减。原因包括一些人工任务不能完全被计算机取代，数字技术的大部分投资是现有企业保护市场份额或用虚拟产品替代真实产品（Gordon，2000）。就美国而言，数字技术生产回报率降低的原因还包括不平等加剧、教育标准下降、婴儿潮一代的老龄化等问题（Gordon，2016）。反驳上述数字技术负面影响生产率的观点认为，信息和通信技术领域的投入和产出测算误差较大，这使生产率的测算变得模糊。各种互联网服务，如电子邮件、搜索引擎、地图、电子商务、视频、音乐、社交媒体和即时通信等，给消费者带来了巨大的福利，然而传统的生产率指标无法对其准确测算。

（四）数字鸿沟

数字化对全球经济活动的重塑呈现区域异质性影响，国家和地区之间参与数字经济的准备程度以及获益程度存在差异。发达国家和发展中国家之间的数字鸿沟可能制约数字领域经济一体化的深入发展。发展中国家在信息和通信技术发展指标上落后，尤其是宽带接入、互联网和移动互联网方面发展相对滞后。与发展中国家在国民收入上的相对落后相比，其在互联网接入方面的缺陷和不足更大。具体表现在缓慢的下载和上传速度、昂贵的宽带服务等方面，这使发展中地区消费者难以基于经济目的使用互联网（UNCTAD，2017）。

发展中国家利用数字技术的障碍还有以下两方面：一是本地企业难以进入电子商务平台。对非洲国家的企业而言，国际电子商务平台的入门成本很高，向发展中国家企业收取的平台销售佣金率可能达到40%。此外，线下贸易标准障碍、基础设施和公共服务不足，也是数字技术应用的障碍。二是物流成本高。发展中国家企业的物流成本占商品最终价格的比例达到26%，几乎是发达国家的两倍。发展中国家需要在高速互联网接入、电力扩张、技能开发、智慧城市建设等领域进行必要的投资，利用数字技术的机会缩小与发达经济体的差距。

专栏 3-2 "数字鸿沟"的多维视角

1. 监管鸿沟

更新的法律制度和监管体系使数字交易更安全，为消费者和企业提供了支撑性的商业环境，有利的监管框架在促进消费者对数字市场的信任方面发挥了重要作用。具体包括关于电子文件、电子签名、电子支付、消费者保护、在线争议解决、网络安全、数字平台法律责任、隐私和数据安全等法律法规。就发展中国家而言，对数字技术和数字经济的监管是一项艰巨的任务。相比数字经济的快速发展，发展中国家更新其法律体系的速度较慢。根据世界贸易组织的数据，截至2018年，在非洲，实施消费者权益保护法、立法中涉及隐私和数据保护的发展中国家的占比为38%；在拉丁美洲和加勒比海地区的占比为49%。不完善的法律系统和死板的监管制度成为发展中国家利用数字技术参与数字经济的主要瓶颈。

2. 数字性别鸿沟

国家内部不同群体之间的数字鸿沟同样明显，尤其是男性和女性之间。例如，互联网用户的性别差异从2013年的11%增加到2016年的12%，目前全球女性的在线数量比男性少2.5亿。另外，在女性上网普及率较高的国家中，女性从事通信技术行业的比例也很低。2011~2016年女性在欧盟星系通信技术领域专家中的比例平均仅为16%左右。

3. 企业规模鸿沟

小微企业相比大企业未能抓住数字化带来的许多机遇，根据联合国贸易和发展会议的数据，参与数字经济的可能性与企业规模正相关，大企业销售中的线下市场占比总是高于小企业。数字化导致企业之间的两极分化，市场份额差距进一步扩大，只有大企业才能有效运用数字技术和发展数字经济。

4. 高技能与低技能劳动者

数字技术的广泛使用影响了劳动力市场，通过创造新的就业机会，减少其他就业岗位，改变着行业的技能要求。数字化的影响程度因技能类别的不同呈现很大差异。一方面，数字技术对人工智能、云计算和大数据分析十分依赖，企业大量需求数据库管理员、网络技术人员、网站管理员、规划师和大数据分析师等职位；另一方面，自动化和服务业数字化导致制造生产工人、数据录入员、邮件分拣员、零售人员、行政管理人员等高度常规化的工作机会逐渐流失。在两极分化的劳动力市场中，数字技术的快速发展和工人难以提升技能两种趋势同时发生，收入不平衡将持续扩大。

资料来源：笔者整理而成。

第二节　数字技术国际规则谈判的相关领域

数字技术既是全球经贸往来的重要手段和载体，也是重要的交易内容和产品，充分渗透至全球经济交往的各个环节，在消费者、企业、政府部门之间形成错综复杂的网络。三者之间的关系如表3-3所示。

表3-3　数字技术相关领域的规则治理

数字技术的参与方式	国际经贸环节	现有规则实例
数字技术作为服务内容和服务的载体	贸易内容	《国际服务贸易协定》
数字技术提供平台和渠道	商业与营销环节	《东盟电子商务协定》
贸易和投资的监管方式	流通与贸易环节	《贸易便利化协定》

续表

数字技术的参与方式	国际经贸环节	现有规则实例
生产与服务的基础设施	生产和服务提供	《信息技术协议》

一、数字贸易内容领域的技术和应用

数字贸易的含义包括贸易方式和贸易对象两个层次。数字贸易是指数字技术在贸易的订购或交付过程中发挥主要作用的国内商业和国际贸易活动，主要包括：①以跨境电商为代表的数字化贸易方式；②以数字产品（如影音、软件等）和数字服务（如信息技术服务、在线医疗等）为代表的数字化贸易对象。中国信息通信研究院认为，数字贸易是指数字技术发挥重要作用的贸易形式，与传统贸易的最大区别在于贸易方式数字化和贸易对象数字化。就数字贸易的内容而言，数字技术既可以作为国际技术贸易的交易对象，也可以作为其他服务的数字化承载形式，即数字化技术的行业应用。

根据交易对象的不同，数字贸易可细分为数据贸易、数字服务贸易和数字货物贸易。数字技术作为贸易对象融入数据贸易和数字服务贸易之中。得益于人工智能技术、5G 通信技术的进步，数据贸易发展迅速，主要表现在以大数据处理、云储存等为核心业务的数字产业贸易活动上。数字服务贸易包括以软件为代表的信息技术服务，以数字媒体、数字出版为代表的数字内容①服务和通过互联网交付离岸服务外包。数字服务贸易强调通过人工智能技术、信息通信技术连接不同的交易主体。

数字技术的应用使原本需要实体商品交易实现的服务转向由信息和信息技术提供。2007 年，联合国贸易和发展会议定义了信息和信息技术服务的概念和范围，通常称为数字化服务。会议还定义了"可能具有信息及信息技术的服务"，这类服务的产出可以通过信息及通信技术网络远程提供。根据 Korka（2018）的测算，联合国产品总分类中的其他商业服务代码中一半以上的产业蕴含潜在的信息和通信技术功能。2016 年，美国经济分析局测算了信息和通信技术对服务贸易推动作用的折现价值。当前，信息和通信技术服务以及其他潜在信息和通信技术服务进口额占美国服务总进口的份额已达到 48%。

数字技术本身以及作为其他服务和应用的数字化载体，都是当前服务贸易或数字贸易的重要内容，传统货物贸易范畴的国际经贸规则对其适用性较低。不管

---

① 数字内容包括图书影音、新闻资讯、社交媒体等，常常涉及风俗、习惯、文化等，可能对意识形态和国家政治产生巨大影响。

作为交易对象本身，还是作为其他数字化服务的载体，数字贸易的交易环节都需要借助数字技术实现。交易对象通过数字化方式完成订购、交付等步骤。与货物贸易和服务贸易不同，数字贸易的交易媒介打破了时间和空间的限制，极大地降低了交易主体的交易成本，提高了交易效率。数字贸易交易对象在货物基础上，增加了数字化服务和数据等虚拟产品。数字技术的这种媒介作用既体现在交易双方对交易平台和交易方式的数字化上，也体现在货物贸易的数字化流通环节上，包括运输物流、通关和检验检疫等环节。

二、新型企业与消费者关系领域的营销方式

数字技术是促进数字贸易交易环节顺利实现的重要手段。数字贸易交易对象通过数字化方式完成订购、交付步骤。数字化的交易媒介打破了时间与空间限制，显著降低了交易主体之间的交易成本，提高了交易效率。贸易活动中的产品宣传、交易对接、合同签订、物流运输、服务交付、海关通关、支付结算、结税退汇、售后服务等所有环节均呈现数字化趋势，出现智慧物流、海外仓、数字海关、线上展会、线上支付结算、线上财税服务等新业务、新模式，以及中小外贸企业使用较多的跨境电商平台和大型跨国企业使用的供应链管理系统。

消费者在全球范围内采用数字技术的一个突出表现是全球在线购买商品和服务的趋势逐渐增加，发展的基础是智能手机、平板电脑和笔记本电脑等互联网设备被广泛使用，促使消费者转向在线市场。消费者可以实时获取商品和服务的信息，这彻底改变了消费者识别、比较和支付的方式。为了吸引更多数字消费者，企业越来越多地应用数字营销技术。例如，提供产品比较工具，帮助消费者节约时间，同时企业也能更好地掌握消费者的购买习惯。数字化不仅改变了企业和消费者进行交易的方式，而且模糊了双方的界限。社交网络使企业可以更好地宣传自己，与客户建立紧密的关系。企业使用人工智能技术可以加深对消费者行为的理解，确定消费者的准确需求并调整产品和服务，如零售业广泛使用推荐引擎来掌握消费者的购物习惯。

以跨境电子商务平台为核心载体的全球数字化营销方式正全面降低世界范围内的信息和交易成本，帮助消费者了解企业声誉、验证信息和执行合同。第一，在线平台消除跨境交易的信息成本和信任障碍。在线平台有助于降低买卖双方的匹配成本、市场信息的获取成本以及向潜在客户提供信息的成本。声誉替代机制以品牌为基础，在一定程度上解决了产品质量和信任度的信息不对称问题。在线评价系统作为建立信誉的一种工具，有助于中小企业打造品牌。第二，利用物联网和区块链技术简化验证、认证程序。供应链中利用物联网和分布式分类账技术的电子可追溯系统为企业提供了证明产品来源和真实性的新方法。利用此类技术

可提高供应链透明度并防止造假，可以应用于医药、奢侈品、电子产品等领域。第三，在线支付平台和移动银行提供便捷的跨境支付服务。电子商务平台通常建立了内部支付系统，以方便商品和服务在平台内交换。支付宝、亚马逊支付和PayPal是电子商务具有支付体系的典型案例。第四，区块链技术降低了跨境金融服务的成本。越来越多的公司开始利用分布式总账技术以降低跨境支付成本，特别是交易费、汇率费和代理银行业务的相关成本。部分创业公司建议采用基于密码的全球支付系统。很多信誉良好的金融机构正在调研分布式总账技术对简化国际贸易支付的潜力，跨国金融服务公司积极试点以区块链为基础的跨境支付平台。在此基础上，区块链技术还能开辟贸易融资数字化的新前景。

三、数字技术便利化措施

数字技术在降低贸易成本、简化贸易监管环节和提高通关效率方面具有巨大的潜力。根据世界贸易组织的《2018年世界贸易报告》，1996~2014年国际贸易成本下降了15%，随着新技术的引入，贸易成本还将有望进一步下降。商品和服务贸易的成本包括运输成本、物流成本、跨境成本、信息和交易成本以及政策壁垒成本五个部分。运输成本在跨境贸易成本中占有最大份额，分别占货物流动和服务流动成本的37%和17%；物流成本、跨境成本分别占11%和5%；信息和交易成本是服务贸易领域最重要的障碍，占贸易成本的30%。

数字技术对降低运输和物流成本的作用体现在以下方面：一是人工智能和物联网技术使运输成本降低。例如，GPS技术已广泛应用于导航和路线规划；企业可以通过组建基于人工智能和大数据的中继网络，从而变更横跨大陆的长途运输路线；货运物流通过车辆远程信息处理、机器人和人工智能的组合得到优化，实现了实时调整，提高了物流系统的安全性；物联网传感器可以减少运输中货物丢失的概率，帮助优化路线和有效使用集装箱等。

二是智能机器人和人工智能技术降低了仓储和库存成本。利用人工智能算法、使用先进的机器人技术可以降低仓储成本并提高向终端客户分发商品的效率。大型的电子商务平台企业已经开始密集使用人工智能和机器人优化存储和分销网络，有效地规划交付路线并充分利用仓库空间。许多初创企业正在开发车间内的机器人，这类机器人能够在仓库、工厂、配送中心的货架上跟踪库存。

三是3D打印技术的使用减少了交易量，并支持近距离地分散生产，从根本上削减了物流和运输成本。3D打印一方面缩短了生产链条，使复杂的投入品聚集，减少生产步骤。例如，全球主要的飞机和汽车制造商已经广泛使用3D打印技术来制造替代材料，甚至3D打印整个产品。另一方面3D打印有利于生产决策的分散化，减少特定中间投入的依赖并降低劳动力成本的相关性，促使公司实现分散化生产。

繁琐的国际贸易程序可能成为货物流动的重要障碍，尤其对于中小企业而言，为办理贸易手续所花费的时间和资源对贸易效率提出了挑战。数字技术的使用对降低跨境成本有以下作用：一是电子系统的使用缩短了通关时间。目前全球海关采用两种通信技术降低货物跨境流动成本，分别为电子数据交换体系（EDI）和单一电子窗口（ESW）。前者提供贸易文件传输的电子方式，后者允许贸易参与者通过一个入境地点提供文件和其他信息来完成海关程序。当前，全球各国使用上述电子方式的情况差距很大。2017 年，世界贸易组织的《贸易便利化协定》正式生效，鼓励采用单一窗口体系简化海关程序，进一步实现进口程序简化和现代化。根据 WTO 的数据，该协定的全面实施将会降低 14.3% 的贸易成本。

二是区块链和人工智能的应用降低了通关成本。人工智能可帮助企业应对合规性问题。例如，基于人工智能的软件可以持续监测和分析规则变动，向客户提供意见和建议确保企业合规；通过软件查阅上百万件政策法规可以节省大量时间；分布式总账系统既能帮助各国更有效、透明地管理单一窗口，又能避免重复性的程序，有助于简化海关手续、提高通关效率；人工智能等数字技术应用使关税缴纳环节逐步实现自动化。

三是电子证书降低了合规性审查的成本。监管合规性是贸易壁垒的重要领域，产品质量标准和产品国家法规会产生广泛的非关税壁垒。有关环境、化学、生物安全等标准的新监管问题在各个国际贸易协定中均有涉及，这形成了通关时的监管要求。采用单一电子窗口系统和电子证书可以显著降低合规检查所花费的时间和资源。电子认证还可以降低欺诈性证书的发生率并提高透明度，加强贸易伙伴之间的信任和联系。

四、数字化生产手段和基础设施

利用数字技术实现产业数字化转型是全球趋势。世界主要国家正抢抓互联网与产业革命交会的历史机遇，高度重视产业数字化转型，力争主导权，占领制高点。美国、德国、英国、日本等先后发布物联网、云计算、大数据、人工智能、数字经济等相关战略，从网络、技术、应用、安全、治理等方面全方位推进数字化转型。各国将先进制造业作为战略重点，通过发展工业互联网促进生产性服务业与制造业深度融合。围绕核心标准和平台等加速布局关键领域，打造数字化生产方式的工业制造新生态。全球金融危机以来，制造业作为实体经济的主体地位获得各国一致认可，发达国家纷纷提出"再工业化"战略。例如，美国的先进制造战略和工业互联网理念、德国的"工业 4.0"、法国的"工业新法国"计划、英国的"英国工业2050"战略和日本的"新产业创造"战略等。这些战略核心都是先进制造，主线是新一代信息技术与制造业深度融合。

各国在工业数字化战略中的竞争必然反映到国际经贸合作与谈判中，尤其是与数字核心技术相关的议题上。2017年以来，中美之间贸易争端的发展与升级体现出博弈重点从传统货物贸易向数字技术领域转变的趋势：从发布行政命令封禁TikTok和Wechat延伸到针对字节跳动和腾讯两家母公司；从瞄准少数"明星企业"扩展到启动针对中国互联网的"清洁网络"计划；从早前干预5G建设、限制华为技术获取能力直至动用国家力量企图切断华为芯片供应链；从精准打击信息通信领域延伸到干预应用程序、人工智能、数据计算等其他数字经济领域。

数字基础设施是实现工业数字化转型的重要保障。2020年3月，中共中央政治局会议提出"加快推进国家规划已明确的重大工程和基础设施建设，加快5G网络、数据中心等新型基础设施建设进度"，产业界、资本市场反应强烈，期待新基建成为有效推动经济发展的龙头，助力中国经济迎来更广阔的发展空间。新基建是智慧经济时代贯彻新发展理念、吸收新科技革命成果，实现国家生态化、数字化、智能化、高速化、新旧动能转换，建立现代化经济体系的国家基本建设与基础设施建设（见表3-4）。

表3-4　信息基础设施建设内容

类别	具体内容
网络基础设施	指光缆、微波、卫星、移动通信、工业互联网、物联网、5G等网络基础设施的建设活动
新技术基础设施	指人工智能、云计算、区块链等新技术基础设施建设活动
算力基础设施	指以数据服务器、运算中心、数据存储阵列等为核心，实现数据信息的计算、存储、传递、加速、展示等功能的数据中心、智能计算中心等算力基础设施的建设活动

数据中心是大数据产业和数字经济的基础设施，建设数据中心不但可以为经济增长提供动能，还可以创造数字贸易环境，具有重大战略意义。数据中心的建设涵盖主机设备、数据备份设备、数据存储设备、高可用系统、数据安全系统、数据库系统、基础设施平台等的建设和运营。2015年以来数据中心的国际标准逐渐建立。根据美国《数据中心的通信基础设施标准》，考虑到基础设施的"可用性""稳定性"和"安全性"，互联网数据中心（Internet Data Center，IDC）可分为四个等级：等级1至等级4（Tier1～Tier4）。该标准已成为通信与信息行业建设数据中心的国际标准，全球数十个国家新建机房和现有机房采用该标准。根据我国《电子信息系统机房设计规范》（GB 50174—2008），数据中心按照使用

性质、管理要求和在经济社会中的重要性划分为 A、B、C 三个等级。《"十四五"数字经济发展规划》对我国数据中心的建设和布局提出了新的要求：结合应用、产业等发展需求优化数据中心建设布局，加快"东数西算"工程，推进云网协同发展，提升数据中心跨网络、跨地域数据交互能力，加强面向特定场景边缘计算能力，强化算力统筹和智能调度。

五、数字知识产权保护制度

知识产权是工业文明的产物。西方国家在完成工业化的基础上，逐步推进互联网信息化，我国则是在工业革命尚未完成的情况下就开始实施信息革命。我国通过信息化推进工业化，探索出一条符合中国国情的工业化与信息化融合发展的特色产业道路，实现了经济腾飞。数字经济与知识产权保护有着不可分割的联系。数字经济的本质是科技创新，核心是产业融合，以数字化的知识和信息为关键生产要素，以数字技术创新为核心驱动力，以现代信息网络为重要载体。知识产权保护旨在激励创新、促进运用，助力以创新为驱动力的产业高质量发展。二者的关系主要表现在三个方面：数字经济创新成果离不开知识产权制度的保护，数字经济对知识产权保护的观念和规则产生了影响，数字技术为知识产权保护带来了便利。

知识产权保护确定了无形资产使用权的许可范围和程度，提供了国内和国际上进行数字产品交易的法律框架。一些服务贸易由知识产权交易本身构成，消费者购买数字产品时，相关知识产权许可通常决定了交易的性质。知识产权还促进了通过电子手段进行的各种货物和服务贸易的发展。知识产权制度使开展电子商务所必需的数据和信息能够通过电子传输方式实现。在互联网环境下，知识产权侵权行为变得日益复杂，数字技术使侵权活动更加容易并不易察觉。美国经济发展高度依赖于依托互联网发展的知识技术密集型服务产业，数字知识产权保护的重要性凸显。WTO 框架下的《与贸易有关的知识产权协定》签订于 20 世纪 90 年代中期，它对数字环境下的知识产权保护问题规制能力较弱，在应对数字贸易中的知识产权纠纷时也显得力不从心。

与数字经贸往来相关的知识产权问题包括四个方面：一是数字内容版权保护，是指对互联网环境下以数字形式存在的文本、图像、声音等内容的版权加以保护。数字内容版权保护规则包含三项具体议题，分别是"版权保护期延长""电子复制纳入复制权范畴"和"承诺政府仅使用正版软件"。二是源代码非强制本地化，源代码是按照一定的程序设计语言规范书写的文本，是计算机软件和程序的基础底层技术。RTAs 中的源代码条款更加重视"源代码非强制本地化"等问题，即缔约方不得以将源代码转让给当地企业或者政府作为市场准入的条件。三是计算机中的商业秘密保护，TPP 生效之前，中国、美国、欧盟和日本等数字贸易主要经济体在签订的 RTAs 中都不同程度地涵盖了保护商业秘密的条款，并未将商业秘密保护延伸到计算机安保系统之中。四是电子商标系统，数字知识产权规则的电子商标系统包含两层含义：①要求提供商标的电子申请和维持系统；②要求提供商标公开的电子数据库。

第三节 《数字经济伙伴关系协定》与其他经贸规则的比较

一、数字技术经贸规则谈判的要求与难点

随着互联网、云计算、3D 打印等数字技术的广泛应用，国际贸易日益呈现以互联网为传输渠道、以数据跨境流动为交换手段、以电子支付为主要结算方式的发展趋势，这对数字经贸规则提出了新要求。数字化转型改变了国际贸易的实现方式：一是推动了贸易产品的数字化变革。数字化使书籍、唱片、地图、杂志等货物贸易转变为可线上交易的数字服务贸易。制造业企业可远程提供故障诊断、远程维护等生产性服务业务，促进制造和服务环节深度融合。二是提高了国际贸易的跨境交付能力。云计算、社交网络、搜索引擎、在线教育、远程医疗等网络信息服务均可以在线跨境交付。本地化实体服务经互联网扩展为全球性的服务贸易，如网约车、分时度假可以在线跨境达成订单，再通过本地化实体协作完成服务交付。三是促进了国际贸易的全流程重塑。机器人等自动化技术能够改变成本结构，推动制造环节从劳动力成本较低的国家回流到发达国家，引发全球产业分工格局的新一轮动态调整。以平台为主导的数字生态系统伴生出数据跨境流动、个人信息保护和网络安全等问题。全球范围内的数字经贸规则谈判面临以下难点：

第一，跨境数据流动是国际数字经贸合作的基本要求，当前多边贸易体制在规则领域缺口明显。数字经济时代下，货物贸易和服务贸易都离不开网络的全球互联，离不开数据的跨境流动。据市场调查机构 Telegeography 统计，全球互联网带宽每年增长 30% 以上，到 2018 年底已达到每秒 393 太比特，是 2014 年的 3 倍以上。目前取得的基本共识是，数据流动以国家安全和个人信息保护为前提，遵从国家与国际法律法规。由于各主要经济体在数据保护法律法规、文化传统与数字产业竞争力等方面存在差异，因此不同国家在规则谈判中的诉求大相径庭，国

家之间在贸易以外的安全问题上也存在错综复杂的关系。

第二，全球数字平台的业务多样性和产品融合性呼唤更加开放的国际经贸新规则。一方面，现行 WTO《服务贸易总协定》对服务部门以正面清单的方式实施开放，实际开放度较低。然而，基于互联网、云计算、大数据、人工智能等数字技术衍生的业务应用创新活跃，业态多样化，难以按照正面清单管理模式对其归类和监管。另一方面，随着智能互联产品类型日益增多，产品和基于数据分析的附加服务边界日趋模糊，对上述产品形态的具体界定标准，也随之变得模糊，难以沿用《关税及贸易总协定》（GATT）、《服务贸易总协定》（GATS）等规则。

第三，各主要经济体在利益关切上存在较大差异。跨境数据流动与数据的平台化集中、智能化处理使国际贸易和安全问题交织，以安全例外的惯例方式解决存在一定困难。目前主要经济体对贸易诉求和安全诉求的取舍各有侧重。美国基于强大的科技实力和产业优势，在强调知识产权保护的同时大力提倡数据跨境自由流动；欧盟在关注他国可能形成的网络安全壁垒时，通过出台《通用数据保护条例》为本地个人信息保护提供了高防御壁垒；俄罗斯在数据安全方面设置了最严格的要求；大多数发展中国家仍在关注数字鸿沟、物流设施不发达、数字化支付手段使用率低、网民信任不足、中小企业电子商务经验不足等相关问题。

二、数字技术经贸规则谈判的发展历程

20 世纪 90 年代中期，WTO 建立之初并未构建具有前瞻性的专业型数字贸易规则，而是零散分布于 WTO 的一些主要协议中。由于 WTO 框架下并未包含专门的数字贸易规则，且在多哈回合谈判中，WTO 成员方将谈判重点置于农产品和环境等关键性议题上，因此，全球层面的数字贸易规则谈判事实上处于边缘化状态，现有数字贸易规则仍不够完善。1993 年各国达成 GATS，当时信息和通信技术尚未充分运用于服务贸易领域。GATS 的规则框架与具体规则内容，均沿袭了 GATT 的基本框架和原则，忽视了服务贸易与货物贸易的区别。当前，许多技术已经突破了借助商业存在提供服务供应的模式，各承诺方面临许多新挑战。

欧美主导的区域自由贸易协定通过 WTO 深化条款（"WTO＋"）和超越 WTO 条款（"WTO-X"），确立了新一轮全球投资贸易新规则框架。早期的国际贸易规则主要体现在货物贸易领域，以适应工业革命和运输技术引致的货物贸易不断增长。经济发展现实要求通过削减关税和非关税贸易壁垒（配额、进口许可、绿色壁垒、技术性贸易壁垒等），确立基于公平贸易的规则（反倾销、反补贴和保障措施等），从而推动货物贸易的自由化。上述经贸规则集中体现在 GATT 中。

20 世纪 80 年代，欧美跨国公司的扩张，特别是 20 世纪 90 年代以后 ICT 产

业迅速发展助推了第二轮全球化浪潮。进入 21 世纪后，国际投资和国际服务贸易开始成为国际贸易投资新规则的重要组成部分。国际贸易投资新规则的核心由以下三项交织而成：①货物贸易；②生产设备、培训、技术以及长期商务合作关系方面的投资；③通信、网络、快递、空运、贸易融资以及清关服务等。基于完善的基础设施以协同世界各地的分散化生产，即 Baldwin 提出的"贸易投资服务纽带"。区域贸易协定中关于国际投资和国际服务贸易领域涉及的新规则，多数以超越 WTO 规则条款的方式得以体现。如投资领域的负面清单以及通信、金融专章等，上述规则内容从未在 WTO 规则框架下涉及，以近乎全新的方式在欧美国家主导的区域贸易协定中出现。上述代表边境后措施的规则条款确立了全球投资贸易新规则的发展趋势。

区域贸易协定至今尚未制定专门的数字贸易规则章节，事实上存在数字贸易及其相应的规则。其中，以美国主导的区域贸易协定最为典型。2008 年 4 月，美国提交给世界贸易组织总理事会的电子商务提案中明确指出：美国倾向于采用"数字贸易"这一术语，它更清楚地涵盖了电子商务中所有与贸易相关的领域。电子商务规则是数字贸易规则的基础性条款，目的是适应互联网引致的 B2B、B2C 商业模式对国际贸易规则的新需求。电子商务不仅改变了商业业务流程，而且影响贸易、投资和服务的交易方式，亟须建立相应的国际贸易投资新规则。主要涉及以下三方面的内容：一是在线订阅、在线交付以及电子供应链等深刻影响了货物和服务，需要有国家安全例外条款，与互联网相关的知识产权、电子签名等新领域的新国际贸易规则。二是由于商业交易主体从线下的 B2B 交易转变为线上的 B2B、B2C，个人参与了国际贸易的交易活动，消费者保护、线上个人数据以及身份验证、实名认证、电子签章等需要通过各种类型的贸易协定形成规则，这些情况在个人不参与国际贸易交易活动的时代不可能出现。三是个体参与国际贸易交易活动的推动者是数字服务提供商，其形成了新型商业模式和国际分工体系，上述跨境信息传输和跨境数据传输相关规则尤为重要。

电子商务发展的相关条件包括 ICT 基础设施及其相关的技术服务、电子商务交易及其相关的跨境交付三个条件。基础设施的完善成为推动电子商务发展的先决条件，包括固定和移动通信技术设施、通信技术服务设施。电子商务可同时实施货物与服务的在线交易，需要形成在线支持服务的能力。跨境交付货物和服务存在运输渠道的差异性，货物需要物流和配送服务，而服务可以直接通过数据传输。上述运输渠道均需要政府间达成贸易协定，在消费者保护、个人数据保护、知识产权和数据本地化等方面形成约束性条款。在现有区域贸易协定中，存在三种类型的电子商务规则：美式规则、欧盟规则和其他国家签署的电子商务规则。

三、WTO 数字技术经贸规则的现有框架

在 2018 年的《数字贸易和市场开放》（Digital Trade and Market Openness）报告中，对数字技术领域规则进行了层次划分。WTO 的贸易协定与数字经贸相关领域可以分为三个层次：内容层、技术层和网络基础设施层（见表 3-5）。

表 3-5　WTO 的贸易协定与数字技术

层次	内容	WTO 的贸易协定
内容层	娱乐、书籍、电影、音乐、游戏、电视	GATS、TRIPs
	电信与网络服务	GATS、《GATS 关于电信服务的附件》、《GATS 关于基础电信谈判的附件》
	供应链管理、网站、在线平台	GATS、GATT、TFA
	金融交易与金融服务	GATS、《GATS 关于金融服务的附件》
	社交媒体、数据存储与计算	GATS、TRIPS、GATT、TFA、ITA
技术层	域名、IP 地址、软件、互联网协议（TCP/IP）	TRIPS、TBT
网络基础设施层	电缆、卫星和无线网络	TBT、GATT、ITA、《GATS 关于电信服务的附件》、《GATS 关于基础电信谈判的附件》
	互联网交换点	TBT
	设备（计算机和手机）	TBT、TRIPS、GATT、TFA、ITA

资料来源：González-López J, Ferencz J. Digital Trade and Market Openness ［R］. OECD Trade Policy Papers，2018.

在 WTO 多边贸易体制中，《服务贸易总协定》（GATS）是与数字贸易规则相关的基本协定。GATS 提出了服务贸易的四种方式：①成员境内向任何其他成员境内提供服务（跨境交付）；②在成员境内向任何其他成员的服务消费者提供服务（境外消费）；③成员的服务提供者在任何其他成员境内以商业存在提供服务（商业存在）；④成员的服务提供者在任何其他成员境内以自然人的存在提供服务（自然人的存在）。这四种服务贸易方式中，只有第一种贸易方式不需要服务供需主体在交易时发生位置移动，跨境交付模式指的是供应商在本国领土上，为另一不同国家的消费者提供跨越国界的服务。服务的交付可以通过以下方式进行：电话、传真、互联网或其他计算机、媒体的连接、电视、软盘、磁带，或者利用邮件或信使方式发送文件等。跨境交付形成的服务产品和贸易就是三大类数

字贸易中的一类，即满足两个条件：一是在线服务，二是在线交付。因此，GATS 框架下确实存在着以电子传输方式进行的跨境交付模式。

跨境数字传输是数字贸易实现的重要方式，数字技术作为数据传输的手段发挥了重要作用。与数字技术直接相关的服务贸易内容包括商业服务中的计算机和相关服务，主要是数据处理服务和数据库服务两个小类，以及通信服务中的通信服务。《国际服务贸易统计手册 2010》将通信服务定义为通过电话、电报、广播电视光缆、广播电视卫星、电子邮件、传真等传输方式，播出或传送声音、图像、数据或其他资料，其中包括商业网络服务、电话会议和支持服务，输送资料的价值不包含在内。通信服务还包括移动通信服务、因特网主干网服务和在线接入服务，其中之一是提供互联网接入。在 WTO/GATS 框架下，跨境数据传输取决于相关数据服务部门的承诺水平，也取决于相关服务部门在跨境交付方式上的承诺水平，这是跨境数据传输的两个必要条件。

在《服务贸易总协定》（GATS）框架下，与数字技术关系密切的部门主要包括电信、计算机及相关服务和视听服务。数字服务仅被部分 GATS 成员在上述部门中的特定承诺所覆盖，而 GATS 成员基于"肯定列表"所作出的承诺根本无法覆盖各种基于数字技术的服务贸易新形势。以数字形式传输的产品究竟应视作货物还是服务尚无定论，分类及适用性是 GATS 面临的首要问题。互联网时代下，由于视听媒体服务和计算机服务之间的界限变得模糊，难以在与"高附加值的通信服务""视听服务"或"计算机及相关服务"相关数字服务中有效匹配对应 GATS 的具体部门。

《信息技术协议》（ITA）是 WTO 框架下的诸边协定，旨在降低甚至消除成员间信息技术产品的关税税率。ITA 宣称要实现全球信息技术产品贸易自由化，其内容只涉及关税减让，对非关税壁垒几乎没做约束。ITA 中有关信息技术产品的分类标准还过于陈旧僵化，无法覆盖新产品。

《与贸易有关的知识产权协定》（TRIPs）生效于 1995 年，未涉及数字环境下的知识产权保护和执法问题。例如，网络侵权案件中所谓"互联网服务提供者的中介责任界定"问题在 TRIPs 中仍未涉及。

1998 年发布的《全球电子商务宣言》约定 WTO 成员方承诺对电子传输暂时免征关税。自 2005 年 WTO 第 6 次部长级会议之后，历次 WTO 部长级会议都重申了电子传输免关税的决定。2017 年，在布宜诺斯艾利斯举行的部长级会议决定将电子传输免关税的决定延长适用至 2019 年。WTO 成员方关于电子传输免关税的决定仅是阶段性有效，该宣言本身是 WTO 成员间的政治承诺，不具有正式法律效力。

《技术性贸易壁垒协定》（TBT）鼓励成员方尽量采取国际标准，规定成员方不能实施可能对贸易产生阻碍作用的标准，该协定在保护标准设定的知识产权方面却没有作为（见表3-6）。

表3-6　WTO 框架下的数字技术规则的主要内容

协定	数字技术议题	条款
GATS	公共电信网络的准入问题、跨境数据传输问题、数字保护措施	电信附件5，公共电信传输网络和服务的进入和使用
	数字服务与新服务准入	第1条、第2条、第3条、第6条等
	数据本地化措施	第14条　例外规则
ITA	信息技术产品免关税	—
TRIPs	数字贸易中的知识产权问题、数字版权问题	—
	保护关键源代码，源代码非强制本地化	第10条　计算机程序和数据汇编
《全球电子商务宣言》	数据传输免关税问题	—
TBT	数据传输免关税问题	—

WTO 框架下的既有协议尚不能很好地解决数字贸易问题，特定协定的某些条款理论上有可能适用于数字贸易，然而在实践中仍遇到各类具体问题。针对以"跨境数据流动"等为代表的第二代数字经贸规则，WTO 的相关协议更是没有涉及。WTO 关于数字经贸的规则严重滞后，与数字贸易发展日新月异不相适应。学术界与政策界一致认为更新和改革 WTO 规则势在必行。

四、《数字经济伙伴关系协定》与区域贸易协定中数字技术规则的比较

RCEP 和 CPTPP 是区域贸易协定的典型代表，标志着当今全球多边自由贸易协定中的较高水平。RCEP 是一个全面、高质量、互利互惠的自由贸易协定，是当前全球包含人口最多、经贸规模最大的自由贸易协定。CPTPP 是美国退出《跨太平洋伙伴关系协定》（TPP）后，TPP 的后继产物，显示了成员方对自由贸易和投资的坚定信念，旨在加强亚太地区的贸易、投资和经济增长。作为全球范围内最早生效的新一代数字贸易规则，CPTPP 中的电子商务章节继承了《韩国—美国自由贸易协定》电子商务章节中的电子传输免关税永久化、数字产品非歧视待遇、在线消费者保护、互联网访问与使用原则等规则，并且首次

确立了个人信息保护、跨境数据自由流动、禁止数据本地化、保护源代码等高标准规则。

RCEP 和 CPTPP 有关数字贸易的规则均主张促进无纸化贸易、推广电子认证和电子签名、保护消费者权益、保护电子商务用户个人信息,加强对非应邀电子信息的监管。在数字技术应用方面,二者存在诸多区别。上述自由贸易协定与 DEPA 的数字技术相关条款的内容比较如表 3-7 所示。

表 3-7 RCEP、CPTPP、DEPA 关于数字技术的条款

数字经济议题	RCEP 中的对应条款	CPTPP 中的对应条款	DEPA 中的对应条款
数据及设施的本地化	计算机设施的位置（第 12.14 条）	计算设施的位置（第 14.13 条）	计算设施的位置（第 4.4 条）
数字知识产权	无	源代码保护（第 1.17 条）	公共领域（第 9.3 条）、信息共享（第 10.3 条）
跨境电商便利化	电子认证和电子签名（第 12.6 条）、无纸化贸易（12.5 条）	电子认证和电子签名（第 14.6 条）、无纸交易（第 14.9 条）	国内电子交易框架（第 2.3 条）

(一) 数据和计算设施的本地化

"计算设施"是指用于商用目的,采用信息处理或储存的计算机服务器和存储设备。"计算设施本地化"是指将计算设施设置在本国或本地。限制数据跨境流动、数据本地化在一定程度上也是"计算设施本地化"的组成部分,但要求计算设施本地化不一定要限制数据跨境流动。部分国家出于保护隐私或维护安全和国内经济利益等考虑,要求采用数据本地化措施。这类措施迫使国外企业在当地建立数据中心以存储经营数据,降低了经济效率,导致企业运营成本上升。RCEP 和 CPTPP 对此类限制措施进行了规定:缔约方不得将企业使用其领土内的计算机作为在该国经营业务的条件,例外的条件必须出于"公共政策"或"基本安全"的要求。CPTPP 对数据本地化措施的原则相同,将"合法的公共政策目的"作为例外条件,并且具体列出:①数据本地化措施是为了满足合法的公共政策目标;②不得构成不合理的歧视;③不得对贸易形成变相限制;④不得超过满足合法目标的需要。DEPA 强调各国可以对计算设施的使用设定各自的监管要求,目的必须是保证通信安全和机密性。其余原则与 CPTPP 基本一致（见表 3-8）。

表 3-8   DEPA 与 CPTPP 关于计算设施本地化的规则

CPTPP	缔约方不得将企业使用其领土内的计算机作为在该国经营业务的条件。例外的条件必须出于"公共政策"或"基本安全"的要求。"合法的公共政策目的"作为例外条件，并且具体列出：①数据本地化措施是为了满足合法的公共政策目标；②不得构成不合理的歧视；③不得对贸易形成变相限制；④不得超过满足合法目标的需要
DEPA	缔约方确认其在计算设施位置方面的承诺水平，特别包括但不限于：①缔约方认识到每一缔约方对于计算设施的使用可设有各自的监管要求，包括寻求保证通信安全性和机密性的要求。②任何缔约方不得要求相关个人在其领土内将使用或设置计算设施作为在其领土内开展业务的条件。③本条任何内容不得阻止任一缔约方为实现合法公共政策目标采取或维持与第 2 款不一致的措施，只可采取措施：ⓐ不以构成任何或不合理歧视或对贸易构成变相限制的方式适用；ⓑ不对计算设施的使用或位置施加超出实现目标所需限度的限制

为实现对本国网络安全的监管，加强对公民基本权益的保障，世界多数国家的国内法律都有关于"计算设施本地化"的相关内容。目前国际社会立法大致分为两种类型：一种是为保护重要数据而要求数据必须在本地存储，相关业务运营者必须在本地设有数据存储设备；另一种是针对特殊类别的业务要求计算设施本地化，目前没有国家在法律中明确这一规定。我国的立法和政策性文件同样明确了"数据本地存储"和"限制数据跨境流动"等相关制度。例如，《中华人民共和国网络安全法》等法律所确立的"数据本地化存储"和"限制数据跨境流动"等仅适用于"关键信息基础设施"，除此以外的计算设施是否遵循本地化的要求未作规定，"计算设施本地化"制度目前在我国的实施情况尚不明确（见表 3-9）。

表 3-9   计算设施本地化的立法比较

领域	澳大利亚	巴西	马来西亚	越南	俄罗斯
数据本地存储	涉及	涉及	涉及	无	涉及
计算设施本地化	无	无	涉及	无	无
信息内容监管	无	无	无	涉及	无

（二）数字知识产权保护

网络与数字技术发展对知识产权规则发展变化有着重要影响，是各国进行自由贸易协定谈判时不可忽视的因素之一。20 世纪，美国作为最早对网络技术进行开发应用的国家，于 1998 年通过《数字千年版权法》（Digital Millennium Copyright Act，DMCA），这一法律用于处理早期出现的网络著作权纠纷。1999 年，美国颁布《反域名抢注消费者保护法》（Anti-Cybersquatting Consumer Protection Act，ACPA），并成立了互联网名称与数字地址分配机构（The Internet Corporation for Assigned Names and Numbers，ICANN）这一国际组织，对网络域名进行管理，解决域名抢注纠纷从而保护商标权人在网络空间中的利益。欧盟于1996 年颁布《关于数据库法律保护的指令》，对数据库进行特殊保护，于2001 年颁布《信息社会版权指令》，更全面地保护网络环境中的著作权。

2000 年，中国互联网络信息中心推出中文域名注册实验系统，为用户提供以"中国""公司"和"网络"为结尾的纯中文域名注册服务。2001 年，中国修改了《著作权法》，增加了关于"信息网络传播权"的规定。2006 年，中国颁布并实施了《信息网络传播权保护条例》。由此可见，著作权与商标权在进入网络时代后遇到的挑战较为明显，相关法律规则也随即发生了较为明显的变化。TPP 中的知识产权保护标准较 TRIPs 大幅提升，在数字知识产权保护领域也不例外。在商标权方面，TPP 要求缔约方提供商标电子申请和维持系统，并建立包含商标申请和注册信息在内的在线数据库。在数字环境下的知识产权执法措施方面，TPP 详细规定了网络服务提供者责任、技术保护措施和权利管理信息等内容。TPP 还要求缔约方应通过互联网提供与知识产权保护和实施相关的，普遍适用的法律法规、程序和行政裁决。在此基础上，TPP 条款致力于在互联网上公布有关商标、地理标志、外观设计、专利和植物新品种的申请信息。CPTPP 对 TPP 的主要修订之处体现在生效条件方面，为了促使新的贸易协定尽快生效，11 个国家选择暂时搁置尚存争议的部分条款，包括网络服务提供者责任、技术保护措施和权利管理信息等。RCEP 首先在著作权方面同样要求各缔约方应当确保加入WCT 和 WPPT。在商标权方面，RCEP 在第 81 条中规定了与 TPP 略有不同的域名抢注纠纷解决机制，同时要求各缔约方应努力在互联网数据库中提供其管辖范围内所有待决和注册的商标。在数字环境中的知识产权执法措施方面，第 9 条第5 点详细规定了数字环境中的相关执法规则。RCEP 规定商标和专利申请中的通知均可以是电子形式，应当结合网络判断专利的新颖性。

关于技术保护措施，TPP 与美国国内法的相关规定高度雷同。从"技术保护措施"一词的定义到对规避行为的惩罚力度，TPP 中的相关规则均与 DMCA 中的相关规则高度相似。至于规避技术措施规则的调整范围，第 18.68 条除了调整直接规避行为之外，也调整了为规避有效技术措施而"将生产、进口、分销、向公众要约销售或出租，或以其他方式提供设备、产品、组件，或向公众许诺提供或提供服务"等间接规避行为。至于"惩罚力度"，是指第 18.68 条中对规避技术措施的行为，除了要求行为人承担民事责任之外，"如任何人故意和为商业利益或财务收益的目的从事上述活动，则适用刑事程序和刑罚"。CETA 则体现出欧盟 2001 年颁布的《信息社会版权指令》中的相关规则，例如，将规避技术措施定义为"实现保护目标的相关访问控制或保护过程，如加密或加扰，或复制控制机制"。调整范围同时包括直接规避行为和 TPP 中提到的部分间接规避行为，但是并未提及刑事惩罚要求。中韩 FTA 中虽有涉及，但是规定较为简单，定义只覆盖"阻止或限制访问互联网上的作品的访问控制措施"，调整范围仅针对直接规避行为。RCEP 中各方主张有所不同，东盟、新西兰、中国、印度、澳大利亚、日本等相关方提出的版本，与中韩 FTA 中相关规则相似，规定较为简略；韩国提出的版本类似于 CETA 中的相关规则，规定相对细致。

关于权利管理信息，各个自由贸易协定的规则表述呈现出一定差异，但均一致强调以下两方面的内容：第一，权利管理信息保护的信息类型和禁止的行为类型。前者包括作品信息、作者信息、许可信息以及表明前述信息的代码或数字，后者包括删除、改变以及删除、改变后的流通行为。第二，与权利管理相关信息侵权行为的刑事程序。对技术保护措施和权利管理信息的保护在上述涉及的 FTA 缔约国之间已达成共识；然而对于具体保护标准，各国仍存在不同主张。美国、日本、韩国等发达国家对技术保护措施的保护标准也有分歧。在 WCT 和 WPPT 初步对与计算机程序及网络信息传播相关的版权问题进行规定后，无论是 WTO、WIPO 等全球性国际组织，还是美国等在此领域知识产权保护标准较高的国家，均难以在此问题上达成一致意见。上述各种探索进程，均未能达成更高标准的、专门的知识产权协定。

网络环境中对商标权人的域名领域利益进行保护的国际规则最早由美国主导建立并在全球范围内推广。目前，这一问题已经引起其他发展中经济体的注意，并将其引入自身所主导建立的自由贸易协定中，根据自身的利益诉求对相关规则进行有针对性的修改和完善。

（三）跨境电子商务

RCEP 和 CPTPP 中电子商务相关规则均主张促进无纸化贸易，推广电子认证和电子签名。在此基础上，保护线上消费者权益与电子商务用户个人信息，加强针对非应邀商业电子信息等的监管。然而，RCEP 在开放力度方面仍有一定差距。例如，RCEP 规定维持目前不对电子传输征收关税的非永久性做法，CPTPP 规定永久不对电子传输内容征收关税。RCEP 未规定数字产品的非歧视待遇，未规定自由接入和使用互联网开展电子商务，未涉及源代码，但上述内容在 CPTPP 中均有涉及。在减少数据贸易壁垒方面，RCEP 已经取得了一定突破，这对我国来说也是一个巨大进步。RCEP 规定不强制要求计算设施本地化，不得阻止通过电子方式跨境传输信息等，设置了实现公共政策目标的例外条款，并规定若为保护基本安全利益而未执行该条款，其他缔约方不得提出异议。CPTPP 也有此条款的例外条款，相对而言限制性条件更少。在电子商务规则上，RCEP 缺乏对数字产品等问题的规则界定，CPTPP 内容详尽且概念界定较为严格，突出有关数字产品、个人信息以及电信传输的规则。另外，RCEP 没有禁止数据本地化的相关规定（见表 3-10）。

表 3-10　CPTPP 与 RCEP 电子商务规则对比

	条款名称	CPTPP	RCEP
电子商务环境	线上消费者保护	各方应通过或维持消费者权益保护法，禁止对从事在线商业活动的消费者造成伤害	每一缔约方应当采取或维持法律或者法规，以保护使用电子商务的消费者
	个人信息保护	认识到各方可能采取不同的法律措施来保护个人信息，各方应鼓励建立机制来促进这些不同制度之间的兼容性	协定中没有对应的扩大不同制度兼容性的条款
	海关关税	任何一方不得对电子传输征收关税，包括一方人员与另一方人员之间的电子传输内容	每一缔约方应当维持"电子传输不征税的做法"
跨境电子商务	计算设施的位置	对计算设施的使用或位置的限制不超过实现目标所需的限制	任何基于基本安全利益而采取的措施均不得阻止
	电子方式传输信息	对信息传输的限制不超过实现目标所需的限制	对保护其基本安全利益所必需的任何措施均不得阻止

（四）传统贸易的便利化

CPTPP 和 RCEP 都将利用数字技术手段促进传统货物贸易的便利化和通关效率作为重要内容。CPTPP 规定，每一缔约方应让海关用户使用电子化或自动化系统进行风险分析，依照世界海关组织（World Customs Organization，WCO）标准数据模型对进口和出口数据实行共同标准；致力于开发一套 WCO 标准数据模型，以方便为分析贸易流量所开展的政府间电子数据共享；缔约方应努力提供相关设施，促进进口商和出口商在单一接入点通过电子方式完成标准化的进口和出口要求；缔约方允许一次性提交涵盖一批快运货物中所有货物的信息，如货单，并采用电子方式提交；缔约方应规定在货物抵达前通过电子方式提交和处理海关信息，以便在货物抵达后加快海关监管放行。

RCEP 强调信息技术在海关运行中的使用。缔约方应通过互联网公布以下信息：进口、出口和过境程序，政府部门或代表政府部门对进口、出口或过境征收的或与进口、出口或过境相关的规则和费用；与进口或出口相关的任何种类的关税和国内税的实施税率；用于海关目的的产品归类或估价规定；与原产地规则相关的普遍适用的法律法规及行政裁定；进口、出口或过境的限制或禁止；针对违反进口、出口或过境手续行为的惩罚规定；上诉或审查程序；与任何一国或多国缔结的与进口、出口或过境相关的协定或协定部分内容；以及与关税配额管理相关的程序。缔约方应当在适当的情况下，规定以电子格式预先提交文件和其他信息，以便在货物抵达前处理此类文件；缔约方应当在可能的范围内，基于国际接受的货物快速通关和放行的标准，应用信息技术以支持海关运行；缔约方应当在可能的范围内，使用可以加速货物放行的海关程序的信息技术，包括在货物运抵前提交数据，以及用于风险目标管理的电子或自动化系统；缔约方应当努力使公众可获得其贸易管理文件的电子版；缔约方应当将以电子方式提交的贸易管理文件视为与此类文件的纸质版有同等法律效力的文件；缔约方应当与其他缔约方合作，提升对以电子方式提交的贸易管理文件的接受度，允许通过电子方式一次性提交涵盖一批快运货物中所有货物的信息。

DEPA 关于数字技术在传统货物贸易和海关运作中的使用进行了更为详细的规定和提议，与电子商务条款合称"商业和贸易便利化"。与海关便利化措施相关的条款包括无纸贸易、物流、电子发票、快运货物和电子支付（见表 3-11）。

表 3-11　RCEP、CPTPP、DEPA 关于货物贸易电子便利化的条款

	CPTPP 中的对应条款	RCEP 中的对应条款	DEPA 中的对应条款
章节	第 5 章　海关管理和贸易便利化	第 4 章　海关程序和贸易便利化	第 2 章　商业和贸易便利化
具体条款	第 5.6 条　自动化 第 5.7 条　快运货物 第 5.10 条　货物放行	第 5 条　透明度 第 9 条　抵达前处理 第 12 条　信息技术的应用 第 15 条　快运货物	第 2.2 条　无纸贸易 第 2.4 条　物流 第 2.5 条　电子发票 第 2.6 条　快运货物 第 2.6 条　电子支付

2018 年 9 月，美国、加拿大、墨西哥三国签订了 USMCA。USMCA 在承袭以 TPP 为代表的自由贸易协定中，在数字经贸相关规则的"美式模板"基础上进行了一系列升级。这一条约是美国目前所签订区域贸易协定中最能体现其数字贸易核心诉求的。USMCA 中含有数字贸易内容的章节主要有数字贸易章节（第 19 章）、电信章节（第 18 章）、知识产权章节（第 20 章）、投资章节（第 14 章）、跨境服务章节（第 15 章）和部门附件（第 12 章）等。数字贸易章节是 USMCA 关于数字技术的核心章节，界定了数字贸易的术语，如电子手段、计算设施、数字产品、交互式计算机服务（第 19.17 条），承认电子认证和电子签名的有效性（第 19.6 条），承认电子形式文件与纸质文件具有同等有效性（第 19.9 条），要求允许跨境数据流动（第 19.11 条）和自主选择计算设施和数据的存储位置（数据存储非强制本地化）（第 19.12 条），要求不得强制公开源代码和算法（第

19.16 条），豁免互联网服务提供商的第三方侵权责任（第 19.18 条）。知识产权章节规定了可豁免网络服务提供商对平台上版权侵权行为负责的情形（第 20.89 条）。投资章节规定了不得强制要求投资者进行技术转让，以及不得强制投资者购买或者采用特定技术（第 14.10 条）。电信章节要求不得剥夺公共电信服务提供商选择技术的自由（第 18.15 条）。跨境服务章节肯定了传统贸易规则对数字贸易的适用性（第 15.2 条）。部门附件要求不得强制 ICT 产品提供商或制造商公开产品中涵盖的加密技术（第 12.C.2 条）（见表 3-12）。

表 3-12 USMCA 中与数字技术相关的章节

章节	条款	数字技术议题
数字贸易章节	第 19.5 条 国内电子交易框架	电子商务
	第 19.6 条 电子认证和电子签名	贸易便利化
	第 19.9 条 无纸贸易	贸易便利化
	第 19.10 条 电子商务网络的接入和使用原则	电子商务
	第 19.11 条 通过电子方式传输信息	数字服务贸易
	第 19.12 条 计算设施位置	数据及设施的本地化
	第 19.16 条 源代码	数字服务贸易
	第 19.17 条 互操作性计算机服务	数字服务贸易
	第 19.18 条 公开政府数据	数字服务贸易
知识产权章节	第 20.88 条 网络服务提供商 第 20.89 条 法律救济和安全港	数字知识产权
投资章节	第 14.10 条 业绩要求（禁止强制技术转让、禁止歧视性技术要求）	数字服务贸易
电信章节	第 18.15 条 技术选择的自由	数字技术
跨境服务章节	第 15.2 条 范围	
部门附件	第 12.C.2 条 使用加密的 ICT 技术	

第四节 数字技术经贸规则谈判的最新趋势及中国方案

一、数字技术经贸规则谈判的最新趋势

（一）参与规则制定的路径选择更为多元化

各国数字经济、数字技术发展水平和产业竞争力存在差异，构建数字技术经

贸规则的发展目标与利益诉求大相径庭。上述因素导致各国参与数字技术经贸规则的方式呈现出多元化趋势。一是多边谈判，各国对多边谈判和世界贸易组织（WTO）在数字技术经贸规则的制定上抱有期待，然而现有多边贸易规则难以有效适应新业态、新模式条件下的规制与监管。2019 年世界经济论坛电子商务部长级非正式会议上，包括中国在内的 76 个 WTO 成员方发表了《关于电子商务的联合声明》（JSI），宣布愿意共同推进多边谈判，探讨的议题围绕电子商务范畴，其他领域尤其在数字技术改革方面涉及较少。二是区域或双边自由贸易协定（RTAs），引领全球数字技术经贸规则走向新平台。在多边谈判难以取得突破性进展的情况下，各国转而通过在区域或双边自由贸易协定中设立专门的电子商务章节，将数字贸易纳入规则议题。截至 2021 年 4 月，全球有 109 个区域或双边自由贸易协定包含数字贸易相关条款，涉及 WTO 中 2/3 的成员。《美墨加协定》（USMCA）体现了美国推动数字贸易规则构建的主要诉求，代表了区域自由贸易协定中数字贸易规则的新趋势。USMCA 首次以数字贸易为章节名称，涵盖领域更为广泛，规制更加严格，如禁止公开"源代码中表达的算法"、禁止包括金融服务在内的数据本地化等。中国推动签署的《区域全面经济伙伴关系协定》（RCEP），电子商务章节包含数字贸易规则多项议题，是发展中国家参与高水平数字贸易规则建设的重要环节。部分具有共识的国家先行达成高水平协定，再寻求谈判成果多边化。为了弥补现行 GATS 的不足，2013 年美欧发起全球服务贸易协定谈判，参与成员覆盖全球服务贸易的 70% 以上，数字贸易规则是该谈判的核心议题之一。

总体上看，区域贸易协定中已经出现了超越或者深化 WTO 规则的条款，由于数字技术在许多行业中的渗透应用存在显著差异性，构建符合时代特征与产业需求的数字技术经贸新规则仍处于探索阶段。

（二）数字技术经贸规则的内容更加细化和深入

随着数字技术的快速发展，数字技术经贸规则总体上呈现出不断拓展的趋势，对数字技术内涵和外延界定更加细化和深入。美国国际贸易委员会在首次界定数字贸易时尚未明确提出数字技术，在第二次界定时增加了基于互联网技术进行的产品贸易，在第三次界定中提出数字技术的行业应用也属于数字贸易的重要组成部分，突出强调云计算服务的作用。例如，物联网、机器人、无人机、3D 打印等数字技术。数字贸易是基于数字技术产生的贸易形态，在数字技术经贸规则中不断强化数字技术的基石作用，可以进一步强化数字技术的贸易规则。由于算法、通信和信息处理等数字技术的快速增长，使物联网、云计算、人工智能、3D 打印和区块链等数字技术迅速普及，拓展了数字贸易的范围。例如，为了确保企业能够自主使用密码技术，《美日数字贸易协定》中增加了加密 ICT 产品的专门规定。其第 21 条规定，不得以转让、访问有关密码技术的专有信息作为 ICT 产品的市场准入条件，包括披露私钥或其他秘密参数、算法规范等特定技术或生产过程，不得要求制造商或提供商与当地企业合伙、合作开发、制造、销售、进口、使用 ICT 产品，也不得要求其使用、集成特定的密码算法或密码。

（三）数字技术经贸规则更具前瞻性与先进性

在数字技术经贸规则中更重视数字技术的安全、保护知识产权和技术创新等问题。CPTPP 中数字技术贸易规则体现为源代码、加密信息通信技术产品的相关规定。DEPA 首次提出数字技术新兴领域条款，涵盖数字身份、人工智能、金融科技和电子支付。目前制定的数字技术相关规则呈模块化可以方便不同利益诉求国家进行谈判合作，并且在内容制定上考虑不同国家发展状况及技术发展水平，使各国在未来经贸往来中可以根据情况适当调整，更具灵活性、拓展性。DEPA 第 8 章专门设定"新兴趋势和技术"专题，提出的数字身份规则、金融科技相关规则、人工智能规则都体现当前时代发展的特点，更加具有前瞻性。

（四）数字技术经贸规则仍然以美欧发达经济体为主导

由于各国数字技术水平和数字技术规则诉求存在差异，目前全球尚未形成统一的数字技术经贸规则标准。特别是发展中国家还未形成系统的数字技术经贸规则体系，使全球数字经贸规则的影响力受限。欧盟与美国数字技术发达，更加强调规则对跨境数据流动的应用与便利化；中国等发展中国家由于较低的数字技术发展水平，更加关注基础设施方面的制度建设问题。2017 年 7 月，美国根据自身数字贸易的比较优势向亚太经济合作组织提交的报告中提出了"美式模板"。这一规则提出了推崇"网络开放"和"技术中立"原则，禁止以"开放源代码"作为市场准入的前提条件。

二、数字技术经贸规则谈判的中国机遇

（一）国内安全技术服务发展提升企业数据安全水平

我国数字技术经过多年发展，已经形成了一批具有过硬技术实力的安全厂商，如 360 政企安全、亚信科技、美创科技等。上述企业在数据安全储存、安全传输、云安全等方面提供了专业的产品服务。我国与发达国家签署的区域和双边协定可以为数字技术经贸规则制定提供引导作用。目前，我国已经与 27 个国家进行了自由贸易协定谈判，包括 RCEP，以及中日韩、中国—新加坡、中国—新西兰自由贸易协定的升级谈判等。上述举措既为我国参与数字技术经贸规则谈判积累了一定的经验，又为我国参与全球经济治理提供了新机会。

（二）规则谈判有助于提高我国数字贸易水平

数字技术经贸规则谈判有助于拓展中国电信服务市场。RCEP 中技术选择的

灵活性条款有助于电信服务提供者灵活选择提供服务的技术，从而确保技术选择的灵活性，加速区域电信市场化竞争，有助于华为、中兴、烽火科技等国内通信设备厂商以及电信运营企业进入成员方电信服务市场，拓展新业务的发展空间。数字技术经贸规则为中国企业参与国际分工带来新格局，通过完善与新兴技术发展相适应的规则以符合中国新技术新业态的发展需求，促进世界贸易构建更加合理有序的贸易制度和环境，有利于中国企业更好地融入国际市场，做强跨境业务、扩大进出口。

（三）促进中国中小企业创新和技术合作

一是在 DEPA 中构建了基于道德的人工智能治理框架，便于支持可信、安全和负责任的人工智能技术的使用，保证了人工智能框架下的国际一致性。二是由于技术创新是发展数字经济的重要支柱之一，DEPA 中关于数字技术的经贸规则充分肯定了技术创新、创造以及技术转让和传播对知识创造者和使用者的价值，可以激励中国企业加大技术创新和与其他缔约方中小企业的合作。三是中国中小企业在发展过程中会面临技术壁垒，DEPA 对数字技术规则的制定可以为我国中小企业提供技术支持和帮助，有利于推进我国中小企业积极参与数字经济领域的合作。

（四）积极参与数字技术经贸规则谈判

目前国际数字技术经贸规则仍然以欧美发达国家为主导，虽然我国数字技术的发展已经趋于成熟，但是总体上仍然落后于欧美发达国家，在数字技术规则制定方面依旧是适应者、遵循者。积极参与数字技术经贸规则的构建可以为我国在全球治理结构中谋求与自身经济实力相当的地位提供契机，有助于增强我国在全球数字经贸治理过程中的话语权。

（五）积极发挥相关主题谈判的建设性作用

国际上，数字技术国际化应用的风险来源众多且复杂，数字技术经贸规则会随着全球贸易规则的重构而不断发展变化。为了支撑中国数字经济的迅速发展，中国陆续出台了《互联网信息服务管理办法》等法律法规，为我国数字贸易发展营造了更加健康的内部法治环境。《中华人民共和国国民经济和社会发展第十四个五年规划和 2035 年远景目标纲要》提出，要以"数字化转型整体驱动生产方式、生活方式和治理方式变革""打造数字经济新优势"。中国已经从战略层面制定了数字经济发展的蓝图以及参与全球数字贸易治理的中式框架。

三、数字技术经贸规则谈判的中国挑战

（一）各国（地区）在数字技术经贸规则谈判上分歧显著

由于在全球数字技术经贸规则谈判中，美国数字贸易发展较为成熟、数字技

术具备先发优势等，使得美国政策更加注重于开拓海外市场，其数字贸易政策相对积极开放，政策议题集中于跨境数据信息自由流动、非歧视性原则，保护源代码以及数字安全、禁止数据本地化要求，扩大数字市场准入等方面，以此来推动贸易便利化发展。其他主要经济体在数字技术经贸规则谈判上的主张如下：

一是欧盟。受制于美国等数字经贸大国之间竞争以及欧盟内部成员国之间数字监管等需要，一直以来欧盟试图打造数字单一市场。尽管欧盟是美国最大的数字贸易合作伙伴，但双方在"个人隐私保护""跨境信息自由流动"和"网络安全"等议题方面存在政策上的分歧。

二是日本。日本历来在数字技术政策中强调数字技术创新和数字基础设施建设，其数字技术和数字贸易发展成熟度无法跟美国相提并论，两者在数字贸易政策上存在很多相似之处，日本数字贸易政策采取借助全球贸易谈判协定等方式进行更多政策推广。

三是中国。中国持相对谨慎态度。出于对国家安全以及本国数字贸易发展的考虑，面对不同层面全球数字贸易规则谈判中的焦点议题，中国采取相对谨慎态度，在"跨境数据和信息自由流动""网络审查"议题上，中国政府规定对跨境数据流进行相对严格的安全监管，对所涉及的网络内容以及网站进行安全审查。在"数据强制本地化"要求上，对涉及"关键"企业的数据实施相对本地化存储要求。

（二）DEPA 提出的"新兴趋势和技术"规则带来的挑战

（1）数字身份规则：在数字经济时代下数字身份相当于一把"信任钥匙"，各方真实的身份信息浓缩为数字代码。DEPA 纳入数字身份作为重要议题，重点督促成员方提升各自数字身份制度间的可操作性。其中，第 7.1.1 条规定成员方可在技术和标准方面实现可操作性，也可以建立国际框架交流彼此的政策法规与专业实践，还可以出于对公共政策目标的考虑而实施例外政策。现阶段中国签署的区域自由贸易协定中均未提及数字身份规则，我国对于数字身份制度的建立仍处于摸索阶段，因此对接数字身份规则可能会影响中国的数字安全。

（2）金融科技规则：金融科技作为技术驱动的金融创新，是增强金融服务实体经济能力的重要引擎。2022 年 1 月，中国人民银行印发的《金融科技发展规划（2022—2025 年）》提到我国金融科技发展已经取得了一定的成果。同时也存在发展不平衡不充分和缺乏国际交流合作的问题，这对中国制定金融科技相关规则提出了现实挑战。

（3）人工智能技术规则：该规则要求中国与成员方建立协调一致的治理框架。当前数字经济中应用最广泛的数字技术就是人工智能，世界各国逐渐提高了对人工智能技术的开发与应用的重视。DEPA 协定第 8.2.2 条款指出，人工智能技术安全、可信赖和负责任地使用对成员方经济社会发展具有重要意义。作为首个涵盖人工智能技术相关规则的数字贸易协定，DEPA 给中国带来了对接压力和挑战。

（三）中国在全球数字技术经贸规则谈判博弈中的弱势地位

规则博弈是当前大国博弈的重要内容，赢得数字贸易规则制定的主导权，也就赢得了未来发展的主动权。我国的数字技术经贸规则提案与欧美发达国家存在一些差别，主要体现为：①在降低市场进入壁垒上，中国还没有提出适应新发展要求的改革方案，如电子产品和服务的市场开放。中国提出应先进行更多探索性工作，以便各成员能够充分了解相关影响和挑战。欧美方面提供了明确的方案，包括扩展的信息技术协定（ITA），以及禁止在计算机服务和电信服务两个与数字贸易高度相关的行业实施非国民待遇和实质性的市场准入限制等。②在技术安全议题上，主要是与源代码保护有关的知识产权，中国尚未作出表态，美国和日本等则强调"任何一方不得要求转让或使用另一方当事人拥有的软件源代码"。

目前，关于数字技术经贸规则谈判未形成全球统一的标准，国家间差异化的诉求和寻求规则制定主导权的愿望，加速了"志同道合"国家间构建制度联盟的趋势。欧美和日本依靠其自身雄厚的数字经济实力和先进互联网技术，一直处于全球数字贸易第一梯队。上述经济体在数字技术经贸规则制定中，即使存在矛盾冲突，也基本同意跨境数据自由流动，并形成"利益共同圈"以吸引其他发达经济体加入。由于自身发展水平的限制，中国在数字技术经贸规则制定中更加关注数字贸易的国家安全问题。中国的诉求与欧美和日本等发达经济体的利益不符，使得中国在数字经贸规则制定中缺失话语权，难以有效参与数字技术经贸规则的制定。

（四）数字技术经贸规则对中国网络综合治理能力提出较高要求

通过分析《中国互联网络发展状况统计报告》中的数据得出的特点和趋势表明，以互联网为代表的数字技术正在加速与经济社会各领域深度融合，成为促进我国消费升级、经济社会转型、构建国家竞争新优势的重要推动力。数字技术大多需要利用互联网平台，进而对我国的网络综合治理能力提出了更高的要求。从治理主体和治理手段来看，我国的网络综合治理能力需要加强；从治理主体来看，我国政府仍然缺少有效治理网络、精准处理问题的工具，社会监督机制尚未形成，网民自律意识比较薄弱；从治理手段来看，我国不仅缺乏有效调控利益关系的经济手段以及有效规制网络空间的法律手段，还欠缺有效治理技术创新的技术手段。

四、中国参与数字技术经贸规则谈判的方案

目前随着信息技术的发展，数字技术已经成为全球经济增长和发展的强大动力。由于数字技术采用和渗透门槛低、用户成本低、数字信息具有非竞争性，亟须制定数字技术相关规则。当前，全球数字经济和贸易领域的规则制定呈现多元化的发展态势，围绕数字技术经贸的相关规则尤为重要，需要引起中国的关注。在此基础上，中国应该从国际和国内两个维度出发采取相关举措。

（一）构建适合我国国情的数字技术经贸规则

中国应明确表明自己在数字技术议题上的相关主张，充分参与数字技术经贸规则的创建。未来大国之间的竞争关键在技术与创新领域，而在数字经济背景下关于数字技术经贸规则的制定无疑成为重中之重，数字技术作为规则制定的新兴领域对新规则的形成具有重要影响，各主要经济体在这一领域的竞争加剧，中国应该明确表明自己的规则主张。一是从自身数字技术的发展实力来看，中国与发达国家的数字技术水平存在差异，基于我国数字技术领域迅猛的发展势头以及面临的核心技术"卡脖子"困境，提出各缔约方之间可以进行技术转让并支持推动我国数字技术进一步发展。二是从我国参与经贸规则的理念来看，我国应采取审慎态度，在数字技术安全方面需要制定相关规则，提高相关规则的适用性。

中国应该在数字技术经贸规则谈判中继续推动广泛合作，推动双边、区域和多边数字贸易规则谈判，确保数字技术经贸相关规则的一致性，最大程度支持数字技术发展，探索符合我国国情与发展中国家利益的数字技术经贸规则。DEPA包括了一系列与企业相关的模块，在数字技术领域，中国可以直接选择与DEPA对接，从而扩大与新成员的协定，也可以考虑使国内政策与DEPA数字技术相关规则内容保持一致。中国可以在数字技术经贸相关规则谈判中致力于缩小国家间的数字鸿沟。首先，以跨境电子商务发展为基础建立相关规则体系。我国是电子商务大国，可以以此为契机，在相关议题上探索规则的建立，如网上消费者保护、跨境数字化产品征税等议题。其次，在更大范围内推广符合我国利益的数字贸易规则。在多边框架下，探索提出符合我国电子商务产业发展和促进数字贸易的经贸规则，形成可以代表广大发展中国家的经贸规则，在完善贸易规则的同时不断扩大我国制定规则的影响力和适用性。

（二）针对"新兴趋势和技术"规则的挑战逐一攻克

1. 数字身份规则

一是我国应该尽快尝试建立数字身份制度。具体来说，我国可以根据国际上既有的框架和公认的技术标准推出符合国情的数字身份认定方案、标准和技术，

并且要保证与 DEPA 其他成员数字身份制度之间具有相互可操作性。例如，为了达到数字对象之间互联互通、数字世界自主可控的目标，国内三大电信运营商可以牵头推动并完成国际电信联盟区块链分布式数字身份国际标准。在此基础上，注重与 DEPA 成员间的交流和经验分享，防止数字身份"孤岛"的产生。二是起草并制定关于数字身份的法律法规，出台相关政策，做好数字身份领域的制度设计，明确指出数字身份制度建立的方向和要求。

2. 金融科技规则

一是要加大对金融领域核心技术的研发。针对金融科技在应用上突出的瓶颈问题，加大对硬件和软件的战略攻关，通过应用来实现对核心技术的检验和完善，进而解决对接 DEPA 中金融科技规则的难题。二是要积极推动我国金融科技企业与其他成员方之间的交流合作。大型的金融机构要争取在合作中占据主导地位，发挥大国带头示范的作用；小型金融机构要通过在和其他成员方的合作交流中展现真实需求，发挥中国数字技术的引领作用。三是注重金融领域科技人才的培养。尤其是要制定一套符合要求的金融科技人才标准，例如，在一线城市搭建人才聚集平台，建设高质量金融科技人才高地，从而为我国与 DEPA 其他成员方合作提供人才支持。

3. 人工智能规则

DEPA 中第 8.2.3 条明确指出要从"道德"和"治理"两个角度出发，构建国际协调一致的框架。在治理方面，我国需要加强人工智能治理的顶层设计，改善我国人工智能治理结构，在法律层面结合现有的《国家新一代人工智能标准体系建设指南》进一步起草制定与我国国情相符合、与国际相接轨的法律法规。在道德方面，我国可以通过新闻等传媒渠道督促人工智能企业和相关企业在发展过程中践行道德责任，例如，在行业层面制定人工智能道德伦理公约，企业层面设立专门的委员会，建立人工智能道德伦理审查、信息披露等工作机制。《2021－2022 中国人工智能计算力发展评估报告》显示，我国人工智能城市排名前三的是北京、杭州和深圳，它们在人工智能相关企业和科研机构数量、人才资源、政策支持方面具有很大的优势，可以将这三个城市作为试点城市践行数字技术领域人工智能相关规则对接，与其他国家的人工智能企业展开合作，推广突出反映我国利益诉求的人工智能治理框架。

（三）加快建设数字基础设施

一是构建网络宽带泛在、平台开放共享的数字基础设施体系，加快建设开放网络平台，为大数据、物联网、人工智能、区块链等的发展提供良好的网络环境。二是政府相关部门加强对各类平台的风险研判，完善行业管理规范，搭建数字化监管治理平台。三是构建技术手段先进、范围覆盖广泛、数据深度挖掘的数字经济运行监测体系，加快数据采集数字化、智能化进程。

中国迫切需要加快进行国内改革与创新，尽快适应并灵活应对数字技术贸易新规则的挑战，逐步增强我国在数字贸易规则领域的制度性话语权。首先，政府应加大对企业研发技术的扶持，增加我国在数字技术经贸规则方面的话语权。其次，我国应该积极参与全球数字贸易治理，在数字技术经贸规则制定中展现大国担当，从而构建有利于我国及世界经济增长的数字贸易生态环境并优化数字经济的基础技术环境。

数字技术经贸相关规则可以极大地促进当前数字时代的贸易，使消费者保护和维持企业竞争力之间保持良好的平衡。中国在参与数字技术经贸规则谈判中可以借鉴 DEPA，自主决定实施或执行数字技术的相关规则，加强规则的包容性，促进创新、促进中小企业合作与发展，践行数字包容、数字透明度，回应数字时代全球经济发展的需要，致力于缩小国家间的数字鸿沟，为发展中国家和中小微企业从数字技术中获得福利提供规则和建议。

本章复习题

一、名词解释

1. 数字技术　2. 大数据　3. 数字鸿沟　4. 人工智能　5. 云计算　6. 物联网　7. TRIPs　8. 数字知识产权　9. 数据和设施本地化

二、简答题

1. 数字技术发展带来了哪些经济社会问题？有什么表现？

2. 数字技术领域的国际规则谈判面临哪些挑战？

3. 中国参与全球数字技术监管与治理能够贡献哪些经验与智慧？

4. 与 WTO 的数字贸易规则相比，DEPA 的监管措施有何特点？

5. DEPA 与其他区域性数字经贸协定之间存在哪些重要争议点？

三、案例分析

请阅读以下材料，回答问题。

数字技术助力中国"微型跨国企业"扬帆出海

我国海关统计数据显示，2021 年前 11 个月我国进出口总值已达 5.47 万亿美元，同比增长 31.3%。2021 年前 11 个月中国进出口总值已达 35.39 万亿元人民币，远远超过去年中国 32.16 万亿元人民币的全年规模。

知名会计师事务所德勤在 2021 年度《科技赋能亚太数字贸易》的报告中进一步分析了中国外贸强劲增长背后的秘密之一：成长中的中小跨境电商，在政策红利和数字技术助力下，正进行着关键一跃、逐渐成长为"微型跨国企业"。何为"微型跨国企业"？有研究这样画像：它们往往规模不到 100 人，也不乏只有 2~3 人的"超级小微"企业，创始人大多不过 30 多岁；3C、家居、美妆、服饰等，是它们出口全球的热销尖货；即使在世界局势复杂多变的挑战下，依然实现了 130% 的销售增长，成功把商品卖到"挑剔"的欧美市场。

在这些中国经济"新奇迹"的背后，离不开国家在政策层面的大力支持和鼓励。新一代跨境电商在一系列国家政策红利助推下，准确把握国内数字经济高速发展的新机遇，实现了又一次发展跃迁。在数字平台的加持下，它们把世界工厂的优势放大到了竞争对手难以企及的高度。比如，米兰时装周的新款一出，全球配置产业链的 Zara 要 14 天才能上架销售，而仅仅依靠中国产业链的 shein 却只需要 7 天。

德勤的这份报告指出，在技术进步、国际合作开放等诸多因素影响下，全球贸易正进入智能化升级，5G、大数据、人工智能等数字基础设施大大降低了小微企业跨境贸易门槛。例如，数字技术正助力跨境收款实现零门槛、低成本、高效率。在中日韩跨境电商卖家里，增长最快的跨境收款工具万里汇（WorldFirst）的占有率就超过四成。蚂蚁集团的万里汇不仅能让"微型跨国企业"实现"秒到账"，费率全市场最低，大大缓解资金周转压力；还能提款至支付宝，方便中国的跨境电商卖家可直接去国内最大的内贸批发平台 1688 上再进货。更贴心的是，WorldFirst 还能搞定欧洲多国市场的消费税缴纳。此外，它支持任何时间、任何国家、几乎所有通行货币。

浙江大学国际联合商学院院长贲圣林表示，"数字科技时代，支付技术让小微企业也有机会成长为微型跨国企业，让他们以极低的门槛坐上全球数字贸易的列车，甚至和那些跨国大企业们坐到同等车厢"！

实际上，随着全球数字化进程加速及物流、支付、贸易便利化条件的持续改善，全球范围内线上消费人群数量、消费商品品类快速扩大，跨境电商发展机遇期其实刚刚开始，包括 5G 在内的重要数字基础设施落地，海量大数据叠加人工智能，让智能决策成为可能，帮助开启万物互联时代。技术升级会吸引越来越多的跨境电商加入数字贸易的全球产业链，以满足全球消费者日益增长的数字消费习惯。根据最新数据，2021 年第三季度，全球商品贸易量超过了 5.6 万亿美元，创下历史新高。其中，跨境电商更是借势起飞，据中国海关总署的统计，2021 年中国跨境电商前三季度进出口增长了 20%；而 2020 年其规模就已达到 1.7 万亿元，其中出口占 2/3，增长 40%。

2022 年，《区域全面经济伙伴关系协定》将正式生效。这是覆盖全球人口最多、经贸规模最大的自贸协定。中国也已经明确，将积极推动加入《全面与进步跨太平洋伙伴关系协定》和《数字经济伙伴关系协定》。同时，中国的贸易伙伴遍布全球230多个国家和地区，同各大经济体的经贸额增长迅猛，外贸"朋友圈"越来越大。我们相信，在数字技术的高效助力下，中国的"微型跨国企业"不仅能扬帆出海、破浪前行，还能在自身壮大的同时，让中国经济奇迹迸发出更大的活力。

（资料来源：环球网，2021年12月27日）

1. 根据材料解释：中国外贸强劲增长的背后有哪些原因？

2. 材料中数字技术的发展如何助力中国"微型跨国企业"扬帆出海？

3. 数字技术如何有助于中国在新发展格局下与各方加强数字经济领域的合作、促进创新和可持续发展？

第四章 《数字经济伙伴关系协定》与数字产品

数字产品是数字技术的衍生物，也是数字贸易的重要组成部分和全球经贸规则的重点关注领域。作为数字技术和数字资源的主要载体，数字产品具有无形性、易复制性等物理特征，非排他性、高附加值等经济特征，对传统国际贸易、国际知识产权保护、国际税收等诸多领域产生了重要影响。本章将对以下问题进行深入的探讨与分析：数字产品的内涵和特点；数字产品经贸规则谈判的聚焦领域和面临的挑战；DEPA 中数字产品经贸规则与其他区域经济贸易协定的区别和联系；未来数字产品经贸规则谈判的发展趋势以及中国的应对方案。学习数字产品内涵、特点和经贸规则相关知识，将有利于进一步加深对"十四五"时期中国数字经济相关发展战略的思考和解读。

第一节 数字产品的内涵

一、数字产品的定义

数字技术发展在为传统货物贸易提供跨区域网络联结、为生产和消费存在不可分割性的服务产品贸易提供技术支持的同时，衍生出了全新的产业形态即数字产品。《美国—智利自由贸易协定》率先对数字产品的内涵进行了界定。该协定将数字产品定义为经数字化编码，并以电子方式传输的产品①。在《全面与进步跨太平洋伙伴关系协定》和《美墨加三国协定》中，数字产品定义为电脑程序、文本、视频、图像、声音记录，或其他经数字化编码、生产并用于商业销售或分销、可通过电子方式传输的产品。其中，不包括货币等以数字化为表现形式的金

---

① 使用电磁手段或者光学手段所进行的传输。

融工具。

在数字产品相关的量化分析与研究中，学者们倾向于将基于数字技术制造的电子产品划分至数字产品范畴中（项莹和杨华，2018；刘佳琪和孙浦阳，2021；王梦颖和张诚，2021；黄先海和王瀚迪，2022；于欢等，2022）。这一部分数字产品被称为广义的、有形的数字产品。划分依据主要基于 2015～2021 年的《中国数字经济发展白皮书》和 OECD 于 2020 年发布的 *Handbook on Measuring Digital Trade*（以下简称《工作手册》）。有形的数字产品指数字产业化中的电子信息设备制造、电子信息设备销售和租赁以及其他数字技术广泛渗透融合所衍生的新兴产业。无形的数字产品主要指数字产业化部分的电子信息传输服务、计算机服务和软件业与其他信息服务。《工作手册》从数字订购或数字交付两个方面情况对数字贸易进行核算，并将数字订购的货物划分为 ICT 产品和其他数字订购产品，充分说明了基于数字技术生产电子产品的特殊性。因此，从产业属性和贸易核算的角度来说，将数字技术赋能的电子产品定义为广义的数字产品具备合理性。

综上所述，本章认为数字产品包括数字虚拟产品和数字实体产品两个部分。数字虚拟产品指的是无形的数字产品，是基于数字化编码格式[①]存在的交换物，可以通过电子方式传输，也可以借由物理载体储存。数字实体产品对应的是有形数字产品，指的是基于数字技术制造的电子产品，是用于获取、转化、传输、处理数字信息以实现数字信息价值的设备或装置。鉴于数字实体产品包含在传统货物产品的框架下，本章主要讨论和分析的是数字虚拟产品，下文的数字产品未经说明则指的是数字虚拟产品。

专栏 4-1　数字产品概念辨析

在厘清数字产品的内涵前有必要了解信息产品、数字化产品与数字虚拟产品的区别和联系。信息产品是一切基于信息内容的交换物，产品价值由信息组成（谢康等，2003）。数字化产品则是数字化形式的交换物（Shapiro and Varian，1998），其存在形式既可以通过电子传输，也可以依托于物理载体，即数字化产品是基于数字化编码形式的任何产品。

首先，数字虚拟产品与信息产品存在交集。任何通过数字化格式进行传输或交付的信息产品，属于数字虚拟产品。其次，数字虚拟产品包含数字化产品。既包括经数字化的、以数字编码形式存在的商品或服务（陈禹和王明明，2011；金丹凤，2006；俞明南和鲍琳琳，2008；张洪铭，2002），也包括直接通过数字技术手段生产的产品。例如，纸质的书籍借助电子扫描等数字技术由实体商品转化

---

① 数字化格式为能被计算机识别的"0"或"1"的二进制格式。

为数字化格式的电子书，通过电子设备制作的软件、音乐和视频等。因此，数字虚拟产品是数字信息产品与数字化产品的总和。

数字虚拟产品和数字实体产品则共同构成了数字产品（杜江萍等，2005；袁红和陈伟哲，2007；桂学文和陈雪，2007）。数字实体产品是基于数字技术制造的电子产品，包括数码摄像机、智能手机、电脑、数码相机、DVD 和 PDA 等在内的电子产品。

资料来源：笔者整理而成。

二、数字产品的类型及特点

（一）数字产品的主要类型

基于数字产品的定义，Hui 和 Chau（2002）根据产品的可试用性和粒度进一步区分了数字虚拟产品，表 4-1 列举了数字虚拟产品和数字实体产品的具体内容。

表 4-1 数字产品的主要类型

主要类型		具体内容
数字虚拟产品	内容性产品	• 数字音乐：音像制品和录音制作等 • 数字影音：广播、电视、电影及视频等 • 数字游戏：主机、电脑和便携游戏等 • 数字出版物：电子书籍等 • 数字信息：数据库、设计图纸和产品信息等
	工具性产品	• 应用程序
数字实体产品		• 消费类电子产品：摄像机、录音器、智能手机和计算机等 • 网络设备：集线器、交换机、网桥、路由器、调制解调器、光纤收发器等 • 物联网产品：传感器、感应器等 • 机器人及其他自动化设备：机器人、无人机、3D 打印机等

数字虚拟产品包括内容性产品和工具性产品。内容性产品的自身价值主要在于信息内容，典型的例子包括电子刊物、研究报告或数据库、数字音像和影像等，消费者的最终目标是获得信息。工具性产品主要指帮助用户完成特定的目标或任务的应用程序，例如，通过互联网下载的电脑软件和智能手机上运行的小程序等。

数字实体产品根据不同用途主要分为以下类别：消费类电子产品，主要帮助采集、处理、应用数字信息的个人消费类产品，如智能手机、计算机和数码相机等日常生活中常见的电子设备；网络设备，指帮助连接网络的物理实体，如交换机、集线器、网桥、路由器等；物联网产品，指将各种信息传感设备与网络连接形成有机整体，实现控制主体、监测对象、机器设备互联互通的产品，涉及传感器、感应器和定位系统等装置与技术；机器人及其他自动化设备，主要包括能够自主或半自主进行工作的智能机器设备，如工业机器人、无人机等。

（二）数字产品的物理特征

数字产品特别是数字虚拟产品因其技术特性，在生产、存储、传输和消费等方面表现出与传统产品不同的物理和经济特征。其物理特征主要表现为以下方面：

（1）非消耗性。与传统的产品不同，数字产品本身并无"耐用品"与"易耗品"之分。数字产品可以依托于一定的物理载体存在，也可以通过电子传输存储在服务器中。只要使用和存储方式得当，即使数字产品原有的物理载体损坏，其本身的质量也不会受到损耗。

（2）易复制性。数字产品以数字化格式存在，能够轻易地实现复制、储存以及传输，复制生产的边际成本几乎为零。数字产品的这种特性使得其产品利润空间极大，但同样引发了侵权、盗版等一系列问题，扰乱了数字产品的市场秩序。

（3）可变性。数字产品可以随时进行删除、增加或修改。这种特性给予供应商和消费者对产品进行定制化和个性化的能力。例如，某企业从某软件供应商那里定制了一款工作签到软件后，可以根据具体情况，进一步对软件内容进行修改。

（4）储存的无形性与即时性。与传统货物相比，数字产品可以以数字化格式存储在体积极小的物理载体中，在较大程度上节省了存储的费用和空间。同时，数字化格式也使得数字产品可以通过电子传输在极短的时间内实现其在不同地区、不同组织或个体之间的交换和共享。

（三）数字产品的经济特征

（1）非排他性。数字产品的非排他性得益于其易复制性和非消耗性的物理特征。数字产品可以允许多个体同时使用，其技术特点与知识产权非常相似，生产者在销售过程中转让的通常是产品的使用权而非所有权。这种非排他性使得数字产品易于形成规模经济效应。

（2）网络外部性。某种数字产品的价值，在很大程度上依赖于使用该数字产品的用户数量。数字产品的网络外部性包括：直接网络外部性，指同一市场内消费者之间的相互依赖性，即同种产品消费者数量会影响其他使用者的效用；间接网络外部性，指主要产生于基础产品与辅助产品之间的技术上的互补性，这种互补性导致在产品需求上相互依赖。

（3）高附加值。数字产品的附加值是指通过数字技术要素投入而产生新的价值。数字产品高附加值的特征来自其非排他性。以手机软件为例，其开发过程需要承担高额的研发支出投入，当软件开发商制作的产品在应用商店上线后，消费者通过付费下载的方式实现安装和使用，开发商可以从大量付费使用中获得巨额的收益。

（4）时效性。数字产品可能随着时间的推移或拥有过多的消费者而丧失价值。部分数字产品具有很强的时效性，如新闻、证券、外汇、股票信息等。通常网络上的某些实时信息，需要消费者通过高额付费来获取，而相对滞后的信息只需支付较低的费用甚至免费。

（5）成本结构特殊。数字产品的开发成本很高，且绝大部分是沉没成本①，一旦投入后可能存在后续无法收回的潜在问题。生产首份数字产品花费的成本非常高，后续进行大规模生产的边际复制成本几乎为零。例如，电影拍摄、软件开发和游戏制作等生产活动需要耗费大量的时间和资金。只要新产品的母体成形之后，用于拷贝的成本就可以忽略不计。

三、数字产品的发展现状

（一）国际数字产品贸易

根据 UNCTAD 数据，全球数字交付服务出口规模呈现高位增长态势，并于2020 年达到 31675.86 亿美元。其中，全球数字交付服务出口分别于 2009 年、2015 年和 2020 年出现同比 6.52%、3.13% 和 1.78% 的阶段性下降。数字交付服务出口的主要经济体中，美国和英国处于相对领先的第一梯队，中国大陆与日本并列第二梯队。2020 年，美国、英国、中国大陆和日本等经济体的数字交付服务出口规模分别为 5330.93 亿美元、2867.01 亿美元、1543.75 亿美元、1147.40 亿美元（见图 4-1）。在信息通信技术产品出口中，上述主要经济体占比超过全球出口额的 50%。2020 年，中国大陆信息通信技术产品出口占全球的 27.09%（见图 4-2），该产品出口处于全球领先位置，超过美国、英国和日本的总和。从数字产品进口角度来看，美国、英国、中国大陆和日本等主要经济体 2019 年数字产品进口规模分别为 3108.52 亿美元、1634.42 亿美元、1282.62 亿美元、1282.57 亿美元，对 GDP 的贡献分别为 1.44%、5.80%、0.91%、2.52%。

---

① 沉没成本是指已经发生且无法收回的成本支出，如因失误造成的不可收回的投资。

（亿美元）

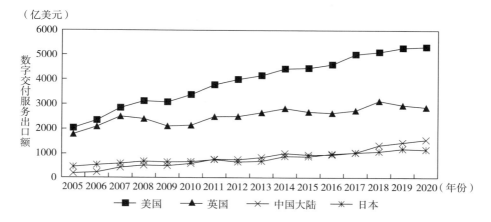

图 4-1 主要经济体数字交付服务出口额

（%）

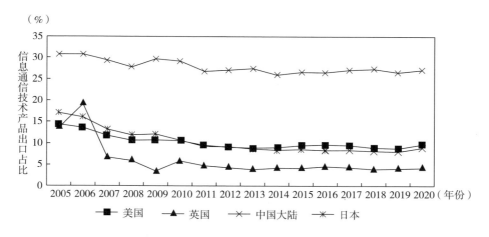

图 4-2 主要经济体信息通信技术产品出口占比

（二）数字产品国内产业发展

1. 数字虚拟产品

数字虚拟产品市场呈快速发展态势。2020 年，广播电视行业总收入达 9214.6 亿元；电子出版业市场规模达 71.7 亿元；网络动漫市场规模达 238.5 亿元，其中，网络漫画为 33.5 亿元，网络动画为 205.2 亿元；数字音乐成为中国录制音乐市场收入的主要来源，占比高达 99%，市场规模达到 1000 亿元；软件产品实现收入为 22758 亿元，同比增长 10.1%，实现了较快的增速。在海外市场，中国自主研发网络游戏的实际销售收入逐年提高，保持较快增速，成为数字文化产业出海的生力军。

然而，在数字融合比高达 75.8% 的个人文化娱乐服务行业，其进出口在数字贸易进出口总额中占比仅为 2%，发展范围仍局限于国内市场。在数字知识产权等领域，中国数字交付的知识产权存在着较大的逆差，技术创新竞争力有待提高。在数字内容行业，软件行业出口形势低迷，出现负增长的情况，国际竞争力有待加强。

2. 数字实体产品

数字经济发展的下一阶段是消费互联网的深化和工业互联网的起步。互联网发展的前二十多年中，消费互联网凭借其强大的链接能力在电子商务、社交平台和共享经济等多个领域获得巨大成功。随着消费互联网市场的进一步成熟、饱和，互联网发展将进入"下半场"——工业互联网。工业互联网是指通过工业级网络平台把设备、生产线、工厂、供应商、产品和客户紧密地连接，共享工业经济的要素资源，从而通过自动化、智能化的生产方式降低成本、提高效率。工业互联网中多个环节需要用到传感器、可编程逻辑控制器、监控和数据获取系统等物联网产品，这一需求促使中国物联网产业规模不断扩张。2020 年全球物联网支出达 6904.7 亿美元，其中，中国市场支出达 1629.5 亿美元，占比达到 23.6%。"十三五"以来，中国物联网市场规模稳步增长，2020 年，市场规模正式突破 2 万亿元。IDC 预测，到 2025 年全球物联网市场将达到 1.1 万亿美元，年均复合增长率 11.4%，其中中国市场占比将增至 25.9%，成为全球物联网市场规模最大的国家；同年，中国消费类电子产品市场规模达到 120992.1 亿元，同比增长 8.3%，成为数字实体产品市场的第二大支柱；中国交换机、路由器和无线产品等主要网络设备市场规模达 87.9 亿美元，较上一年同比增长 2.3%；中国机器人产业规模也快速增长，近年来年均复合增长率超过 15%，2020 年产业规模达到 1000 亿元。

第二节　数字产品经贸规则谈判的相关领域

一、数字产品适用规则

随着信息通信技术的发展，国际贸易中出现了区别于货物贸易和服务贸易的第三种形式，即数字产品贸易。数字产品包括数字虚拟产品和数字实体产品。毋庸置疑，有形的数字实体产品遵循《关税及贸易总协定》。然而关于数字虚拟产品所适用的国际贸易规则问题，无论在理论还是实践中均未得到有效解决。

数字虚拟产品的国际贸易模式主要有两种：第一种是数字虚拟产品储存在载体中，以传统货物贸易的方式完成国际交付；第二种是数字虚拟产品通过电子传输的形式完成国际贸易。对于第一种贸易模式，WTO 成员方通常只对数字虚拟产品的载体进行征税。对于第二种贸易模式，由于技术特性，世界各国目前无法对通过电子传输方式进行的数字虚拟产品贸易实施有效监管。在 WTO 的法律框架下，数字虚拟产品贸易的定性将直接影响其跨境交易的规则适用。如果数字虚拟产品属于货物，其贸易将适用 GATT；若属于服务，则其贸易适用 GATS。目前，关于数字虚拟产品跨境贸易规制主要存在三种观点：

（一）美国观点：数字虚拟产品贸易适用 GATT

以美国为代表的部分国家为了使其电子商务产业得到充分保护，主张数字虚拟产品贸易适用 GATT。理由主要包括：GATT 的自由化程度更高，更有利于数字虚拟产品贸易的发展，而 GATS 的自由化程度主要取决于成员国做出的减让承诺；数字虚拟产品"非消耗性"的物理特征意味着数字虚拟产品是货物而不是服务。

（二）欧盟观点：数字虚拟产品贸易适用 GATS

在 WTO 成员方中，持这一观点的主要是欧盟。理由包括：如果成员方根据 GATS 做出充分承诺，获得的自由化程度也许远远大于 GATT；GATT 的货品分类标准（《商品名称及编码协商制度》）建立在货物的物理特征而非最终用途之上，而数字虚拟产品的价值在于其内容本身而非其载体，对于载体形式多变的数字虚拟产品而言，GATT 是不适用的；数字虚拟产品本身的无形性表明其应当适用于 GATS。

（三）第三方观点：数字虚拟产品贸易适用 TRIPs

部分 WTO 成员方认为数字虚拟产品贸易应适用《与贸易有关的知识产权协定》，数字虚拟产品的贸易主要体现为版税或使用费与产品使用权的相互交付。以跨境购买软件为例，行为主体在某种程度上购买的不是程序的所有权，而是使用该程序的一种许可，程序仍然归知识产权人所有。

专栏 4-2　数字虚拟产品规制的难点

首先，货物和服务的概念界定无法对数字虚拟产品进行归类。一般认为，服务是无形的、不可贮存的，生产和消费具有时间和空间上的同步性，同类服务的质量具有明显的差异。货物是有形的，可以贮存的，生产和消费在时间和空间上不同步，同类货物的质量无明显差异。然而，用这个标准去界定数字虚拟产品会发现数字虚拟产品既具有服务的无形性和同类产品质量的差异性，又具有货物的可贮存性和生产消费的时空不同步性。例如，某外国企业出于保密性的考量，将产品设计的图纸用硬盘进行存储，再通过中国海关交付给国内企业。此时这一产品设计图由于数字化格式存储同时具备了无形性和可存储性，而这一产品创造性的特点也导致它与同类产品存在明显差别（尽管难以用质量来衡量）。

其次，数字虚拟产品规制的现实方案难以推进。在多数区域经济协定中，有关于数字虚拟产品的内容并不反映缔约国关于数字虚拟产品应该归类为货物贸易还是服务贸易的观点，因为这些产品既可能是货物贸易的一部分，也可能以服务贸易的形式存在。例如，音乐 CD 通常被归类为货物，但在线收听的音乐则成了线上娱乐服务的一种。虽然进出口实务中以物理载体储存的数字虚拟产品一般按照其媒介计收关税，但以电子方式传输的数字虚拟产品贸易难以监管，在目前的双边或者多边贸易协定中，通常对电子传输采取暂不征税的态度，线上交付的数字虚拟产品规制难以推进。

资料来源：笔者整理而成。

二、数字产品贸易壁垒

（一）关税壁垒

美国拥有数字产品产业的绝对优势，主张永久免征关税。欧盟曾经坚持税收中立原则，即不对从事数字产品贸易的企业征收关税。1998 年欧盟发表《关于保护增值税收入和电子商务发展的报告》，决定把通过互联网销售的数字产品视为劳务销售，暂时不征收关税，转而征收增值税。这一做法有助于保障欧盟成员的财政收入，促进相关产业的发展，也为欧盟成员保护区域内部市场预留了手段。目前，欧盟仍优先寻求就数字税问题达成"国际共识"。

同时，位于东亚和太平洋地区的发展中经济体作为数字产品贸易的净进口国，普遍主张对国际数字产品贸易征收关税。对于发展中国家而言，免征关税将会直接减少以间接税为主的发展中国家的税收收入。同时，由于发展中国家在国际数字产品贸易中处于劣势，承诺免关税会使得上述国家失去对数字产品贸易的掌控，不利于国内数字产品市场发展。

（二）非关税壁垒

（1）数字贸易标准。随着数字贸易的不断演进，各国在开展数字贸易过程中面临着一系列的标准问题，诸如数字产品与服务标准、支付标准、交易标准、物流标准及电信标准等。

（2）数字技术法规。数字技术法规包括算法规制、公开源代码、强制使用本地软件和加密或强制性技术转让。算法规制指通过立法及行政法规强制企业出售算法。公开源代码、强制使用本地软件和加密或强制性技术转让是最常见的一种数字技术法规措施，通常要求企业使用特定的（通常是本地的）加密标准或方法，或迫使企业进行技术转让。

（3）数字产品合格评定程序。数字产品合格评定程序指任何直接或间接用以确定数字产品是否满足技术法规或标准的程序，包括认证、认可、相互承认三种程序。各国通常以国家安全为由，禁止特定数字产品的贸易活动。

三、数字产品国内税

（一）国际税制的挑战与变革

1. 国际税制挑战

以 2013 年推行《税基侵蚀和利润转移》（Base Erosion and Profit Shifting，BEPS）行动计划为分界线，国际税收治理可被分为传统国际税收治理和新国际税收治理两个阶段。传统国际税收治理最早可追溯至 1923 年的《防止双重征税报告》，这一治理体系推行的目的是消除跨国经济活动的双重征税问题，主要处理一国政府与跨国纳税人之间的税收征纳关系，以及不同国家间对跨国经济活动所得的税收分配关系。传统的国际税收秩序在进行税基协调时，主要根据不同跨国经济活动类型所得与有关国家之间的关联程度，在所得收入来源地国与纳税人居住国之间划分税收管辖权。

随着数字经济的发展壮大，数字技术带来的产品无形性和可移动性使得税收管辖权的认定标准变得模糊。跨国公司借由数字技术将无形资产转化为数字产品，并通过电子传输等手段规避所在国的纳税义务，对传统国际税收体系造成了巨大的冲击。在数字经济模式下，商品和服务的界限以及不同交易方式的界限变得模糊，从而使得传统的标准难以适用。例如，纸质信息、音像制品等有形商品和计算机软件、专有技术等无形资产，以及各种咨询和技术服务，均可通过数据化处理直接经过互联网传输，这类交易产生的增加值已难以用传统标准划分，无法确定是营业利润、特许权使用费还是劳务收入。

2. 国际税制变革

2013 年，OECD 倡导的 BEPS 行动计划是国际税收治理的一个分水岭，拉开了国际税收治理多边变革的序幕。BEPS 行动计划的核心思想是防范跨境经营活动的"双重不征税"以及推动税收治理从双边走向多边合作，创造性地提出了"双支柱"的解决办法。第一支柱针对数字经济税收管辖权未能有效公平分配和税收权力的重新划分问题，对利润分配和关联规则进行审查和修订，合理分配税收征管权；第二支柱聚焦反税基侵蚀和利润转移遗留问题，如跨国企业将利润转移到无税或低税区、国际税收多边规则缺失导致的单边主义盛行等。

印度、英国和法国等国家积极采取单边措施，以应对数字经济引致的税收挑战。印度在所得税架构之外第一个引入均衡税（基于流转额征税），主要针对非居民的数字经济企业在管辖区内取得的收入征收流转税。印度选择征税的联结点是基于支付方于其境内所进行的数据交易。在实践中，均衡税和所得税只征收一项，并不同时征收。英国最早对数字经济企业（如谷歌、苹果）进行反避税调查并创造性地引入了"利润转移税"，即对在英国境内取得的收入转移到低税率国家和地区的数字经济企业征收25%的预提税（Withholding Tax）。2018年，英国出台"征收数字临时服务税"相关文件，不再以反避税为切入点，而是试图设立以用户所在地为依据的税收管辖权分配标准。2019年7月24日，法国颁布了全球首部正式的数字税法——对每年全球收入超过7.5亿欧元、法国境内收入来源超过2500万欧元的数字经济企业征收法国市场收入3%的数字税。一定程度上，单边税收措施增加了数字经济企业的税收，然而并未彻底解决数字经济带来的税收挑战，也可能导致国家税收管辖权的冲突。

（二）税制变革的中国方法

1. 中国反避税应对措施

数字经济领域的跨国企业逃避税行为严重侵蚀了中国税基，也对中国现行的税制体系造成了巨大挑战。近年来，中国政府已经采取了一系列措施打击跨国企业的逃避税行为。中国反避税立法始于1991年出台的《中华人民共和国外商投资企业和外国企业所得税法》，这是中国首部针对转移定价进行规定的立法。2002年和2008年分别颁布了《中华人民共和国税收征收管理法实施细则》和《中华人民共和国企业所得税法》，有关转移定价的法律法规得到改进。2014年，中国出台《一般反避税管理办法（试行）》，进一步完善了一般反避税相关法律法规。在国际层面，中国积极参与经济合作与发展组织主导的项目与文件。作为BEPS行动计划的成员方，中国签订了BEPS多边公约等法律文件。尽管中国的反避税工作取得了一定的成效，但由于数字经济背景下跨国企业逃避税的方式灵活多变、难以管控，中国反避税工作仍存在较多的薄弱环节。

2. 国内税制改进措施

首先，中国应当广泛学习和借鉴已征收数字税的相关国家经验，深入分析国内外数字税政策对各类型企业、全球数字经济分工和产业链可能带来的影响，探索适合中国的数字税征收模式。其次，强化税收征管信息技术支撑，加快中国税务部门信息化建设，提升"信息管税""数据管税"水平。最后，在试点领域初步构建数字税征管体系，制定分类税率标准，建设基于数字税的企业办税平台、数据共享平台、税务分析平台等。当前，中国数字经济各领域间发展水平差异较大，对征收数字税的迫切程度各不相同，在充分研究的基础上可考虑在发展较为成熟且容易存在不公平竞争的领域先行先试。例如，在生活消费领域，电子商务、搜索引擎等新模式新业态发展迅速，对传统经济形态产生了巨大的冲击，不公平竞争问题逐步暴露，对征收数字税、完善治理的需求相对迫切；在生产制造领域，数字经济发展尚处于起步阶段，企业数字化转型面临较大障碍，如软硬件基础薄弱、核心技术受制于人、跨领域平台对接难度大等，需要政府更多的支持和投入，对征收数字税需求较小。通过在试点领域初步构建数字税征管体系，中国可以培育可推广、可复制的数字税征管模式，为数字税的进一步推行奠定基础。

四、数字产品与知识产权保护

（一）知识产权保护的挑战与变革

1. 知识产权保护的挑战

数字经济的发展给知识产权保护带来了新挑战。一方面，数字技术能够将无形资产转换成二进制代码进行存储、复制并借由电子传输或存储媒介进行传播，无形资产的传播开通了犹如神经网络式的快车道；另一方面，网络知识产权侵权行为存在"地域模糊性"，并使侵权证据的获取和追责变得更加困难。互联网的"地域模糊性"打破了信息传播在时间和空间上的界限，任何人在任何地点使用联网的电脑可以通过不同的"路径"接触到同一信息、访问同一网站。上述不确定性使传统国际司法意义上的当事人居所地、财产所在地、行为发生地、结果地、选择地等的确定变得更加模糊。同时，数字技术使网络上的证据失去了原始性特点，电子信息的不稳定性和易变性使得侵权损害时间、内容等关键性证据可以随时被修改，造成了取证上的困难。就数字产品而言，其网络知识产权侵权成本低、隐蔽性强、举证和追责困难的特点引发了大量侵权行为，极大地损害了知识产权人的合法利益。

2. 国际知识产权保护

1995 年，WTO 的 TRIPs 正式生效，标志着知识产权国际保护的多边框架正式建立。在后 TRIPs 时代，欧美发达国家认为 TRIPs 已难以适应数字经济发展的要求。上述国家不断推出超越 TRIPs 的知识产权保护标准，整体上构建了一个所谓的 "TRIPs-Plus" 框架。在这一体系下，数字贸易中的知识产权保护是主要内容。TRIPs 框架之外，世界知识产权组织发布了《世界知识产权组织版权条约》（World Intellectual Property Organization Copyright Treaty，WCT）和《世界知识产权组织表演和录音制品条约》（WIPO Performances and Phonograms Treaty，WPPT），规定了信息技术措施、权利管理和信息保护方式等内容，开创了在网络条件下知识产权协同执法的先河，被认为是数字经济下的知识产权保护发端。

然而，美国一直认为 WCT 和 WPPT 所制定的知识产权保护规则低于本国标准，并将本国相关法律视为"标准的知识产权保护水平"。为此，美国通过 TRIPs 加 FTA 的形式来推广国际知识产权保护的"美式模板"。国际数字产权保护"美式模板"的建立主要分为三个阶段：一是建立美国国内数字产权保护立法的基础，与数字知识产权有关的美国国内法律主要包括《美国版权法》、《数字千年版权法》（Digital Millennium Copyright Act，DMCA）和《通信规范法》（Communications Decency Act，CDA）。其中，DMCA 首次关注了数字环境下的版权保护问题。DMCA 和 CDA 规定了线上知识产权侵权行为中互联网服务提供商（Internet Service Providers，ISPs）责任的限制，为 ISPs 提供"安全港"，使符合"通知和删除"条件的 ISPs 豁免侵权责任。二是在主导的区域贸易安排中对外输出数字知识产权保护规则，并逐渐从谈判阻力较小的一系列双边 FTA 渗透到大型 FTA（如 TPP、TTIP 和 TISA）。三是将区域层面的美式数字知识产权保护规则进行多平台扩展。退出 TPP 之后，美国向 WTO 提交了关于数字贸易谈判的提案，并在 G20 和 APEC 等多边平台寻求达成数字知识产权规则"美式模板"的广泛共识。

　　欧盟对于数字版权①的保护大致经历了四个时期：一是初步讨论信息社会版权问题（1995～2000 年）。1995 年发布的《关于信息社会版权和邻接权的绿皮书》是信息时代背景下欧盟首次正式探讨版权规则。二是明确数字版权概念和对象（2001～2013 年）。2001 年欧盟发布《关于协调信息社会中版权和相关权指令》，首次明确了数字时代的版权概念，将复制权与向公众传播或者向公众公开的权利进行区分，并在 2009 年发布的《关于计算机程序软件的法律保护指令》中将计算机软件程序编程者也纳入版权作者之列。三是数字版权框架初建（2014～2015 年）。这一阶段出台的《数字化单一市场战略》和《面向现代欧洲的版权框架》搭建了一个更"欧洲"的数字版权保护框架。四是信息管理服务框架成型（2016～2019 年）。这一阶段通过了《数字单一市场中的版权指令》，该指令的核心关注点是欧盟内部跨境使用数字产品带来的版权争议以及互联网数字环境中由信息使用新现象而牵扯出来的版权保护问题。而在数字产品贸易中，欧盟主要通过在区域谈判中推广"TRIPs-Plus"框架来加大知识产权的保护力度和提高执法水平。其一是在执法层面上取消 TRIPs 的保护措施和例外条款，以压缩缔约方的可操作空间。其二是提高权利人保护水平的广度和深度，包括：扩大信息知情权；延长音乐和艺术作品等视听产品的版权保护年限；确保音乐和艺术

---

　　①　WIPO 将版权定义为作者的权利，亦可称为著作权，用于描述创作者对其文学和艺术作品的权利。版权所涵盖的作品包括书籍、音乐、绘画、雕塑、电影、计算机程序、数据库、广告、地图和技术图纸等。

作品拥有者在缔约方领土内，其作品被使用时获得薪酬的权利；引入并细化在世界知识产权组织（WIPO）中已有体现、但在 TRIPs 中尚未提及的概念。

（二）中国知识产权保护

1. 中国体系：数字产品知识产权保护的针对性体系尚未建立

中国在数字经济领域知识产权保护上建立了较为完善的体系，如表 4-2 所示。在普通法的相关规定中：2021 年 1 月 1 日正式实施的《中华人民共和国民法典》第一百二十三条规定了知识产权的领域，并在其第 1194 至 1197 条中对网络侵权的侵权行为和责任作出了明确和具体的规定。《中华人民共和国刑法》制定的销售侵权复制品罪则针对侵犯数字产品知识产权并销售牟利的行为作出了说明。在特别法中，《著作权法》涵盖了数字产品知识产权的大部分领域。2020 年《著作权法》通过修订，将产品再复制的概念扩展为"数字化"，并对信息传播权做出了更加完善的诠释。涉及数字产品知识产权保护更详细的领域则可以从《著作权法实施条例》《著作权集体管理条例》《计算机软件保护条例》中找到更加明确具体的说明。虽然中国已经建立起一般法与专门法相辅相成、司法解释与行政法规填缺补漏的较为完备的法律体系，司法保护与行政保护的双重保护制度，但是数字经济发展的共享性、快速变化性和全面渗透性要求中国知识产权保护必须做出调整，进而促进数字经济健康快速可持续发展。

表 4-2 我国数字经济领域知识产权保护的法律体系

法律法规		内容规定
普通法相关规定	《民法典》	民事主体依法享有知识产权，出卖具有知识产权的标的物的，除法律另有规定或者当事人另有约定外，该标的物的知识产权不属于买受人；债权人或者第三人有权处分可以转让的注册商标专用权、专利权、著作权等知识产权中的财产权等 网络用户、网络服务提供者利用网络侵害他人民事权益的，应当承担侵权责任；网络用户利用网络服务实施侵权行为的，权利人有权通知网络服务提供者采取删除、屏蔽、断开链接等必要措施。网络服务提供者知道或者应当知道网络用户利用其网络服务侵害他人民事权益，未采取必要措施的，与该网络用户承担连带责任；等等
	《刑法》	销售假冒注册商标的商品罪；假冒注册商标罪；假冒专利罪；侵犯著作权罪；销售侵权复制品罪；非法制造、销售非法制造的注册商品标识罪；等等
	《反不正当竞争法》	经营者不得实施侵犯商业秘密的行为；经营者不得实施混淆行为，引人误认为是他人商品或者他人存在特定联系；等等
	《电子商务法》	电子商务平台经营者应当建立知识产权保护规则，与知识产权权利人加强合作，依法保护知识产权；等等

法律法规		内容规定
特别法相关规定	法律	《商标法》《专利法》《著作权法》等
	司法解释	《最高人民法院关于审理涉及计算机网络著作权纠纷案件适用法律若干问题的解释》《最高人民法院关于对诉前停止侵犯专利权行为适用法律问题的若干规定》《最高人民法院关于审理专利纠纷案件适用法律问题的若干规定》等
	国际公约	《建立世界知识产权组织公约》《保护工业产权巴黎公约》《集成电路知识产权条约》《商标国际注册马德里协定》《保护文学艺术作品的伯尔尼公约》《与贸易有关的知识产权协议》等
	法规	《专利法实施细则》《著作权法实施条例》《知识产权海关保护条例》《世界博览会标志保护条例》《著作权集体管理条例》《计算机软件保护条例》《集体商标、证明商标注册和管理办法》等

资料来源：范文彬．数字经济视角下我国知识产权保护问题研究［J］．法制博览，2021（23）：6-9.

在数字产品知识产权保护的多边层面上，中国加入了 TRIPs、WCT 和 WPPT。涉及数字产品知识产权保护的区域协定以《中国—韩国自由贸易协定》《中国—澳大利亚自由贸易协定》和《区域全面经济伙伴关系协定》为主。《中国—韩国自由贸易协定》规定各缔约方应采取有效措施，减少在互联网或其他数字网络上的版权和相邻权的重复侵权行为。《中国—澳大利亚自由贸易协定》规定相对简略，主要规定了网络服务提供者的责任。RCEP 主要对数字环境中的知识产权执法措施、技术保护措施和权利管理信息等方面作出规定，对于数字产品知识产权保护并未作出具体的规定。

2. 改进方向：建立完善的知识产权登记和监管机制

首先，建立产权登记审查机制。为解决"独创性"、抢先注册、界定模糊等数字产品知识产权中的审查问题，应从制定产品独创性认定规则着手，明确产权登记的相关材料和事项，规范审查标准和审查程序。其次，确立完善产权确权应用法律及监管框架。良好的治理离不开制度的建立与完善。在制度方面，可以通过细化知识产权保护特别法的相关法律和条例进行构建。不仅应借鉴国外成功经验建立并完善相关法律法规；还应全面考虑本国国情，进行本土化改良。完善与之对应的监管体系也是必不可少的，通过制度给予有关部门监管职权的同时，还须制定完整的履职规范，避免监管缺位，从而实现保护与约束的有机统一。比如，国外通过构建基于区块链登记的强制信息录入系统，即不提供必要信息便无法进行登记的模式，规避了因权利人信息缺失导致的难以维权等问题。最后，构造数字产品知识产权保护维权救济体系。维权的实现必须依托良好的救济途径。

就中国立法现状而言，数字产品知识产权的相关规制已出台，然而由于过于笼统且多数为程序性规定，已基本无法适应日益复杂的证据审查实务。一方面，应更新和完善相关规则，如对证据规则进行适应性调整；另一方面，应根据数字产品本身的特殊性，当传统知识产权保护救济途径效果不佳时，还要提供更多合理的救济渠道。

第三节　《数字经济伙伴关系协定》与其他经贸规则的比较

一、数字产品经贸规则谈判的发展历程

长期以来，WTO 框架下的多边协定由于不能应对数字贸易的挑战而受到批评。加之 WTO 自身多边谈判功能弱化致使全球范围内的经贸协定不能有效达成。在此基础上，各主要经济体纷纷寻求以区域经贸协定作为新型经贸规则框架的替代方案。

（一）美式模板

作为数字贸易强国，美国致力于打造一个具有约束力的全球数字贸易规则体系，是全球数字贸易规则制定的引领者。以"美式模板"建立的数字产品贸易规则体系主要可以分为三个阶段：①起步阶段（2003～2011 年），数字产品贸易概念形成。美国与智利 2003 年达成的双边自由贸易区协定首次在特惠贸易协定中提出"数字产品"的概念。此后，美国相继与 13 个国家签订了双边自由贸易协定，均涉及相关专项条款。②形成阶段（2012～2015 年），数字产品贸易规则逐渐成形。2012 年，美国与韩国签订自由贸易协定，从数字产品定义到数字跨境传输等 9 个方面达成一致条款，在界定数字产品、关税征收和非歧视性待遇的基础上提出了数字产品交易中的跨境信息流动以及互联网的访问和使用原则。③发展阶段（2016 年至今），与数字产品贸易相关的规则达到更高标准、更高水平。美国以 2016 年签订的 TPP 为范本，在其他区域协定基础上逐步完善数字产品贸易规则体系，美国分别签署了《美墨加三国协定》（USMCA）和《美日数字贸易协定》（UJDTA），为数字贸易设立专项条款，在网络安全、透明度等问题上完善数字产品贸易规则。

（二）欧式模板

欧盟关于数字产品贸易规则的主张较为保守，缺少一个完整的规则体系。欧盟主张任何形式的数据跨境流动均不能侵犯个人的隐私权。现行的《通用数据保

护条例》中通过设立白名单、标准合同条款、有约束力的公司规则等制度，要求与欧盟有数据往来的国家和地区需要承担更高的数据及隐私保护义务。这种对数据传输的严苛要求在很大程度上限制了欧盟数字产品贸易规则的形成。

欧盟数字产品贸易规则文本缺乏一个成熟且独立的体系，签署的 FTA 中涉及数字产品贸易的条款大都零散分布在各个不同的章节中。在数字产品关税及待遇方面，2016 年欧盟与加拿大签订的《综合经济贸易协定》（Comprehensive Economic and Trade Agreement，CETA）以及 2020 年生效的《欧盟—越南自由贸易协定》，彻底消除了数字产品的关税，然而就"国民待遇"和"最惠国待遇"等问题并未给出应对之策。在知识产权保护方面，欧盟全面推动实施"TRIPs-Plus"条款。欧盟的自由贸易协定多数是与中等规模经济体之间签订的，如韩国、加拿大和印度等，协定中根据欧盟法律制定了针对网络侵权可采取的行动的权限。就视听领域而言，虽然欧盟在贸易谈判中坚持视听部门的最惠国待遇例外条款，但针对此类产业衍生的数字产品却并未表现出政策上屏蔽数据输入的意图。

二、《数字经济伙伴关系协定》与 WTO 有关数字产品经贸规则的比较

完善的数字产品贸易规则体系，应当包括数字产品部门分类、关税壁垒、跨境数字传输贸易壁垒和知识产权等方面内容。当前 WTO 尚未针对数字产品贸易形成独立的规则体系，但根据 WTO 各项相关领域国际协议的规定能够初步构建数字产品贸易的基本合作机制。上述协议主要包括《信息技术协议》（Information Technology Agreement，ITA）、《国际服务贸易协定》（Trade in Services Agreement，TISA）和《电子商务工作方案》（E-commerce Work Plan）。

（一）DEPA 与 ITA

1996 年 12 月，ITA 在新加坡举行的 WTO 部长级会议上正式通过，针对信息技术领域的贸易活动提出相关的自由化措施。例如，电脑、半导体和电信设备等相关产品。2015 年 12 月 16 日，WTO 举行扩大 ITA 产品范围谈判，在 1996 年 ITA 产品范围的基础上新增 201 类产品，其中，包括信息通信技术产品、半导体及其生产设备、视听设备、医疗器械及仪器仪表等与当代科技发展密切相关的产品。上述产品原计划于 2016 年 7 月 1 日起实施降税，绝大多数产品将在 3~5 年后最终取消关税，并在最惠国待遇的基础上适用于全体世贸组织成员。ITA 主要规定了信息技术产品的范围、关税及其他税费削减、实施期，以及扩大产品范围的进一步谈判等内容。相比于 ITA 对于信息技术产品关税壁垒的削减，DEPA 仅在其第 3.4 条"使用密码技术信息和通信技术（ICT）产品"中指出，针对使用密码技术产生的信息或通信产品不得设立技术性贸易壁垒，对于产品的关税问题

并未进行详细说明。

（二）DEPA 与 TISA

TISA 是由美国、欧盟和澳大利亚主导，23 个 WTO 成员参与的服务贸易领域多边协定。TISA 框架下的正式谈判始于 2013 年，谈判核心集中于金融服务、电信与电子商务、国内管制与透明度、专业服务、海运服务与自然人流动、外国人服务供给六大议题。TISA 已在数字产品免征关税和数字产品非歧视待遇等方面达成共识。DEPA 在"数字产品及相关问题处理"这一模块中对于这两个议题作出了一致的规定。

（三）DEPA 与《电子商务工作方案》

WTO 成立以来，有关电子商务规则的制定大体经历了以下几个阶段：①起步阶段。在 1998 年 5 月举行的 WTO 第 2 次部长级会议上，电子商务成为正式议题，同年 9 月，WTO 通过《电子商务工作方案》。②进展阶段。从 2001 年 5 月至 2001 年 6 月，WTO 总理事会相继举行了 12 次会议，达成对电子传输暂停征收关税的共识。③谈判酝酿阶段。2017 年 12 月，在 WTO 第 11 次部长级会议上，71 个成员方部长发表了《关于电子商务的联合声明》，表示未来将开启与贸易相关的电子商务谈判的探索性工作。④谈判正式开启阶段。2019 年 1 月，包括中国在内的 76 个世界贸易组织成员，在瑞士达沃斯举行的电子商务非正式部长级会议上签署了《关于电子商务的联合声明》，确认有意正式启动与贸易有关的电子商务议题谈判。目前，成员方在数字产品规则方面达成了永久停止对电子传输征收关税、信息技术产品继续扩围等共识。与 WTO 框架下的前两份协议相比，《电子商务工作方案》构建了较为完整的数字产品贸易规则框架，除信息技术产品扩围外，DEPA 在数字产品领域的规定基本与该方案一致。

三、《数字经济伙伴关系协定》与主要区域自由贸易协定中数字产品规则的比较

（一）DEPA、CPTPP 与 USMCA

CPTPP 和 USMCA 中有关于数字产品贸易的条款脱胎于 TPP——较早设置电子商务章节的区域贸易协定之一。2017 年美国退出 TPP 之后，TPP 成员国制定了 CPTPP 电子商务章节，美国则与加拿大和墨西哥签署了 USMCA，并将 TPP 的电子商务章升级为数字贸易章节。由于发起国新加坡、新西兰和智利同为 CPTPP 的成员，DEPA 在较大程度上借鉴了 CPTPP。DEPA "数字产品和相关问题的处理"模块涵盖了 CPTPP 电子商务章节下数字产品贸易的主要承诺，如数字产品非歧视待遇、暂停电子传输关税永久化等。由于建立在 TPP 基础上的同源性，DEPA 与 USMCA 在数字产品贸易规则领域的规定基本一致。

（二）DEPA 与 UJDTA

2019 年 10 月，美国和日本在 USMCA 数字贸易章节的基础上达成《美日数字贸易协定》——一套针对数字贸易领域高标准的、全面的专门协定。UJDTA 相关内容包括：消除对数字产品的歧视性待遇及调整税收措施的覆盖范围；禁止对通过电子方式传输的数字产品征收关税。UJDTA 在 USMCA 基础上进行了完善，因此 DEPA 与 UJDTA 也存在一定重合。与 UJDTA 相比，DEPA 的最大优势在于其开放性。DEPA 被设计成"模块化"的多边数字经贸协定，以便未来的参与者选择最适合其特定情况的协定元素。DEPA 代表了为数字经济创建和谐框架的良好开端，它具有允许成员在明确需要时根据当地情况调整规则的灵活性，为其他成员更广泛地采用模块提供了条件。

（三）DEPA 与 RCEP

2020 年 11 月 15 日，中国、日本、韩国、澳大利亚、新西兰与东盟十国共 15 个国家签署了 RCEP，这是目前全球涵盖范围最大的自由贸易协定。该协定中涉及数字产品贸易规则的章节主要为电子商务。

由于新加坡和新西兰是 DEPA 与 RCEP 共同的成员，因此在数字产品贸易规则制定上达成了一定的共识。二者的相似之处主要包括：免征电子传输关税、电子方式跨境传输信息承诺等。差异之处在于，相比于 RCEP，DEPA 各项对应条款进行了更为明确和详细的承诺和描述。例如，相比于 DEPA 免征电子传输关税的永久化，RCEP 协定中的限定词"目前"意味着这项条款仍有回旋的余地。此外，与 DEPA 相比，RCEP 的数字产品贸易规则未能形成规范的体系。作为一项大型自由贸易协定，RCEP 中的数字产品贸易规则覆盖范围更加广泛，关于数字产品规制的条款在电子商务章节中较为分散，在数字产品待遇及相关问题上尚未形成一致观点（见表 4-3）。

表 4-3 区域贸易协定中相关数字产品贸易规则的比较

UJDTA	USMCA	CPTPP	CPTPP	DEPA
第 8 条 数字产品的非歧视待遇 第 11 条 通过电子手段进行信息的跨境转移 第 21 条 使用密码技术的信息和通信技术产品	第 19.4 条 电子产品的非歧视待遇 第 19.11 条 电子方式的信息跨境转移	第 14.4 条 数字产品的非歧视待遇 第 14.11 条 通过电子手段进行的信息跨境转移	第 12.15 条 通过电子方式跨境传输信息	模块 3 数字产品及相关问题的处理（数字产品的非歧视待遇、使用密码技术的信息和通信产品） 模块 4 数据问题（个人信息保护、通过电子手段进行的信息跨界转移、计算设施的位置）

第四节 数字产品经贸规则谈判的
最新趋势及中国方案

一、数字产品经贸规则谈判的最新趋势

（一）美国：主张数字产品贸易自由

美国在推动全球数字产品贸易规则体系的构建过程中主张如下：一是数字产品的公平待遇。美国认为数字产品的生产者大多是中小企业或个体，他们往往没有足够能力去克服贸易壁垒，数字产品的公平待遇能够帮助这些生产者在全球市场进行公平竞争。为实现这一主张，美国认为需要确保数字产品免征关税和获得非歧视待遇。二是数字产品知识产权保护。美国根据这一主张提出了三个要点：首先是保护源代码，即要求不以披露源代码、商业机密或算法作为进入东道国市场的准入条件。其次是禁止强制性的技术转让，即要求不以技术转让为市场准入的条件，不得以此阻止外国投资或产品的进入。最后是禁止歧视性的技术许可要求，即禁止要求使用某一国家的技术作为市场准入的条件。

在数字产品经贸规则谈判中，美国致力于联合盟友主导跨大西洋、太平洋及美洲等区域的数字产品贸易治理：一方面，美国坚决反对征收数字税，对开征数字税的欧洲国家开启"301调查"。随后又暂停相关措施，在OECD框架内主导全球最低税率，诱使欧洲放弃数字税。另一方面，在七国集团贸易部长会议中力推各方就数字贸易达成共识，强调数据自由流动的重要性，支持永久禁止对电子传输征收关税。美国政府同时积极推动新的亚太地区数字贸易协定，主张将USMCA的数字贸易章节作为亚洲协定的模板，从而为亚太地区数字经济制定新标准。

（二）欧盟：重视数据跨境流动保护

欧盟有关数字产品贸易规则的主张主要通过《单一数字市场战略》（2015）、《电子商务增值税改革方案》（2017）、《通用数据保护条例》（2018）、《数字经济公平税收》（2018）、《非个人数据自由流动条例》（2019）等政策文件得以体现，并通过双边和多边区域协定实现其"欧式模板"的扩张。

欧盟数字产品贸易规则的主张部分与美国接近，同时也存在较大的分歧。欧盟关于数字贸易的主张包括三个方面：一是单一数字市场战略，该战略的目标是破除欧盟境内的数字贸易壁垒，促进数字产品在成员国境内的流动。二是知识产权保护。欧盟强调源代码的保护和禁止强制性的技术转移。此外，数字内容的创

作主体在拥有版权材料的前提下，可以向互联网平台公司收费，以保障创作主体的利益。三是数字产品的税收政策。欧盟认为数字产品的税收应该按照收入和利润的来源地进行征收，主张通过规制数字产品公司在市场的跨境避税行为来促进税收公平。

二、数字产品经贸规则谈判的中国机遇

（一）外部环境：共建"一带一路"国家和地区的区域经贸合作

与共建"一带一路"国家和地区的数字产品贸易是中国建设"数字丝绸之路"的重要内容。在共建"一带一路"国家和地区中，中东欧国家占据1/4，这意味着"一带一路"区域数字产品贸易市场的潜力巨大。孙玉琴和卫慧妮（2022）研究表明，2015~2019年中国与中东欧国家的数字产品贸易规模基本呈增长态势，由2015年的1.67亿美元发展为2019年的5.76亿美元，贸易规模增长约3.4倍，占中国数字产品贸易总额的比重从0.58%攀升至2.11%。

就政策层面而言，各国政府高度重视数字化建设。例如，保加利亚政府批准了工业数字转型概念文件，克罗地亚发布了《2030年国家发展战略》，捷克于2013年发布了走向数字经济战略等。同时，中国也早在2016年就发布了《国家信息化发展战略纲要》和《"十三五"国家信息化规划》。数字化建设的共同诉求将为数字产品贸易开辟新的空间，借助巨大的数字产品贸易规模以及在数字技术方面的领先优势，在与共建"一带一路"国家和地区的区域贸易谈判中，中国将掌握数字产品经贸规则谈判的话语权，着力打造数字产品经贸规则中的"中国方案"。

（二）内部基础：掌握贸易规则谈判的话语权

在战略规划方面，《中华人民共和国国民经济和社会发展第十四个五年规划和2035年远景目标纲要》提出，要"以数字化转型整体驱动生产方式、生活方式和治理方式变革""打造数字经济新优势"。2020年，中国发布《全球数据安全协议》。2021年，习近平总书记在中共中央政治局第三十四次集体学习时强调，"数字经济事关国家发展大局，要做好中国数字经济发展顶层设计和体制机制建设，加强形势研判，抓住机遇，赢得主动"。中国已经从战略层面制定了数字经济发展的蓝图以及参与全球数字贸易治理的中式框架。在法律政策方面，为了支撑中国数字产品行业的迅速发展，中国陆续出台了《互联网信息服务管理办法》《关键信息基础设施安全保护条例》，颁布实施了《网络安全法》和《数据安全法》，从法律法规层面为中国数字经济的发展提供了支持。在技术层面，中国具备开展双边数字贸易的基础。5G是人工智能、大数据、物联网和云计算等的技术基础，中国5G技术已跻身全球前列，并引领全球数字变革。2016年，中国正式启动5G技术研发实验，2018年完成5G国际标准第一版。根据专利数据

公司 Iplytics 2021 年的公开报告，截至 2021 年 9 月 30 日，中国企业 5G 关键技术专利总量全球排名第一。

（三）区域协定：DEPA 的开放与灵活性将助推"中式模板"发展

DEPA 是首个专门针对数字贸易治理的制度安排，其灵活性、开放性打破了传统区域贸易协定"拉锯战"式的谈判形式，极大地提高了谈判效率。中国申请加入 DEPA，通过结合国内数字产品治理规范与各国就敏感领域进行磋商，有利于加强中国对数字产品贸易规则"中式模板"的顶层设计和规制建设的理解。同时，DEPA"模块化"的议题组合安排，为世界各国参与数字经济合作提供了包容性制度框架。例如，DEPA 未对源代码转让、交互式计算机服务问题作出要求，在政府数据开放、中小企业创新等领域的安排也相当宽松，更多的是一种软性和框架式条款，这为 DEPA 的推广、扩围以及吸引更多的国家共同参与和完善提供了合作基础。中国加入 DEPA 有利于建立与推广数字产品贸易规则领域的"中式模板"。

三、数字产品经贸规则谈判的中国挑战

（一）国内市场冲击：非歧视待遇影响现行市场开放政策

"十四五"时期，中国将着力完善统一开放、竞争有序的现代文化市场体系，加强国家文化安全保障能力建设。为保障文化市场的有序开放，中国对于新闻、出版、广播等社会影响力较大的领域持谨慎态度。《外商投资准入特别管理措施（负面清单）（2020 年版）》规定，在文化领域，禁止外商投资新闻、出版、广播电视、电影、文物和文艺表演；在信息传输领域，禁止外商投资互联网新闻信息服务、网络出版服务、网络视听节目服务、互联网文化经营（音乐除外）、互联网公众发布信息服务。上述规定使中国在接受区域协定中有关数字产品非歧视性待遇条款时面临一定压力。在中国目前已签署的 FTA 中，并无对数字产品非歧视性待遇的明确规定，然而当前主流区域协定中均包含此项条款。以 CPTPP 为例，相关条款要求给予缔约方数字产品非歧视性待遇，其中包括国民待遇，这可能与中国现行的外资准入政策存在一定冲突。CPTPP 规定，数字产品非歧视性待遇不适用于投资、跨境服务贸易及金融服务章节的不符措施，理论上中国可将文化和信息传输领域的外资限制措施纳入协定的不符措施清单。然而，与澳大利亚、加拿大等发达国家相比，中国目前的负面清单内容仍然偏多，且 CPTPP 加入程序要求申请方的市场准入出价应以创始签署方的承诺为基准，因而中国很难将文化和信息传输领域的限制措施完全纳入 CPTPP 的不符措施之中。

（二）数字贸易壁垒：非关税壁垒是国家间相互制衡的手段

随着数字经济的发展，数字产品贸易的规模不断扩大，一种新型的国际贸易

限制措施正崭露头角——数字产品贸易壁垒。数字产品贸易壁垒分为关税壁垒和非关税壁垒。由于各国当前达成了禁止对数字产品进行征税的共识，非关税壁垒成为限制数字产品自由贸易的主要手段。江涛和王号杰（2022）指出，数字产品非关税壁垒主要包括数字贸易标准、数字产品合格评定程序和数字技术法规。欧美等发达经济体的数字经济发展水平较高，因此针对数字产品贸易标准会制定较高的门槛，例如，提高数字产品的支付和交易标准。在数字产品合格评定程序上，发达国家通常会以国家安全为由对某些特定产品的贸易活动进行限制，中国也要求境内外提供数字产品的企业必须严格遵守中国的网络内容审查规定。此外，中国与欧美在数字技术法规上存在分歧，如数据存储强制本地化和源代码开放，出于保护国家安全、企业和个人隐私等多方面的考虑，中国政府在相关法律法规中有非常严格的要求。

（三）知识产权保护：高标准知识产权保护规则拒中国于门外

发达国家关于数字产品知识产权的核心诉求主要是维护其依托信息通信技术跨境传输的数字产品的版权、著作权等。当前，以美欧为代表的发达经济体推行"TRIPs-Plus"框架下的数字产品知识产权规则，即在签订 TRIPs 的基础上，通过与各个国家和地区进行贸易谈判的模式，以本国和地区的法律对他国和地区的知识产权保护情况进行"长臂管辖"，同时通过增加关税等方式对他国和地区施加压力进而输出本国和地区的高标准知识产权保护要求。另外，这些经济体还通过设置逆全球化知识产权壁垒来实现"严进严出"的目的，美国的实体清单制度（Entity List）就是其中的典型。作为发达国家重要的目标市场，中国的数字产品知识产权保护力度不足。国家间知识产权保护水平差异较大，加剧了中国与发达国家的数字产品知识产权纷争。

四、中国参与数字产品经贸规则谈判的方案

（一）国内市场：有秩序地逐步开放市场，有保留地进行贸易承诺

当前中国参与的与数字产品贸易规则有关的区域贸易协定的覆盖地区较广，各缔约方的数字经济和治理水平差异较大，最终协定文本是各方相互妥协的产物。在数字产品贸易规则条款中，如"跨境信息电子传输"和"数字产品及其相关待遇"等，均承认缔约方有各自的监管要求且设置了例外条款。相较于由欧美发达国家主导的数字产品贸易规则，中国所参与的相关协定条款均在中国可接受的范围之内。因此，中国可适当提高出价，展现更加积极主动的开放姿态，在全球数字产品贸易规则制定中争取更多的话语权。同时，以中国经济吸引力与发展红利为筹码，积极争取实现开放与安全、自由与监管的平衡。例如，在积极有序扩大国内市场开放的基础上，将新闻、出版、计算机等敏感的领域纳入贸易规

则条款的不符措施清单；争取通过增加注释的形式，对"合法公共政策目标"进行解释说明，将保障国家安全的内容纳入其中，对中国的相关产业进行保护；对于软件源代码，在设置例外条件的前提下，承诺不强制共享源代码，考虑承诺电子传输永久性免征税等。

（二）数字贸易壁垒：提高贸易标准，坚定国家安全立场

首先，中国应积极关注欧美的数字产品贸易规则动向，积极对接高标准经贸规则，在可承受的范围内尽可能将这些产品贸易标准和评定程序纳入对外自由贸易协定谈判中。对接数字产品贸易的国际高标准会在一定时期内提高中国企业的贸易成本。但随着这种高标准的规则逐渐成为国内的普遍要求，对接高标准就会对贸易产生促进效应。其次，针对敏感数字产品进行分级管理。就数字内容性产品，中国应当坚定内容审查的立场，根据数字产品的内容进行级别分类管理，同时提高审查执行的严密性。对于数字工具性产品，如敏感度较高的基础设施软件，由于其关系到国民经济的安全稳定，中国可以承诺政府获取外国企业提供的软件源代码后不与本地企业共享，而只是作为审查之用。同时，在可能的情形下给出不适用开放禁令的基础设施软件类别的"否定清单"，以提升规则透明度。

（三）知识产权保护：合理回应要价，提高知识产权保护力度

中国作为成长中的数字贸易大国和知识产权大国，在数字产品知识产权保护领域存在的利益越来越多，部分诉求逐渐与发达国家一致。因此，面对发达国家的要价，中国可以在一定程度上进行合理回应，为数字产品贸易规则谈判创造良好的合作基础。针对数字内容性产品侵权问题，中国已经在《著作权法》等相关法律中作了比较完善的规定，应对的关键是提高执法效率和执法有效性，提升民事追索机制工作效率，提高执法过程及结果的透明度。对于盗版软件的使用问题，政府一方面要加大针对生产、销售和使用盗版软件的惩戒力度并提高执法效率；另一方面可组织企业进行正版软件的集中采购，以降低运营成本并坚决杜绝采购中的腐败行为。同时，政府应继续敦促社会各界使用合法、有授权的软件，适度放宽安全等级的划分标准，对于与国家安全关系不大的基础设施允许使用外国开发的 IT 产品，尽量避免将特定的技术作为阻碍外国产品准入的壁垒。

本章复习题

一、名词解释

1. 数字产品　2. 数字化产品　3. 信息产品　4. 数字版权　5. 数字虚拟产品
6. 数字实体产品　7. 数字产品贸易壁垒

二、简答题

1. 数字产品、数字化产品和信息产品有哪些区别和联系？

2. 数字产品的主要类型包括哪些？

3. 数字产品有哪些特征？

4. 数字产品适用于哪一类的国际经贸规则？

5. 中国在数字产品经贸规则谈判领域有哪些挑战？如何应对这些挑战？

三、案例分析

请阅读以下材料，回答问题。

数字产品赋能的文化消费

早在 2021 年初，数字艺术家 Beeple 以拼贴的方式，将自己此前创作的数千幅画作组成了一幅数字艺术作品《每一天：最初的 5000 天》，这件作品最终以 6934 万美元的价格拍出。这也是佳士得拍卖行首件以 NFT 形式拍卖的艺术品。

NFT 是指基于区块链技术的非同质化代币（Non-Fungible Token），也可理解为一种运用了区块链技术的数字资产所有权证明。不同于比特币等同质化货币，NFT 具有不可分割、不可替代的特性。每个 NFT 都代表一份独一无二的数字资料，作为虚拟商品所有权的电子认证或证书。简单来说，NFT 就像数字资产的身份证，它能够指向数字艺术、游戏、域名、门票等任何内容，使其成为可以永久拥有、保存、追溯的数字资产。

在国内，NFT 更多地以数字藏品的形式被人所熟知。业内人士普遍认为，目前国内发行的数字藏品，技术原理与 NFT 基本一致，但在发行渠道和交易方式等方面存在差别。海外市场的 NFT 多是基于以太坊等公链发行确权，与虚拟货币直接或间接挂钩。中国监管部门一直严令禁止虚拟货币交易炒作，在这一背景下，目前国内市场的数字藏品主要依托各平台旗下的联盟链发行，且大部分主流平台都禁止数字藏品的二级交易，弱化了金融属性，降低了炒作风险。

自 2021 年以来，数字藏品这片新蓝海正在吸引更多主体加入，掌握区块链等相关技术的头部互联网企业，正成为数字藏品的平台搭建方。2021 年 6 月，支付宝联合敦煌美术研究所，在"蚂蚁链粉丝粒"支付宝小程序上限量发布了"敦煌飞天"和"九色鹿"两款付款码皮肤；同年 8 月，腾讯上线了"幻核"应用软件，首期限量发布"有声《十三邀》数字艺术收藏品"；京东也紧随其后，于 12 月上线灵稀数字藏品交易平台。有头部互联网企业作信用背书，这些平台发布的产品大部分一经推出即被抢空。

作为掌握重要资源的文化机构，博物馆已成为数字藏品主要的 IP 方之一。众多深藏在博物馆里的珍贵文物，正在以一种虚拟的方式被大众所了解和收藏。

河南博物院发布的文创数字藏品"妇好鸮尊",售价 19.9 元,限量 1 万份,一秒内即宣告售罄;湖北省博物馆发行的 1 万份镇馆之宝"越王勾践剑"的数字藏品,同样上线即售罄;四川成都金沙遗址博物馆基于太阳神鸟、大金面具等文物推出的 6 万份数字文创也在 50 秒内售罄。

由于数字藏品自带"流量",因而这股热潮也不可避免地蔓延到了消费品领域。运动品牌安踏围绕冰雪主题,发行数款冬奥纪念版数字藏品;国潮化妆品牌毛戈平推出国风数字藏品"凤凰图腾"和"双凤扇",购买相应产品即可赠送。银泰百货相关负责人表示,数字藏品新奇时尚的概念、全新的数字化体验和酷炫的展示方式,是消费品牌粘连年轻一代天然的有效方式,不仅能够为品牌营销提供新的触点,更能从精神、体验层面更深层次地传递品牌价值。

(选自《光明日报》,2022 年 5 月 19 日)

1. 结合案例和教材内容,分析数字藏品是否属于数字产品。

2. 数字藏品和现实中的藏品有何不同?数字藏品的金融化将会带来怎样的经济影响?

3. 提出几点通过数字产品融合文化消费宣扬中国文化的具体建议。

第五章 《数字经济伙伴关系协定》与数据跨境流动

　　数据跨境流动对促进数字经济发展、提高经济增长效率以及增进社会福祉至关重要。2016 年麦肯锡的研究表明，自 2008 年以来，数据跨境流动对全球经济增长的贡献已经超过传统的国际贸易和投资，成为推动全球经济发展的重要力量。

　　随着各国对数据跨境流动的意义和影响的认识日益深入，数据跨境流动逐步成为国家或地区间博弈的重点。基于对国家安全、经济发展和产业能力等多方面的考虑，各国确定了不同的数据跨境流动政策，并加快构建符合自身利益的数据跨境流动规则体系。同时，美欧等西方经济体为抢占国际规则话语权，维护数字竞争优势，积极与同盟伙伴联合，推动构建全球数据跨境流动圈，以求排挤竞争对手。这不仅阻碍了在全球范围内达成数据跨境流动的共识，也对我国数据跨境流动规则和机制的构建造成了严峻挑战。

　　我国是全球数据资源大国，数据产生量位居世界前列。我国构建自身的跨境数据流动规则和机制，要着眼于数字创新，同时兼顾维护国家安全、公共利益和个人隐私权益。在当前全球尚未建立统一规则的情况下，我国一方面要加快构建数据跨境流动规则体系，建立健全数据出境安全评估、个人信息保护认证等制度，并通过试点的方式探索数据跨境流动管理机制；另一方面要积极推广数据跨境流动的中国方案，与合作伙伴建立共同的规则和制度安排，实现规则的趋同和互操作，确保数据安全并实现有序的跨境流动。

　　在全球经贸规则领域尚未达成统一共识的背景下，本章将深入探讨跨境数据流动的相关问题。我们将探寻全球数据跨境流动治理规则领域的具体形势如何影响我国自身数据跨境流动规则的构建；讨论国际相关经贸规则给中国带来的机遇和挑战；思索数据跨境流动对中国的经济究竟是有利的还是有害的；审视基于自身经济实力推广中国方案的可能性及前景。

　　本章分为四个部分，分别为数据跨境流动的内涵、数据跨境流动相关领域、数据跨境流动经贸规则的比较、数据跨境流动经贸规则谈判的最新趋势及中国方案。

第一节　数据跨境流动的内涵

一、数据跨境流动的定义

20 世纪 70 年代，"数据跨境流动"的概念最早由 OECD 科学技术委员会下设的计算机应用工作组提出。现有文献对"跨境数据流动"有多种表述方式：Transborder Data Flows、Transborder Flows of Personal Data、International Information Transfer、Cross-border Data Flows、Cross-border Flows of Personal Data 等。

国际上对跨境数据流动（Cross-border Data Flows）的概念界定还存在分歧，尚未形成统一认知：欧盟 2018 年出台的《通用数据保护条例》具体地将数据跨境流动描述为"个人数据向第三国或者国际组织的传输"；我国信息安全标准化技术委员会于 2017 年发布的《信息安全技术数据出境安全评估指南（草案）》也给出了数据出境的定义，即数据出境是指将在我国境内收集和产生的电子形式的个人信息和重要数据提供给境外机构、组织、个人的一次性活动或连续性活动；其中，权威的定义出自 1980 年 OECD 发布的《关于隐私保护与个人数据跨境流动的指南》（Guidelines Governing the Protection of Privacy and Transborder Flows of Personal Data，以下简称《OECD 指南》）。《OECD 指南》第一条第三款将"个人数据跨境流动"（Transborder Flows of Personal Data）简明定义为"跨越国境的个人数据移动"，第二款将"个人数据"定义为"任何与已被识别或可被识别的个人（数据主体）有关的信息"。

综合比较来看，国际上对跨境数据流动的内涵与外延界定主要包括两类：一类是数据跨越国界的传输、处理与存储；另一类是尽管数据尚未跨越国界，但能够被第三国主体访问。本章中所指的数据跨境流动，是指数据处理者将国家境内收集和产生的重要数据和个人信息提供给位于境外的机构、组织或个人。

在国际经贸规则领域，与数据跨境流动紧密相关的概念为数据跨境流动规制。狭义的数据跨境流动规制单指专门限制跨境数据流动的法律法规，广义上来看，还包括要求跨境数据输出、接受、处理或存储方采取某些特定措施的规则。本章对数据跨境流动规制采用较宽泛的定义，既包括专门限制跨境数据流动的法律法规，也包括要求数据跨境输出、接受、处理或存储方采取某些特定措施的规则。因此，无论是一国单方面制定的限制本国个人数据流出的法律法规，还是国际层面达成的关于跨境数据流动的规范或标准，都属于本章所研究的"规制"

范围。这些"规制"要解决的主要问题有两个：一个是在多大程度上以及如何确保跨境数据流动条件下不同类型数据的保护；另一个是在多大程度上以及如何允许数据跨境流动。

二、数据跨境流动的分类

在 OECD 发布的《贸易和跨境数据流动》报告中，数据跨境流动按流动的自由程度可分为四类：

一是没有任何数据本地化要求，例如，美国、日本、加拿大在法律中没有个人数据或重要数据出境管理的专用规则，原则上允许数据自由跨境流动。

二是只要求将数据的副本存储在国内计算设施中，对转移或境外处理数据副本无任何限制，允许在国外托管、传输和处理，此类别主要针对电信元数据和业务财务数据，目的通常是确保监管需求，如印度在《2018 年个人数据保护法案》中要求所有个人数据必须在印度境内保留一份副本。

三是允许数据跨境流动，但规定数据必须存储在境内，这意味着数据服务商可以在境外处理数据，但处理后的数据必须返回国内存储。

四是数据只能在境内存储、处理，并有出境限制。

三、数据跨境流动带来的挑战

在大数据环境下，大规模和复杂的数据跨境流动成为常态。应对数据跨境活动风险成为许多国家实施数据本地化的正当理由。尤其是网络空间博弈越来越与地缘政治、产业竞争、经贸关系、网络主权、权利保护等各种议题相结合，数据跨境流动也成为当前国家和地区间政策博弈最为复杂的领域之一。

（一）数据跨境流动引发数据安全风险担忧

数字经济的快速发展加速了个人数据的全球流通和融合，也使其作为重要的生产要素的价值得以凸显。个人数据的价值和重要性决定了其被觊觎的概率，全球数据黑色产业链日益成熟，离境数据被恶意利用和买卖的现象频发，个人数据泄露事件不断发生，对个人隐私、财产甚至人身安全造成威胁。与此同时，各国和地区个人数据保护标准不一致，造成数据在全球范围内不受限制地流动，缺乏安全可信的在线环境。保护标准较高的国家和地区质疑其公民个人数据流向保护标准较低的国家和地区将导致数据隐私和安全风险。因此，许多国家和地区在个人数据保护立法上开始提出关于数据跨境流动的限制性规定，比如，欧盟、新加坡、日本等经济体提出的"相同保护水平"要求，即个人数据接收国和地区需要达到与流出国和地区相同的数据保护水平，以此为本国和地区公民的个人数据提供安全保障。

（二）数据不受限制地外流影响本国数字产业发展机会

从长远发展来看，数据本身是生产力的资源。越来越多的互联网企业通过对海量、实时、异构的数据资源进行开发利用而取得了巨大的商业成功。同时，数据是国家重要的战略资源，如何积累数据、精炼数据以及加工和管控数据，将成为决定国家经济命脉的重要因素。对于许多数字产业能力不强的国家来说，放任数据不受限制地流向境外，可能损害本国企业开发利用数据资源的发展机会，影响本国数字产业和数字经济竞争力的提升。这也是许多网络用户众多但本国产业竞争力不足的国家出台数据本地化政策的理由，以期拉动本地数据产业的发展、保护本国的产业利益。

（三）数据跨境流动阻碍政府实施执法权

在大数据时代下，犯罪技术更加具有隐蔽性，"跳板技术"等新兴犯罪手段可以更加容易地掩盖攻击源头。数据跨境使大量数据流向境外，执法机关提取有价值的证据需要耗费更多的时间和人力资源，高效甄别数据价值的挑战更大。在跨境数据取证的合作过程中，执法活动会受到预防能力或补救能力不足的实际阻碍，使域外取证处于被动地位。也就是说，数据离境会增加执法成本。当然，在不同司法管辖区域内的执法活动可以通过司法互助双边协议予以实现，但目前实施效果并不理想。为弥补跨国犯罪管辖权不足、提升执法便利性，美国依托其遍布全球的互联网跨国企业实施"长臂管辖"，而以俄罗斯为代表的国家则提出数据本地化备份等要求，以对数据跨境活动实施监管。

（四）数据跨境流动威胁国家主权与安全

在大数据时代下，国家的数据规模、数据流动、数据利用等将成为综合国力的重要组成部分。包括个人、企业和国家数据等在内的数据早已不只是国家"软实力"的体现，更关涉情报、军事、国防等国家安全领域。各国在新生的网络空间中确立边界、追求权力，信息的流动和分享越来越受到政治性因素的影响。数据跨境流动议题由此与国家主权与安全联系密切。数据对国家主权维护有重要意义，是支撑国家安全与发展的重要战略资源，具有极为重要的主权保护价值。

跨境数据流动不仅与国家内的公民规模有关，更受其数据产业发展程度影响。然而，当前数据产业竞争力较弱的国家的用户是数据的主要提供者，数据产业竞争力较强国家的公司作为设备和服务的主要提供者，也成为跨境数据流动规则制定的主导者。对于产业能力较弱的国家而言，拒绝数据跨境流动将被排除在世界网络体系之外，损害数据经济发展机遇和公民福利，但是放任数据自由流动则会引发国家安全威胁，给国家主权的完整性带来严峻挑战。因此，对数据跨境流动加以合理限制，有助于技术能力暂时处于弱势地位的国家，避免因能力差异导致合法利益受到损害，同时，有助于数据初始提供者因数据使用获得利益，而非成为少数掌握了技术和产业优势的国家过度追求自身利益的工具。

第二节　数据流动的相关领域

一、数据本地化

（一）数据本地化的定义

目前关于"数据本地化"的内涵与外延在国际社会仍未达成普遍共识。联合国贸易和发展会议（UNCTAD）2016 年的报告将其界定为"通过直接的法律限制或其他规定要求（如本地商业登记要求），将个人数据保留在其原始管辖范围内"。世界贸易组织 2018 年发布的报告将其定义为"数据本地化政策涉及限制公司将国内用户数据传输到国外的能力，主要以规则形式要求数据服务器位于国内，或者在国内存储或处理数据，禁止在未经政府批准的情况下收集或传输数据和（或）指定符合当地政府采购偏好和技术标准的公司"。

在本章中，数据本地化（Data Localization）指出于保护本国公民权益、国家数据安全，以及执法便利等目的，要求在境内存储、处理有关国家公民或居民的数据。

数据本地化措施可以包含宽严程度不同的类型，通常包括：①仅要求在当地有数据备份，而并不对跨境提供作出过多限制；②数据留存在当地，且对跨境提供有限制；③要求特定类型的数据留存在境内；④数据留存在境内的自有设施中；等等。

数据本地化的规则适用范围因数据类型而异，通常分个人数据、商业数据和重要行业数据。目前数据本地化要求多针对个人数据，而且出于对国家安全、隐私保护和经济利益的考虑，对特定领域的数据存在特定要求。

常见的受限制数据类型包括医疗健康、地图信息、政府数据，以及银行、金融、征信、商业记录等重要行业数据。例如，韩国因担心国家安保问题，要求地图数据审查通过后方可出境；印度要求支付信息存储本地 6 个月，以打击黑市经济活动；澳大利亚政府出于对数据主体隐私和安全的考虑，要求部分个人健康信息在境内存储、加工或处理；土耳其出于监管目的，要求银行和电子通信信息在境内处理。

（二）数据本地化的动因

在全球化数字经济推动下，数据跨境趋于频繁。跨境数据中不可避免地涵盖了个人信息、关键企业运营数据和国家信息数据等重要数据。伴随着数据跨境存储、流通和使用的规模越来越庞大，数据种类越来越丰富，数据跨境越来越频繁，安全风险日益加剧，且用户信息大规模泄露事件在全球频繁发生。

2013 年 6 月，美国"棱镜"秘密监控项目曝光，即美国国家安全局和联邦调查局直接与微软、雅虎、谷歌等跨国网络巨头合作，通过这些公司的服务器直接挖掘数据以获取情报。2018 年《澄清境外数据合法使用法案》（Clarify Lawful Overseas Use of Data Act，CLOUD Act）出台，该法案秉承"数据所有权决定数据控制权"的原则，打破了以往的"服务器标准"，转而实施"数据控制者"标准，允许政府跨境调取数据。

许多国家相继以保护公民隐私或国家信息安全为由出台数据本地化政策，要求本国公民的数据必须存储在境内服务器中。其中，既有加拿大、澳大利亚等发达国家，也有巴西、印度、俄罗斯、越南、泰国、马来西亚和印度尼西亚等发展中国家。部分国家较为极端的跨境数据流动规制措施，将完全阻止本国个人数据向境外传输。

以俄罗斯为例，通过两次立法，明确规定了互联网信息服务组织传播者、信息拥有者以及运营商等主体的义务，同时确立了数据本地存储的基本规则，主要包括三个方面：一是公民个人信息及相关信息和数据库需要在俄罗斯境内存储；二是对俄罗斯公民个人数据的处理活动需要使用俄罗斯境内的数据库，即处理活动需要在俄境内进行；三是相关主体需要履行信息告知义务，并协助有关部门执法。换言之，俄罗斯要求其所有公民个人数据必须存储在本地服务器中，其存储、处理和更新都应在本地的数据中心进行。

（三）数据本地化的国别规制

大部分国家和地区在限制数据流动时都会使用不同强度的本地化存储规定。虽然各国已经深刻认识到数据跨境流动可以创造出巨大的经济利益与商业价值，但采用限制数据跨境流动的本地化措施已经成为一种国际趋势。基于国家和地区通信与数据行业发展水平以及数据主权战略或数字贸易政策导向的差异性，各国对数据跨境流动的限制程度亦有所区别。这种区别主要体现在以下三个方面：

第一，国家干预程度。即国家公权力是否介入具体的数据跨境活动。国家不直接干预意味着国家的公权力不直接介入具体的数据跨境活动，而是通过数据本地化法律中的处理原则和权利义务来间接束缚数据主体与数据控制者的行为，这样相关行为方就可以通过私人意志自行决定是否将数据留存于境内。例如，印度和韩国都规定个人数据的跨境传输需要得到数据主体的同意之后才能进行，除此之外无其他特别限制，数据主体自身就能决定数据传输活动能否进行。相反，也存在国家公权力直接干涉数据出境的情况，如澳大利亚《健康档案法》强制规定了个人健康数据只能存储在境内，否则将对数据控制者予以处罚。

第二，本地化存储的严苛程度。存储严苛程度最低的规定是只要求境内留存有数据副本即可，相关行为方可以在境外另行存储、处理、访问相同的数据集，如俄罗斯第 242-FZ 号联邦法律；中等严苛程度的规定要求只能在境内存储和处理数据，但行为方可以在境外访问数据，如我国的《征信业管理条例》没有明令禁止境外对征信机构所采集的信息进行访问；最严苛的本地化措施要求数据的存储、处理和访问都只能在境内进行，如澳大利亚的《健康档案法》对个人健康数据的要求。

第三，数据本地化的豁免规定。数据主体同意属于最基础的数据出境豁免条件，对此印度、韩国、澳大利亚等国都有相应规定。另有一些经济体规定以境外接收方可以提供相同数据保护水平作为允许数据传输的特定情况，如欧盟和巴西等均有相应的规定。国家公权力机关的自由裁量权也可以作为数据出境的豁免条件，如我国《关于银行业金融机构做好个人金融信息保护工作的通知》规定人民银行在特殊情况下可以允许个人金融数据出境；印度的《2019 年个人数据保护法》规定政府在某些情况下可以特别授权个人重要数据的传输。达成这些豁免条件的难易程度从侧面体现了数据本地化立法的严格与否。

（四）数据本地化与数据跨境流动的关联

作为数据跨境流动的一种规制方式，数据本地化与数据自由跨境流动并非互不相容。以联合国跨国公司中心（United Nations Centre on Transnational Corporation，UNCTC）对"数据跨境流动"的定义为对照，"数据跨境流动"指的是"跨越国界对存储在计算机中的机器可读的数据进行处理、存储和检索"。而有些数据本地化政策仅要求在境内存储副本或在个人同意的情况下允许数据出境，并不意味着完全限制数据出境。反之，完全禁止数据跨境传输则默认以本地存储和处理为前提条件。

总而言之，数据本地化是针对个人数据、商业数据和重要行业数据提出的在境内存储或处理的要求。根据各国不同的经济环境、政策背景和利益考量，数据本地化的具体要求各异，其严苛程度、行使手段和适用范围也存在显著差异。

二、数据确权

2020 年 4 月 9 日，《中共中央　国务院关于构建更加完善的要素市场化配置体制机制的意见》发布，数据与土地、劳动力、资本、技术并列为五大生产要素。数据要素市场化已成为构建数字中国不可或缺的一部分，数据资产时代已然来临。数据资产化已成为必然趋势。根据科斯定理，只要数据的产权得到清晰界定，即可进入市场流通交易。改革开放以来，土地、劳动力、资本、技术等传统生产要素都经历了明确产权的过程，随后才得以通过市场化机制流通、盘活。

数据资产化是数据市场发展的必然趋势。数据资产化面临三个重要且极具挑战的命题：法律角度的数据资产确权、市场角度的数据资产估值与交易、会计角度的数据资产入表。数据资产确权是数据流通的前提，可充分保障数据流通各参与方的权益；数据资产估值是数据流通的基础，可保障数据在市场的参与下逐步趋于公允价格；数据资产入表是对数据资产的确认、计量与披露，可保障数据的经济价值更加准确地体现在财务报表中。在数据资产化的三个命题中，数据确权可能是难度最高、讨论最为激烈的一项。数据确权是数据估值的基础，没有确权，就无法准确地估值与定价，更无法进行后续财务报表的入表与披露；没有确权，健康可持续的数据交易市场也难以有效运转。

数据确权已然成为实现数据安全有序流动和数据资产化不可或缺的重要前提。

（一）数据确权的定义及重要性

数据确权是指在厘清数据用途和流向的基础上，在法律上对数据权利属性、数据权利主体和数据权利内容进行明晰。数据确权要解决三个基本问题：一是数据权利属性，即给予数据何种权利保护；二是数据权利主体，即可以享有数据附着利益的主体界定；三是数据权利内容，即明确数据主体享有的具体权利清单。

数据确权是保证数据高效流通、使用和资产化的重要前提和基础。确定数据资产权属和权益分配有利于提高市场主体参与资产交易的积极性，降低资产流通的合规风险，推动数据要素市场化进程。

（二）数据确权的立法现状

与世界上绝大多数主要司法管辖区一样，我国现行的全国性法律并未对数据确权进行立法规制。事实上，各国普遍采取通过法院个案处理的方式，尝试借助诸如数据法、隐私保护法、知识产权法及合同法等不同法律机制来对数据进行确权。包括我国在内的一些国家已经开始尝试通过法院司法裁判来填补这一法律空缺。

1. 全国性法律

《民法典》总则第一百二十七条规定，"法律对数据、网络虚拟财产的保护有规定的，依照其规定"。我国正逐步建立一套围绕数据为核心的法律法规，其中包括《个人信息保护法》（2021年11月1日起施行）、《数据安全法》（2021年9月1日起施行），以及《网络安全法》（2017年6月1日起施行）等法律法规。

《数据安全法》已于2021年9月1日开始实施，为各行业数据安全提供了监管、合规依据。该法确立了数据分类分级管理、数据安全审查、分析评估、监测预警和应急处理等基本制度，强化了我国数据安全领域的制度建设。

然而，上述三部法律并未对数据确权作出明确规定，数据权属仍有待完善。这种情形在其他产权领域并不罕见，国外地区也是如此。

2. 地方性法规

随着数据合规立法逐渐进入深水区，地方立法充分发挥试点优势，探索数据确权、数据估值和数据流通等关键难题的解决之道。

2021 年 7 月发布的《深圳经济特区数据条例》是国内数据领域首部基础性、综合性的地方立法。该条例率先在地方立法中探索数据相关权益范围和类型，明确了自然人对个人数据依法享有权益，包括知情同意、补充、更正、删除、查阅、复制等权益；自然人、法人和非法人组织对其合法处理数据形成的数据产品和服务享有法律、行政法规及条例规定的财产权益（第三、第四条）。在数据市场方面，该条例肯定了市场主体对合法处理形成的数据产品和服务享有的使用权、收益权和处分权。

2021 年 9 月 1 日，广东省施行《广东省数字经济促进条例》，其中第四十条规定，"自然人、法人和非法人组织对依法获取的数据资源开发利用的成果，所产生的财产权益受法律保护，并可以依法交易，法律另有规定或当事人另有约定的除外"。

2020 年 8 月公布的《天津市数据交易管理暂行办法（征求意见稿）》提出了数据确权的相关条款。该办法第十一条明确规定，"数据确权，是指数据供方应确保交易数据获取渠道合法、权利清晰无争议，能够向数据交易服务机构提供拥有交易数据完整相关权益的承诺声明及交易数据采集渠道、个人信息保护政策、用户授权等证明材料。数据需方无权将交易数据转让给第三方"。

2021 年 11 月通过的《上海市数据条例》积极探索数据确权问题，明确了数据同时具有人格权益和财产权益双重属性。

明确数据主体的权益在一定程度上可以缓解由于数据资产确权难所带来的困境。我国通过明确自然人、法人和非法人组织的数据权益，保障了包括自然人在内各参与方的财产收益，起到了鼓励企业在合法和合规前提下参与数据资产流通的作用。

（三）数据确权的立法难点

第一，数据确权涉及公权和私权两个范畴，涵盖国家、社会和个人三个层面的利益关系，故必须在三者间进行利益价值关系的平衡，既要保障以国家安全和国家网络空间安全为核心的数据主权，又要避免公权越界侵占以个体、企业的合法权益为代表的私权。

第二，数据独特复杂的属性使附着其上的权利属性不明确。

数据特殊的自然属性，如无形性、可复制性、零成本性、不可控性等，导致其区别于传统财产权客体，难以依照传统的财产权制度予以保护。

数据复杂的社会属性，主要有两点：一是法律属性不明确。我国《民法典》《知识产权法》《反不正当竞争法》等均未明确数据的法律属性。因此，数据规范层面的财产属性和权利属性不明确，数据既不能纳入《物权法》中"物"的范畴，也不能采用债权、知识产权等保护路径予以保护。二是数据的生产方式和生产关系复杂。数据生产采集的主体是私有部门还是公有部门决定了数据是否具备"公有性"或"公共性"；生产采集的数据是否包含个人信息数据决定了其是否涉及人格权保护的范畴；数据为原始数据还是加工后形成的数据决定其在归属界定时是否需要考虑加工者在数据加工过程中所投入的必要劳动时间（价值）和生产资料贡献。

第三，数据的多场景差异性。平台数据的权属之所以无法明确界定，关键在于数据具有多重性质，而其性质又往往依赖于具体场景。在有的场景下，平台数据属于个人数据范畴，需要数据隐私法的优先保护；在有的场景下，平台数据具有类似数据库的性质，需要类似数据库权益的保护；而在其他场景下，平台数据又具有公共性，需要法律保障数据的共享与流通。

三、数据交易

由于数据的产权归属并没有明确规定，在实际的交易中，国内各大交易所均发布了自己的交易规则和规范，对交易对象进行了严格规定，以防范知识产权风险。2014 年 6 月，中关村大数据交易平台发布了我国首个行业规范——《中关村数海大数据交易平台规则》，其第三节"交易对象"规定"本规则所称的交易对象，是指原始或经处理后的数字化信息，包括但不限于个人、企事业单位、社会团体等各类主体所持有或拥有的各类数据"。贵阳大数据交易所十大标准和规范在交易内容和交易确权中也规定"交易的不是底层数据，而是数据清洗建模分析的数据结果"。

数据交易的四种类别包括：①数据产品所有权交易，主要为数据分析工具、数据解决方案的产权转让；②数据产品使用权交易，即不改变数据产品所有权前提下通过交易访问权限，实现对数据的使用；③数据产品收益权交易，即对数据产品产生的未来收益进行交易，主要为数据资产证券化产品；④数据产品跨境交易。

数据资产交付的三种形式包括：①直接交付（Direct Delivery，DD），卖方向买方开放数据资产的数据集的直接访问权限。买方可以通过 APIs 或其他技术方式读取、存储数据集中的数据。②双边安全交付（Bilateral Secure Delivery，BSD），买方不能直接访问数据资产的数据集，只能将其处理数据资产的数据集的算法提交到双方约定的计算环境中（如 TEE），执行计算后，得到计算结果。③多边安全交付（Multiparty Secure Delivery，MSD），多方按照协议约定，都不能直接访问彼此数据资产的数据集。只能根据需求，由数据需求方提交算法、多方参与数据供给，在安全、可信和隐私计算环境中进行计算，得到计算结果。

（一）国内数据交易的发展现状与模式

1. 国内数据交易的发展现状

"数据要素市场配置"被提出后，各地继续将设立数据交易机构作为促进数据要素流通的主要抓手，由此掀起建设热潮。新一批的交易机构分别在山东、山西、广西北部湾和北京成立，深圳数据交易所、西部数据交易所等 10 家交易所陆续启动建设。

2021 年成立的北京国际大数据交易所积极探索从数据、算法定价到收益分配且涵盖数据交易全生命周期的价格体系，以形成覆盖数据全产业链的数据确权框架。该所要求建立以信息充分披露为基础的数据登记平台，明晰数据权利取得方式及权利范围，建立数据确权工作机制，提供的数据产品交易服务包括数据产品所有权、使用权、收益权交易等。

此外，不少企业积极参与数据交易市场建设。2021 年南方电网发布的《中国南方电网有限责任公司数据资产定价方法（试行）》是能源行业首次发布的数据资产定价方法，规定了南方电网公司数据资产的基本特征、产品类型、成本构成和定价方法，并给出相关费用标准，这为能源行业数据要素流通和交易提供了积极的指引。

然而，由于缺乏统一、强制的相关法律法规，各数据交易机制只能对数据确权起到一定的引导和示范作用，并不具有强制性。

2. 国内数据交易的模式

数据交易所作为可信任的数据交易"中介"，为企业探索数据交易提供了一个统一的可信任"窗口"。2014~2017 年，国内先后成立了 20 余家由地方政府发起、指导或批准成立的数据交易机构，在一定的前提和场景下，形成数据确权、数据定价、数据交易规则等机制。例如，北京国际大数据交易所于 2021 年 9 月上线了数据交易平台 IDeX 系统，与北京市公共数据开放平台互通，扩大吸纳公共数据资源的范畴，具备数据资产交易多项功能，并利用隐私计算、区块链、智能合约、数据确权标识、测试沙盒等技术，实现全链条交易服务。

将原始数据到数据资产过程作为主线，创新数据交易标的形式，扩展数据交易市场边界。传统数据交易标的多是 API、统计报告等形式。实际上，数据加工的投入技术（如管理工具、算法模型等技术服务）和中间产物（数据模型、数据规则库、数据价值链、运营策略、定价机制、交易合同等数据解决方案）也可作为数据产品。此外，可引入数据生态多方参与，推动数据生态与数据交易相互促进。

融合数据与算法、面向特定场景的数据产品已发展为成熟交易标的。2021 年 11 月 25 日，在上海大数据交易所成立仪式上，国网上海电力公司向中国工商银行提供了名为"企业电智绘"的数据产品。该产品通过对企业用电数据进行脱敏、清洗和深度加工，再经建模与计算，形成综合评估报告，作为银行对企业客户授信前的"背书"或旁证，并在信贷反欺诈、贷后预警方面对银行进行辅助。

（二）国外数据交易的发展现状与模式

1. 国外数据交易的发展现状

各发达国家一直在努力建立全面完善的数据交易规则，但从整体来看，各国在数据交易方面立法较少，通常采取避免与现行法律冲突的保守做法，在现有法律体系下探索对大数据进行计价、赋值、交易的路径。

2. 国外数据交易的模式

（1）政务数据运营交易。英国和德国政府在政务数据运营方面做出了探索性尝试，针对公众使用国家标准的有关数据制定了分级收费机制，其中，英国标准协会建设了标准购买网站"BSI Shop"打包出售英国国家标准的文本信息及相关数据；德国标准化协会上线了标准购买平台"Beuth Verlag"出售德国国家标准的文本信息与相关数据。日本 IT 综合战略本部及官民数据利用开发战略合作机关共同决定通过了《开放数据基本指南》，其中同样涉及政务数据的有偿使用。

（2）数据交易市场模式。得益于较为完善的法律制度、信用体系和数据开放环境，2010 年左右欧美发达国家就产生了第一批数据交易市场，经过多年的发展，国外数据交易市场已经发展得较为成熟，形成了各种模式并存的数据交易市场。

美国数据交易市场以第三方平台为主，现阶段主要存在三种交易模式：①C2B 分销模式，用户将自己的个人数据贡献给数据平台，数据平台向用户给付一定数额的商品、货币、服务等价物或者优惠、打折、积分等对价利益；②B2B 集中销售模式，数据平台以中间代理人身份为数据提供方和数据购买方提供数据交易撮合服务；③B2B2C 分销混合模式，数据平台以数据经纪商身份，收集用户个人数据并将其转让、共享给他人。

日本创新性地设立"数据银行交易模式"，允许数据银行在获得个人授权的基础上，对数据资产进行交易和利用，从而提升数据交易活力。目前国外主要的数据交易市场及其运营模式如表 5-1 所示。

表5-1 国外主要的数据交易市场及其运营模式

数据交易市场	国家	主要业务类型	性质	开放程度	数据范围	定价模式	成立时间
Dawex	美国	数据交易	中介	混合	跨域	期限收费	2015 年
IOTA	德国	数据交易	中介	混合	专业	累进价格	2017 年
Databroker DAO	比利时	数据交易	中介	混合	专业	累进价格	2017 年
Streamr	瑞士	数据交易	中介	混合	跨域	累进价格	2017 年
Data Intelligence Hub	德国	数据交易、附加服务	中介	混合	跨域	混合	2018 年
Advaneo	德国	数据交易	中介	混合	跨域	期限收费	2018 年
Otonomo	以色列	数据交易、附加服务	中介	混合	专业	期限收费	2015 年
Data Fairplay	德国	数据交易	中介	混合	专业	累进价格	2014 年
InfoChimps	美国	数据交易	中介	混合	跨域	期限收费	2009 年
Qlik	美国	数据交易、附加服务	供应商	混合	跨域	数据集收费	2017 年
xDayta	美国	数据交易	中介	开放	跨域	期限收费	2013 年
Here OLP	荷兰	数据交易、附加服务	供应商	混合	专业	混合	2018 年

第三节　数据跨境流动经贸规则的比较

跨境数据流动涉及属地管辖、本地化要求、数据安全、国家数据主权、隐私保护等多方面的问题，成为全球跨境数据流动规制中的一个重要命题。目前主要国家对跨境数据流动下的各类细分议题存在重大分歧，现有 WTO 多边框架下达成妥协方案存在困难，因此主要国家多诉诸于多边与区域贸易协定。

跨境数据流动的核心问题是个人数据隐私保护与跨境数据自由流动的平衡。虽然各国政府都承认保护个人数据隐私的必要性，但就跨境数据流动的全球治理机制而言，冲突的根源来自各国数据行业发展程度、隐私保护传统以及国家安全理念的差异。

目前，国际社会还没有建立主导性的跨境数据流动多边规制，但存在具有一定影响力的多边与区域规制。鉴于多边与区域自由贸易协定容易受到地缘政治的影响，国家间博弈的结果使现有的多边规制面临效力不足、难以平衡数据保护与自由流动以及受美欧两大规制体系影响的三大困境。

第一，效力不足。《OECD 指南》和《OECD 隐私框架》（The OECD Privacy Framework）仅提出了基本原则和指导性框架，仅为全球跨境数据流动提供了建设性指导方针，并没有提出具体和明确的要求，也不具备法律效力。而《APEC隐私框架》属于自愿性框架协议，只有自愿加入《跨境隐私规则体系》（Cross-Border Privacy Rules，CBPRs），并通过 APEC 认证，达到 APEC 对消费者隐私保护要求的企业，才能从法律意义上保护消费者隐私。

第二，难以平衡数据保护与自由流动。数据保护和跨境数据自由流动，如同天秤的两端，偏向任何一端，都会对另一端造成消极影响。

第三，既有多边规制和区域贸易协定受到美国和欧盟两大规制体系的影响，而由美欧以外的多数经济体所支持的多元共治的规制方案因国际形势与压力而遭受多重挑战。

本节将从国际与区域组织、区域经贸协定和国家间三个维度剖析当今数据跨境流动的政策主张与特点，并进行比较。

一、国际和区域组织的数据跨境流动规则的比较

（一）OECD：以促进个人数据跨境流动为导向

1980 年，OECD 发布了《OECD 指南》，成为全球首个专门解决跨境数据流动问题的国际法律文件。《OECD 指南》概括性地抽象出个人隐私保护的八项基本原则，即收集限制、数据质量、特定目的、使用限制、安全保护、公开、个人参与、责任。

2013 年 7 月，OECD 更新了《OECD 指南》，针对部分原则增加了具体实施要求，主要修改包括：①强调完善国际和国内隐私保护法律环境，要求成员方建立隐私执法机构。②增加了数据控制者实施隐私管理规划、数据安全损毁通知两项义务。③进一步放宽对个人数据跨境流动的限制，最大限度地促进数据的自由流动。④规定了国家实现隐私保护目标的手段与措施；强调隐私保护全球一体化的必要性和重要性，倡导国际层面建立一个强大的全球性隐私执法机构合作网络。

（二）APEC：规范企业或组织个人数据跨境传输

《APEC 隐私框架》是亚太地区第一个数据保护协同框架，涉及一整套的执行机制和措施，其《跨境隐私规则体系》（CBPRs）是当前多边监管合作中较为成熟的机制。

CBPRs 是一项自愿的、政府支持的隐私认证体系。该体系对成员方参与CBPRs 提出明确要求，并建立了隐私执法机构跨境合作、问责代理机构认可和商业机构隐私保护认证机制。各成员方的商业机构自愿加入，以证明是自愿遵守国际公认的数据隐私保护标准，通过认证的商业机构可相互之间自由传输数据。CBPRs 是 APEC 跨境个人隐私保护的核心内容，旨在促进 APEC 各成员方之间无

障碍的跨境信息流动。

隐私执法机构跨境合作机制。成员方选择加入 CBPRs 应当满足以下条件：①该成员方至少有一个隐私执法机构加入 APEC《跨境隐私执法安排》（Cross-Broder Privacy Enforcement Arrangment，CPEA）。②该成员方必须向 APEC 电子商务指导小组主席、数据隐私小组主席和 CBPRs 联合监督小组主席提交信件，说明如下内容：一是成员方有隐私执法机构加入 CPEA；二是成员方计划使用或指定至少一个经 CBPRs 认可的问责代理机构；三是该成员方隐私法律法规和行政措施的详细情况，以及上述法律法规的执行情况；四是详细说明成员方具有符合 CBPRs 要求的隐私保护法律法规，以及如何执行这些法律法规。

问责代理机构认可机制。CBPRs 使用经 APEC 认可的问责代理机构，证明商业机构的隐私政策和做法符合《APEC 隐私框架》并为其认证，监督商业机构遵守 CBPRs。当成员方被获准加入 CBPRs 体系后，该成员方至少要设立一个问责代理机构。联合监督小组负责对问责代理机构的申请进行审核，并按年度核实其是否符合认可标准的要求。

商业机构隐私保护认证机制。拟加入 CBPRs 的商业机构向问责代理机构申请隐私保护认证，问责代理机构按照 CBPRs 要求对其进行评估，通过评估的商业机构获得隐私保护印章、信任标识。

（三）东盟：重点发展示范合同条款和数据跨境认证

2018 年，东盟发布了《东盟数字信息治理框架》，将"数据跨境流动"作为数字数据治理的四大战略重点之一，明确提出要建立东盟数据跨境流动机制，对数据流动不作不必要的限制，以增强数据跨境流动的确定性。

2019 年 11 月，东盟通过了《东盟跨境数据流动机制的关键方法》，建议重点发展两个机制，即《东盟跨境数据流动示范合同条款》（ASEAN Model Contractual Clauses for Cross Broder Data Flows，MCCs）和东盟跨境数据流动认证。

2021 年 1 月 22 日，作为对《东盟数字数据治理框架》的回应和落实，东盟批准发布《东盟跨境数据流动示范合同条款》，作为实施东盟数据跨境流动机制的第一步。

1. 《东盟跨境数据流动示范合同条款》

该合同条款区分数据控制者到数据处理者、数据控制者到数据控制者两种情形，明确了数据输出方和接收方各自的责任、所需的数据保护措施和相关义务。MCCs 是一项自愿性的标准，是数据跨境流动中应当遵守的最低标准，无论成员国是否有数据保护法律，均可实现数据跨境传输。

2. 东盟跨境数据流动认证

东盟跨境数据流动认证是给已证明有良好数据保护政策和做法的成员国及企

业、组织或机构授予印章或标志。目前东盟尚未出台认证的相关标准、要求和程序，后续东盟发展数据工作组将展开制定工作。此外，只要其他机制适用于东盟成员国，东盟允许数据传输双方自由使用东盟认可的任何其他有效的数据传输机制，如 CBPRs，具有约束力的公司规定、行为准则等。

（四）欧盟：同等保护水平条件下促进数据跨境流动

1. 《通用数据保护条例》

欧盟将个人数据保护视为一项基本权利，一直坚持高标准保护个人数据。在消除境内数据自由流动壁垒和建立统一数据保护标准的同时，欧盟要求其他国家只有在与提供欧盟同等保护水平的情况下，才允许个人数据跨境向其进行传输。

2016 年，《通用数据保护条例》对跨境数据流动政策进行了大幅优化改革，特别着力于提升政策的灵活度。

（1）建立数据跨境传输白名单机制。"充分性认定"是《通用数据保护条例》确立的主要数据跨境传输机制。欧盟委员会综合考虑数据保护立法实施、执法能力、救济机制、国际参与等因素，对欧盟以外国家或地区数据保护的充分性进行评估，将与欧盟保护水平相当的国家或地区列入"白名单"，允许欧盟个人数据向上述国家或地区传输。

除了可以对国家做出评估外，还可以对一国内的特定地区、行业领域以及国际组织的保护水平做出评估判断，以进一步扩展通过"充分性"决定覆盖的地区。

目前，欧盟委员会确认的白名单国家或地区共有 13 个，包括安道尔、阿根廷、加拿大、法罗群岛、根西岛、以色列、马恩岛、泽西岛、新西兰、瑞士、乌拉圭、美国和日本。韩国正在与欧盟进行谈判，欧盟委员会也在考虑将印度纳入谈判议程。

（2）在适当保障措施下提供多样化数据传输方式。对没有获得欧盟充分性认定的国家或地区，数据控制者或处理者在提供了适当保障措施，并且满足数据主体能行使权力、能获得有效法律救济的条件下，可将个人数据向上述国家或地区传输。GDPR 规定的适当保障措施主要包括约束性公司规则、标准合同条款、行为准则、认证机制。

第一，约束性公司规则（Binding Corporate Rules，BCR）。约束性公司规则适用于在欧盟设立总部或分支机构的跨国公司，由跨国公司自行拟定内部机构之间数据传输和保护的规则，经欧盟成员国数据监管机构审核批准后生效。这一规则运行多年来，共有 100 多家跨国公司申请并获得通过。

约束性公司规则虽然解决了跨国公司内部机构之间频繁传输数据的隐私保护问题，但也存在适用范围有限、实施成本高等弊端。

第二，标准合同条款（Standard Contractual Clause，SCC）。标准合同条款是数据传输双方采用欧盟标准合同条款，通过将 GDPR 规定的义务转化为合同义务和责任，确保对数据主权权利的保护。

标准合同条款为数据跨境流动提供了一个相对宽松且安全的解决方案，有助于促进跨境数据流动规则的融合与统一。

第三，行为准则（Codes of Conduct，CoC）。当欧盟以外国家未获得充分性认定时，该国的数据控制者或处理者可作出具有约束力和可强制执行的承诺，承诺遵守经批准的行为准则，则欧盟数据可向其传输。

2019 年欧洲数据保护委员会（European Data Protection Board，EDPB）发布的指南、行为准则草案由代表数据控制者或处理者的行为组织和协会起草，经欧盟成员国数据监管机构审查同意后（跨国准则还须经 EDPB 审查同意），提交欧盟委员会审查公布。

目前欧盟委员会还未批准任何 CoC。

第四，认证机制（Certification）。欧盟鼓励建立数据保护认证机制、印章或标识，欧盟委员会负责制定数据保护认证机制的具体要求，并可通过实施性法令来确定认证机制、印章或标识。

成员国监管机构认可的认证机构签发数据保护认证，数据控制者和处理者自愿申请认证，得到批准后，可使用印章或标识证明其活动符合欧盟规定，并进行数据跨境传输。

（3）数据跨境传输的法定例外情况。当欧盟以外的国家未达到欧盟数据保护水平，且未提供适当的保障措施时，可以参照 GDPR 规定的数据跨境传输的法定例外情况，包括数据主体同意、履行合同义务、保护重要公共利益、保护数据主体及他人的重大利益、行使或抗辩法定请示权、公共注册登记机构数据传输等情形。

2. 《非个人数据自由流动框架条例》

2018 年 11 月，欧盟发布《非个人数据自由流动框架条例》，对成员国的数据本地化要求进行限制，并对国家机关获取数据、数据自由迁移等问题作出规定，建立了欧盟内部数据跨境流动的基本规则。

（1）限制成员国的数据本地化要求。一是除非基于公共安全的理由，数据本地化要求应当被禁止；二是成员国立法引入新的数据本地化要求或者对现行要求作出修改，应当按照程序报告欧盟委员会；三是在条例实施之日起 24 个月内，成员国应当废除现行的数据本地化要求；四是成员国应当公开数据本地化要求的详细信息，并保持更新。

（2）确保成员国主管部门的数据获取权限。一是当成员国主管部门提出访问数据的请求时，不得以该数据由另一成员国处理为由而拒绝；二是当成员国主管部门提出访问数据的要求后未能获得访问数据，且欧盟法律或国际协议下不存在不同成员主管部门交换数据的具体合作机制时，一国主管部门可以按照程序要求另一成员国主管部门予以协助；三是根据欧盟或成员国法律，成员国对未遵守数据提供义务的行为可实施有效、适当的处罚。

（3）保障"专业用户"能够自由地进行数据迁移。针对欧盟境内云计算等服务商利用计算、合同等手段封锁用户的情况，该条例提出保障"专业用户"对数据进行自由迁移：一是将"专业用户"界定为基于贸易、商业等相关目的使用或请求数据处理服务的自然人或法人；二是欧盟委员会鼓励和促进欧盟层面制定自律性行为守则，行为守则应包括向用户提供数据迁移的流程、技术要求、时间等信息，并评估此行为守则的发展情况和实施效果（见表5-2）。

表5-2　国际与区域组织的跨境数据流动规则对比

国际/区域组织	跨境数据政策/体系	主要内容
OECD	《关于隐私保护与个人数据跨境流动的指南》	个人隐私保护的八项基本原则
	《关于隐私保护与个人数据跨境流动的指南》（修订版）	进一步放宽对个人数据跨境流动的限制，最大限度地促进数据的自由流动
APEC	《跨境隐私规则体系》	隐私执法机构跨境合作
		问责代理机构认可机制
		商业机构隐私保护认证机制
ASEAN	《东盟跨境数据流动机制的关键方法》	东盟示范合同条款
	《东盟跨境数据流动示范合同条款》	东盟跨境数据流动认证
EU	《通用数据保护条例》	基于充分性认定的数据跨境传输白名单机制
		约束性公司规则
		标准合同条款
		行为准则
		认证机制
	《非个人数据自由流动框架条例》	限制成员国的数据本地化要求
		确保成员国主管部门的数据获取权限
		保障"专业用户"能够自由地进行数据迁移

二、区域经济与贸易协定中数据跨境流动规则的比较

当前，主要区域多边或双边经贸协定围绕数据跨境流动主题均形成特色鲜明的三大规则主张：一是关注数据自由流动的美式方案，典型代表为 TPP、CPTPP、USMCA；二是关注隐私保护的欧式方案，如《自由贸易协定》（Free Trade Agreement，FTA）、《欧日经济伙伴关系协定》（Economic Partnership Agreement，EPA）；三是基于欧式和美式方案的折中办法——多元共治方案，如 RCEP 与 DEPA。

（一）美式方案

以 TPP 文本为基础的《全面与进步跨太平洋伙伴关系协定》（CPTPP），以及《美墨加协定》（USMCA），均体现了美国推动数字贸易规则的核心诉求，即积极推动数据跨境自由流动，宣扬信息和数据自由的立场，并且明确反对数字存储本地化，设置互联网平台免责条款，以便维护美国企业和消费者的利益。此外，在以美国等为主导国于 2012 年发起的《国际服务贸易协定》（Trade in Services Agreement，TISA）谈判的已知文本中，美国、日本、哥伦比亚等国提出的方案主张在个人数据关系到服务贸易的情况下，禁止缔约方阻止数据跨境流动。

1. TPP：首次明确提出支持数据跨境流动

2016 年 2 月，美国在推动《跨太平洋伙伴关系协定》谈判中首次增加了有关数据跨境流动的约束性条款（见表 5-3），以减少双方跨境数字贸易壁垒。TPP 是第一个明确在电子商务章节中纳入支持数据跨境流动与禁止数据本地化这一约束力条款的区域自由贸易协定。

表 5-3　TPP 关于数据跨境自由流动的条款

主要内容	缔约方不将设立数据中心作为允许 TPP 缔约方企业进入市场的前提条件，也不要求转让或获取软件源代码
	禁止对电子传输征收关税，不允许缔约方以歧视性措施或直接阻止的方式支持本国类似产品的生产商或供应商
	各缔约方同意实施并保持针对网上诈骗和商业欺诈行为的消费者权益保护法，并确保隐私和其他消费者权益保护得到执行
	各缔约方有义务采取措施阻止推销性质的商业电子信息

TPP 从促进数据跨境自由流动的思想出发，对跨境数据收集的规定显得比较宽泛，从原则上要求跨境电子信息的传输不能构成任意的或者不合理、歧视的方法适用，不能对贸易构成变相限制，不能对信息传输施加超出实现目标所需要的

限制。对个人信息保护的规定，TPP 也采取倡导的语气号召成员国通过法律形式保护个人信息。

2. CPTPP：实质性消除数据流动阻碍

《全面与进步太平洋伙伴关系协定》的第 14 章"电子商务"基本保留了美国主导的 TPP 原先达成的内容，明确规定，除为"正当公共政策目的"外，应允许为数据主体利益而进行的数据跨境传输。其中与数据跨境流动有关的条款几乎未做任何实质性的修改。

CPTPP 第 14.11 条规定，各成员国应当允许为了商业行为的目的，以电子形式跨境传输信息，包括个人信息。第 14.13 条规定，各成员国不得要求企业必须在本地使用或者设置电子计算设施，并将之作为允许其能在本地营业的条件。简言之，CPTPP 率先在两项长期有争议的跨境传输条款上获得突破：各成员国一般应允许数据跨境传输，包括个人数据；禁止各成员国设置本地存储要求。

考虑到 CPTPP 成员中的发达国家和发展中国家差距明显，CPTPP 仍然保留了大量例外，为发展中国家提供了缓冲空间。第 14.2 条的第 3 段明确政府可以要求任何官方信息，如关键设施规划、保密级政策建议或社会安全信息等，必须存储在本地服务器上。第 14.1 条关于"适用个人"的定义也将"金融机构"明确排除在第 14 条的适用范围外。简而言之，CPTPP 仍然对数据跨境流动规则保留了大量的公共政策例外条款。

3. USMCA：强力推动数据流动自由化

2018 年 11 月 30 日，美国、墨西哥、加拿大签署了《美墨加协定》（USMCA）。USMCA 于 2020 年 7 月 1 日正式生效。在数据跨境流动方面，USMCA 与 TPP 基本保持一致，主张除非为了正当利益，不得对数据跨境传输进行限制。

USMCA 第 19 章"数字贸易"围绕进一步推动数据跨境流动的自由化展开，充分反映了美国在数据跨境流动上的几点核心主张：①非歧视；②隐私保护方面参照 APEC 的《隐私保护框架》和 OECD 的《关于隐私保护与个人数据跨境流动的指南》；③除非为了公共政策目标，不得禁止和限制以电子手段进行的信息跨境传输；④不得要求计算设施设置在本地；⑤在数字安全方面尽力采取基于风险的方式，而不是一概性的规定；⑥不得对另一国的个体以允许在本地经营为条件，强制要求提供、转让或介入该个体持有的软件的源代码；⑦尽力促进公开政府持有的数据。

《美墨加协定》的第 19 章是目前为止 FTA 中最为详尽的关于数据跨境流动的规定。不仅包括了电子签名、电子合同等传统电子商务内容，而且将重点放在以数据为内容的新型跨境交易上，虽然并未有许多强制性条款，但是触及消费者保护、隐私保护、源代码、安全风险评估、基础设施服务提供者责任、知识产权保护、政府数据公开等新的相关问题。

（二）欧式方案

正视数据跨境流动议题并未使欧盟忽略隐私保护的重要性。在 2018 年欧盟与新西兰和澳大利亚的 FTA 谈判中，欧盟并未在个人数据保护方面做出让步，因而在个人数据和非个人数据层面建立了差异化的保护规则。这点与欧盟内部 GDPR 和《非个人数据自由流动条例》并存的状况保持了一致性。

此外，欧盟通过与越南、加拿大、新加坡等签署的《自由贸易协定》（FTA）以及与日本签署的《经济伙伴关系协定》（EPA），凸显了其对数据跨境自由流动的审慎态度，表明欧盟更加注重对个人隐私和国家安全的保护等。

欧盟 FTA 多以缔约邀请条款延缓引入数据流动规则，同时定期对已经引入的数据流动条款进行复审以持续观察数据流动承诺的稳定性。

（三）多元共治方案

虽然欧式与美式数据流动规制方案具有不同的关注点，但二者的发展趋势都是在逐步提升数据流动水平并推广有利于自身数据战略的规则。然而，这些规则对于许多数据产业落后、数据立法框架尚未完善的发展中国家来说，则是难以达到且相对不公平的。在迫切需要改变欧美单边主导格局的情形之下，RCEP 的出台为发展中国家引领自身的数据流动规制方案并与发达国家共同参与数据跨境治理与合作提供了良好示范。

1. RCEP：主张多元化的数据流动治理与合作

RCEP 作为欧美单边主导方案之外、首个体现发展中国家与发达国家多元共治的方案，与欧美主导并拥有强势话语权的双边 FTA 存在差异。《区域全面经济合作伙伴协定》（RCEP）主要由发展中国家发起，欧美的传统盟友日本、韩国、澳大利亚、新西兰作为后进成员也参与了谈判。然而，发达经济体欧盟和美国均未参与 RCEP 谈判，即 RCEP 是由发展中国家发起的具有普惠性特征的区域性多边协定，在一定程度上摆脱了欧美单边主导的影响。

首先，RCEP 支持高度自由的数据跨境流动，RCEP 设置了独立的电子商务章节，部分条款还借鉴了 CPTPP 的相关规定，但只对数据跨境流动规制自主权的限制程度作出了局部调整。其次，RCEP 承诺缔约方可以基于公共政策目标或者国家基本安全利益而采取相应的限制数据流动的本地化措施，赋予了缔约方采用该条措施实现合法公共政策目标和维护国家利益的权利，并对数据跨境流动采取限制的可能性。最后，为了保护一些数字产业落后的发展中国家，RCEP 还为部分成员方设置了 5~8 年的宽限期，使其可以优先发展本土数字企业与构建数据立法框架，在合理的缓冲期内逐步达到协定的最低要求。

此外，RCEP 对缔约方自主施加的非歧视性监管措施未作出过多限制。基于

RCEP 的争端解决机制，如果缔约方不能通过协商自行解决数据流动争端，争端将会被移至 RCEP 联合委员会进行进一步讨论，委员会无权作出对缔约方有约束力的决定。当然，RCEP 例外条款的规定同样因为过于宽泛而缺乏可操作性，几乎对缔约方的规制权没有作出任何限制，其结果是，缔约方以此为由实施的商业保护行为难以得到控制。

综合来看，RCEP 对成员方所设义务较为宽松，充分尊重和包容成员方各自采取的数据保护法律与政策，成员方不需要对本国数据保护法律与政策作出实质性修改即可实现与 RCEP 的兼容。因此，RCEP 更加体现了数据跨境流动区域规制的包容性和共治性，依然是成员方在独立自主层面上的合作与治理。

2. DEPA：涵盖数字经济问题

作为全球首个涵盖数字经济问题的专项协定，新加坡、智利、新西兰签署的《数字经济伙伴关系协定》（DEPA）吸纳了 CPTPP 电子商务章节的部分高水平数字贸易规则，专门对数字经济或数字贸易做出了约定的条约缔结。缔约方为了实现合法的公共政策目标，可以采取或维持对信息跨境流动的限制措施，同时这种措施要符合：①不构成任意不合理的歧视或变相的贸易限制；②对信息传输施加的限制不超过实现目标所需限度。实际上缔约方的例外措施要符合这些条件非常困难。

然而，与传统国际协定不同，DEPA 参与方可以选择加入特定主题模块而无须一揽子同意。

三、国家间数据跨境流动规则的比较

（一）美国：以维护产业竞争优势为主旨，构建数据跨境流动与限制政策

1. 主张个人数据跨境自由流动，利用数字产业全球领先优势主导数据流向

美国在信息通信产业和数字经济上具有全球领先优势，这一点是其主导全球数据跨境流向的前提。因此，美国在与各经济体的新一轮贸易谈判中都主张将"数据跨境自由流动"纳入协定条款，以破除许多经济体利用数据跨境流动设置的市场准入壁垒。

2. 通过限制重要技术数据出口和特定数据领域的外国投资，遏制战略竞争对手发展，确保美国在科技领域的全球领导地位

美国积极采取这类管制措施作为遏制中国等战略竞争对手的重要手段。美国的出口管制并不限于硬件的出口，还包括具体的技术数据，即受管制的技术数据"传输"到位于美国境外的服务器保存或处理，需要取得美国商务部产业与安全局的出口许可。在外国投资审查方面，改革后的《外国投资风险审查现代化法案》扩大了"涵盖交易"的范围，将涉及所谓"关键技术""关键基础设施"的

公司以及外国人对保存或收集美国公民个人敏感数据的公司进行的非控制性、非被动性投资都纳入了审查范围。

3. 制定受控非密信息清单（Controlled Unclassified Information，CUI），界定"重要数据"范围

根据美国总统 2010 年签署的 13556 号行政令要求，为改善美国法律、条例、政策文件等规定的政府受管制非密信息过于分散、缺乏统一标准的现状，由美国档案局牵头，各相关政府部门协同参与对美国法律、条例、政策等规定的受管制非密数据进行梳理和归纳，并形成管控非密信息清单。CUI 详细列出了农业、受控技术信息、关键基础设施、应急管理、出口控制、金融、地理产品信息、信息系统漏洞信息、情报、国际协议、执法、核、隐私、采购与收购、专有商业信息、安全法案信息、统计、税收等门类。这类数据可以视为美国政府识别的"重要数据"，须采取较为严格的管理措施。

同时，美国政府将 CUI 的传播范围分为禁止向外国传播、联邦雇员专用、联邦雇员和承包商专用、不向承包商开放、受管制的开放列表、只允许开放给某些国民等类别。

4. 通过"长臂管辖"扩大国内法域外适用的范围，以满足新形势下跨境调取数据的执法需要

2018 年，美国议会通过《澄清境外数据的合法使用法案》（《CLOUD 法案》）结束了"微软 vs FBI"案中关于美国执法机关是否有权获得美国企业存储在境外服务器中的用户数据的争议。通过适用"控制者原则"，该法扩大了美国执法机关调取海外数据的权力，同时为美国政府与其他国家签订双边条约设定了具体路径，允许合格外国政府（Qualifying Foreign Government）执法机构调取美国存储的数据。

《CLOUD 法案》抛开了传统的双边或多边司法协助条约，加剧了当前国家间与数据有关的司法主权冲突，其有效落实有赖于美国的国际经济与政治的强势地位以及与相关国家的合作。其他国家要调取存储在美国的数据，则必须通过美国"合格外国政府"的审查，需满足美国所设定的人权、法治和数据自由流动的标准。

（二）新加坡：以建设亚太地区数据中心为导向，积极参与数据跨境流动合作机制

1. 主张高水平的数据保护和数据自由流动相结合，吸引跨国企业设立数据中心

新加坡是亚太地区第四大互联网数据中心，仅次于日本、中国和印度。通过"智慧国家"（Smart Nation）战略，新加坡实现了信息基础设施现代化，推动了

电信业与数据中心的投资。新加坡从地理上靠近成熟的澳大利亚、日本、韩国等亚太地区公共云服务市场，这也是推动新加坡实现以建设亚太地区数据中心为战略目标的重要因素。新加坡建立了与欧盟类似的数据跨境传输要求，禁止向数据保护水平低于新加坡的国家或地区转移数据，但在特殊情况下，企业可以申请获得个人数据保护委员会的豁免。此外，新加坡通过立法提供了"数据跨境传输合同条款"作为补充。这些弹性化的机制使新加坡成为跨国企业设立亚太区域数据中心的优先考虑之地。

2. 积极加入 CBPRs，寻求区域内数据自由流动

2018 年 2 月，新加坡加入了亚太经济合作组织（APEC）主导的《跨境隐私规则体系》（CBPRs）。根据 CBPRs 的文件，加入 CBPRs 体系要求评估成员方当前的隐私保护法、隐私保护执法机构、隐私信任认证机构等是否与《APEC 隐私框架》保持一致性。新加坡个人资料保护委员会目前正在开发一项与 CBPRs 对接的认证机制。获得这一认证后，在新加坡经营业务的企业即可与 CBPRs 成员方的认证企业自由传输数据。

（三）日本：与欧盟和 APEC 等机制对接，积极构建跨境数据自由流动规则

1. 国内立法形式上参考欧盟，但通过更为弹性化的解释推动数据跨境自由流动

作为亚洲最为成熟的经济体，日本早在 2003 年就通过了《个人信息保护法》，并在 2015 年进行了修订。数字经济的全球化发展也推动日本在修订该法时引入了对数据跨境转移的监管，规定了三种向境外转移个人数据的合法方法：①事先征得个人同意；②转移的目的国是个人信息保护委员会认可的具有和日本同样保护水平的国家（白名单国家）；③接收数据的海外企业依照个人信息保护委员会的要求建立了保护数据的完善体系，能够为数据提供有效保护（与 APEC《跨境隐私保护规则体系》相一致）。虽然数据跨境转移的规则在形式上参考了欧盟，但日本对规则的解释更为弹性，为数据跨境自由流动提供了空间。

2. 积极参与多边和双边数据跨境协定谈判，推动数据跨境自由流动规则的构建

日本积极跟随美国数据跨境自由流动的政策主张，积极参与 TPP 和 CBPRs，并且在美国退出 TPP 后成为主导《全面与进步跨太平洋伙伴关系协定》（CPTPP）的主要成员国。同时，日本作为 CBPRs 的成员方，通过建立认证制度，为企业遵循 CBPRs 实施跨境数据传输提供了保障。此外，日本又积极对接欧盟的数据保护规则，制定补充规则（Supplementary Rules）以弥合欧盟和日本在数据保护规则上的差异，对敏感数据、数据主体权利和继续转移源自欧盟的个人数据加强保护。2019 年 1 月 23 日，欧盟通过了对日本的数据保护充分性认定，

实现了日欧之间双向互认。

（四）印度：在融入全球化和促进本国数字经济发展之间寻求本地化中间路线

1. 数据本地化政策以促进本国数字经济发展为前提

印度实施数据本地化的主要目的是促进本国的数据经济发展，通过落实数据本地化，进而实现数据价值的本地化。《印度电子商务国家政策框架草案》（以下简称《草案》）的前言部分明确提出，印度将会逐步推进数据本地化政策，要求建立数据中心。总体来看，印度并不想实施严格的"数据保护主义"，但又不能放任数据的自由流动，因此其数据本地化策略一方面想要融入数据全球化的趋势，另一方面又想要刺激印度数字经济的发展。《草案》列出了一系列数据本地化的豁免情形，比如，对于初创公司的数据传输、跨国企业内部数据传输、基于合同进行数据传输等不加限制。

2. 对个人数据进行分级分类，实施不同的数据本地化要求

在《2018年个人数据保护法（草案）》中，印度将个人数据分为三种类型：一般个人数据、敏感个人数据和关键个人数据。针对这三种数据类型，印度实施了不同的数据本地化和跨境流动限制。

（1）对于一般个人数据和敏感个人数据，该草案要求这两类数据应当在印度境内存储副本，并且可以跨境流动。同时，印度政府可以对一般个人数据进行清单化的豁免限制。

（2）关键个人数据仅能存储在印度境内的服务器或数据中心内，绝对禁止离境。

3. 强制金融数据本地化存储，以促进印度银行金融业发展

印度中央银行要求在2018年10月15日之前，所有在印度的支付企业都要将数据强制性存储在印度本地。对此，欧盟和美国政府及企业都提出了大量的反对意见，但是印度仍强势推进了支付数据的本地化规定。有研究认为，印度在此领域强制实施本地化与其银行渗透率低下存在密切关系。

（五）俄罗斯：通过数据本地化政策要求数据回流，以保护主义政策推动IT产业发展

1. 数据本地化政策主要基于经济动机和执法动机

2014年，俄罗斯通过了个人数据本地化规定，要求收集和处理俄罗斯公民个人数据的所有运营者使用位于俄罗斯境内的数据中心。法律并不限制个人数据出境，但是要求数据首次存储必须在俄罗斯境内的服务器上。数据本地化法律的实施使俄罗斯快速发展起了大数据市场，并推动跨国企业兴建大量数据中心。在执法层面，俄罗斯也希望通过数据本地化存储加强政府执法权和对数据的控制

力，这一点也在其《反恐法修正案》（Yarovaya's Law）上得以体现。该法要求在互联网上传播信息的组织者保留俄罗斯用户的互联网通信数据、用户本身的数据和某些用户活动的数据，在俄罗斯境内留存数据 6 个月，并要求向俄罗斯当局披露。

2. 划定数据自由流动范围，允许自由流向"108 号公约"缔约国和白名单国家

俄罗斯是《关于个人数据自动处理方面的个人保护公约》（"108 号公约"）的缔约国，并于 2018 年 10 月签署了欧洲委员会对"108 号公约"修订后的议定书。"108 号公约"共有 53 个缔约国，俄罗斯《联邦数据保护法》为加入"108 号公约"的国家的个人数据提供了充分的保护。此外，俄罗斯监管机构 Roskomnadzor 也确立了达到数据保护充分性水平的国家白名单，目前共有 23 个国家被列入白名单。

四、数据流动经贸规则谈判的发展趋势

（一）以"国家安全"为核心的"重要敏感数据"成为跨境流动限制重点

斯诺登事件之后，网络领域的国家安全对国际贸易体系规则的影响一直在全球蔓延，数据本地化政策、网络安全审查，以及自主可控等理念开始盛行，以"国家安全"关切为核心的"重要敏感数据"也成为跨境流动限制重心。美国在前沿和基础技术领域对我国实施管控，限制大量技术数据和敏感个人数据的跨境转移，并通过"长臂管辖"和强大的情报及执法能力加以落实。与此同时，美国在此领域的强势主张势必影响其战略盟友对中国的技术转移和数据跨境流动策略，这强化了以国家安全为主要价值取向考量的数据跨境流动政策，将进一步破坏现有的商业和贸易规则，阻碍数字贸易的全球化发展。

（二）各国数据跨境流动政策受制于数字经济产业竞争力

除了考虑国家安全和地缘政治因素外，各国对数据跨境流动政策路径的选择还明显受制于本国产业能力和经济发展现状能否控制数据流向。基于不同的产业能力，目前各国政府在数据跨境流动策略选择上可以分为三种类型：以美国为代表的主张自由流动的进取型策略、以欧盟为代表的规制型策略和以俄罗斯为代表的出境限制型策略。从产业能力的角度来说，我国数字经济发展仅次于美国，领先于欧洲和其他国家。然而，中国在数据跨境流动政策上总体趋向保守，与位居全球第二的数字经济产业规模不相适应。

（三）个人数据和重要敏感数据跨境流动规制存在不同的法益价值

从国际上主要国家数据跨境流动管理立法与实践来看，个人数据和重要敏感数据跨境流动威胁的法益有所不同，采取的监管机制也不一样。个人数据跨境流

动监管以企业自律为基础，政府监管为保障实施。个人数据跨境流动监管主旨以个人信息安全保护为出发点，以数据主体同意、数据主体权益保障、境内数据转出方与境外数据接收方的合同、数据接收方所在国家、地区数据保护充分性审查等多样化机制为抓手，保护个人信息出境流动安全。其监管措施主要包括以下两种：一是由监管机构或监管机构认定的第三方机构为认证主体，采取实质性审查与形式审查相结合的方式进行评估认证，发挥行业协会等第三方监督与市场自律作用；二是合同干预制，欧盟、澳大利亚等政府部门制定并推行数据出境合同范本，合同中明确相关主体义务，从而约束数据接收方行为，以实现对个人信息出境流动进行管理。重要敏感数据采取一般性禁止、分级分类审查出境的监管模式。

第一，采取禁止出境和限制出境分级监管。根据数据属性、风险程度，并结合本国国情和政治文化差异，世界各国普遍对政府、银行、金融、征信、健康、税收等关键基础设施和重要行业或领域的数据实施出境限制措施，包括完全禁止出境、选择性禁止出境、有条件出境等数据出境管理措施。

第二，采取"一事一议"的行政审查监管。在特定类型的重要数据出境前，数据输出方向相关政府部门提交出境申报材料，政府部门对相应出境活动进行许可审查，通过后方可出境。如美国商务部对进行境外存储和处理的受管制技术是否取得出口许可进行审查；韩国对地图数据建立出境申请协商机制，由国土地理信息院、未来创造科学部、外交部等部门联合评估风险，判断是否允许出境。

（四）大国扩张性的数据主权战略加剧了管辖权冲突

随着数据成为国家重要战略资源，对数据的积累、加工和治理成为决定国家经济命脉的重要因素。对数据资源的渴求反映在主要国家扩张性的数据主权战略之中，在立法层面体现为管辖权的扩张。美国、欧盟的数据主权战略以"攻"为主，通过"长臂管辖"扩张其跨境数据执法权。比如，美国《澄清域外合法使用数据法案》赋予美国执法机关对本国企业"控制"的数据，不论是在美国国内还是境外，都享有主权。同时对于美国人的数据以及在美国境内的个人数据，外国政府想获取或使用必须通过美国国内司法程序。这种"长臂管辖"使美国的数据主权扩展至美国企业所在的全球市场。欧盟的 GDPR 也同样适用于所有针对欧盟用户提供产品和服务的企业，不管该企业是否位于欧盟境内。美欧的"长臂管辖"无疑将加大与数据存储地国家的主权冲突。相对来说，中国、俄罗斯等国的数据主权战略以"守"为主，通过数据本地化解决法律适用和本地执法问题。此外，国家间的传统司法协助条约进展缓慢，也间接鼓励各国政府选择数据本地化政策，数据存储在本地至少有执法便利，在法律适用上也是一个强有力的抗辩。互联网是全球性的，然而立法与监管却是本地的。长期以来，互联网的管辖适用问题一直未得到解决。当前，数据主权扩张导致各国法律适用连接点增多，管辖冲突给跨境服务企业带来难以解决的法律冲突问题。

第四节 数据跨境流动经贸规则谈判的 最新趋势及中国方案

一、中国数据跨境流动的规则和机制

（一）重要数据：原则上境内存储，确有必要跨境须提供安全评估

我国《国家安全法》和《数据安全法》确立了重要数据出境的基本框架，即重要数据原则上应在境内存储，需向境外提供时应当进行安全评估。可见，目前我国重要数据跨境流动制度的核心是数据出境安全评估。

1. 数据出境安全评估旨在把控数据出境的安全风险

2017 年国家互联网信息办公室发布了《个人信息和重要数据出境安全评估办法（征求意见稿）》。在此基础上，2019 年又发布了《个人信息出境安全评估办法（征求意见稿）》，着力构建具有可操作性的数据出境安全评估制度。根据上述办法，我国数据出境安全评估重点评估以下内容：①数据出境的必要性；②涉及重要数据情况，包括重要数据的数量、范围、类型及敏感程度等；③数据接收方的安全保护措施、能力和水平，以及所在国家和地区的安全环境等；④数据出境及在转移后被泄露、损毁、篡改、滥用等风险；⑤数据出境及出境数据汇聚可能对国家安全、社会公共利益、个人合法利益带来的风险等。

2. 金融等行业完善数据跨境流动的规则和机制

我国金融、卫生健康、交通运输等部门较早结合行业需求对特定数据出境提出了要求，健全了数据跨境流动的规则和机制。相关要求主要集中在两个方面：

（1）明确要求数据本地化存储。例如，2006 年施行的《电子银行业务管理办法》第十条规定，中资银行业金融机构的电子银行业务运营系统和业务处理服务器设置在中华人民共和国境内；2016 年交通运输部等七部门联合发布的《网络预约出租汽车经营服务管理暂行办法》第二十七条规定，所采集的个人信息和生成的业务数据，应当在中国内地存储和使用，保存期限不少于 2 年，除法律法规另有规定外，上述信息和数据不得外流；2016 年国家新闻出版广电总局、工业和信息化部发布的《网络出版服务管理规定》第十二条要求，申请从事网络出版服务应当提交网站域名注册证明、相关服务器存放在中华人民共和国境内的

承诺。

（2）明确数据出境相关要求。这方面多数是笼统性的规定。例如，2013 年施行的《征信业管理条例》第二十四条规定，征信机构向境外组织或者个人提供信息，应当遵守法律、行政法规和国务院征信业监督管理部门的相关规定；2019 年中国人民银行等四部门发布的《信用评级业管理暂行办法》第三十条规定，信用评级机构向境外组织或者个人提供信息，应当遵守法律法规以及信用评级行业主管部门和业务主管部门的相关规定；2021 年 5 月国家互联网信息办公室等部门发布的《汽车数据安全管理若干规定（试行）》第十二条规定，个人信息或者重要数据应当依法在境内存储，确需向境外提供的，应当通过国家网信部门的数据出境安全评估。

3. 地方加快探索数据跨境安全监管模式

2020 年 8 月，商务部发布《关于印发全面深化服务贸易创新发展试点总体方案的通知》，提出在北京、上海、深圳等条件相对较好的试点地区开展数据跨境传输安全管理试点，明确要求支持试点开展数据跨境流动安全评估，建立数据保护能力认证、数据流通备份审查、跨境数据流动和交易风险评估等数据安全管理机制。

根据北京、上海、浙江、海南等地的自贸试验区方案，各地都在加快数据跨境流动机制探索，并采取了一些创新性的举措。例如，北京明确要加强跨境数据保护规制合作，促进数字证书和电子签名的国际互认，探索制定跨境数据流动等重要领域的规则，提出数据产品跨境交易模式，并设立了北京国际大数据交易所；上海明确要建立数据保护能力认证、数据流通备份审查、跨境数据流动和交易风险评估等数据安全管理机制，并提出依托国家光缆登陆口，构建跨境数据中心、新型互联网交换中心，建设新型数据监管关口与新片区跨境数据公司。

（二）个人信息：在数据主体同意的前提下，提供安全、评估、认证三种机制

借鉴欧盟 GDPR 等的规定，我国《个人信息保护法》确立了三种个人信息跨境流动机制：①安全评估，由国家网信部门组织实施；②个人信息保护认证，由国家网信部门出台相关规定，专业机构按照规定开展认证活动；③标准合同文本，由国家网信部门制定标准合同文本，数据输出方和接收方订立合同，明确双方的权利和义务，并监督接收方的个人信息活动达到法律规定的个人信息保护标准。

目前上述三种机制仍处于制度设计阶段。2019 年国家互联网信息办公室发布了《个人信息出境安全评估办法（征求意见稿）》，安全评估工作由省级网信部门组织进行，重点评估以下内容：①是否符合国家有关法律法规和政策规定；

②合同条款是否能充分保障个人信息主体合法权益；③合同能否得到有效执行；④网络运营者或接收者是否有损害个人信息主体合法权益的历史、是否发生过重大网络安全事件；⑤网络运营者获得个人信息是否合法、正当；⑥其他应当评估的内容。

（三）数据跨境调取：奉行对等原则，并须经有关主管部门批准

在一国涉外司法或执法过程中，会遇到需要调取他国境内数据或公民个人信息的情况。在这种情形下，数据跨境调取通常需要通过国际司法或者执法协助实现。2018年美国《CLOUD法案》规定，美国政府有权力调取存储于他国境内的数据，而其他国家若要调取存储在美国的数据，则必须通过美国的"符合资格的外国政府审查"。这实质上采取了双重标准，并打破了国际司法或执法协助制度。与美国不同，在数据跨境调动方面，我国《数据安全法》《个人信息保护法》都奉行对等原则，明确我国根据相关法律和中华人民共和国缔结或者参加的国际条约、协定，或者按照平等互惠原则处理外国司法或者执法机构关于提供数据的请求；非经中华人民共和国主管机关批准，境内的组织、个人不得向外国司法或者执法机构提供储存于中华人民共和国境内的数据。

同时，对于从事损害我国公民个人信息权益等活动的境外组织、个人，以及在个人信息保护方面对我国采取不合理措施的国家和地区，法律规定我国可以采取相应的对等措施。

二、数字跨境流动经贸规则面临的形势

目前全球尚未形成一致的数据跨境流动规则，在数据本土化等诸多方面存在分歧，全球数据治理还呈现碎片化的状态。欧美目前已形成较为明晰的数据跨境流动策略，并基于该策略在完善境内数据跨境流动规则和机制的同时，积极联合"志同道合"的国家和地区构建全球数据跨境流动圈，力图抢占数据跨境流动规则制定的话语权、构建数据竞争优势。

（一）各国和地区加快构建符合其利益的规则和制度体系

随着数据成为基础性、战略性资源，各国和地区对数据资源的争夺日趋激烈，数据跨境流动成为各国关注的焦点。出于对国家安全、经济发展、产业能力等多方面的考量，欧盟、美国等国家和地区确定了不同的数据跨境流动策略，进一步加快构建数据跨境流动规则和制度体系。

欧盟强调数据主权，提出先进的技术和产业、强大的规则和制度构建能力对数字时代的欧盟至关重要。基于数据主权战略，欧盟加快个人信息保护、数字平台竞争等方面的规则和制度建设，期望能够通过统一境内规则和有效境外输出，确保欧盟对境内数据资源的掌控能力，以维护其数据主权。具体到数据跨境流动

方面，欧盟强调以个人隐私保护为先，明确只有在境外国家、地区或组织机构达到与欧盟同等水平的保护时，才可向境外传输数据。

美国数字技术和产业发展全球领先，在数据资源的争夺上具有优势地位，一直以来强调数据自由流动，不希望他国对数据流向美国作出限制。基于上述理念，美国重点从三个方面构建规则体系，以维持和确保在数字领域的领先地位：一是通过"长臂管辖"提高跨境数据获取能力；二是倡导将数据自由流动纳入多双边协议和国际协定中，与合作伙伴建立更广泛的同盟，构建基于共同利益的数据跨境流动圈；三是基于维护其竞争优势的考量，限制美国敏感数据向战略竞争对手流动。

俄罗斯、印度等国家从发展本国技术和产业、维护国家安全的考量出发，实行了相对保守的数据跨境流动政策，加快推进数据本地化。例如，俄罗斯通过修订《关于信息、信息技术和信息保护法》，确立了数据本地存储的基本规则，要求公民个人信息及相关信息和数据库需要在俄罗斯境内存储，对俄罗斯公民个人数据的处理活动需要在俄境内进行；2019 年，印度《个人数据保护法》明确，政府有权将任何数据归类为"关键个人数据"，并强制仅在印度境内存储和处理这些数据。

（二）发达经济体积极推动建立全球数据跨境流动圈

美国、欧盟、日本等在加快构建数据跨境流动规则体系的同时，积极与合作伙伴联合，推动建立基于共同理念的全球数据跨境流动同盟，并以规则和制度竞争为手段，打压和遏制中国等战略竞争对手，抢占数据跨境流动国际规则制定的话语权。

美国早在几年前就主导建立了 CBPRs，近期美国寻求将该体系独立于 APEC 框架之外，并主张允许非 APEC 成员方参加。同时，美国还以"民主国家同盟"为号召，加快与"志同道合"的伙伴联合，推广数字治理的民主模式，如 2021 年美欧成立贸易和技术委员会，将在包括关键技术数据出口、数据跨境流动的多个方面采取更多努力，达到遏制竞争对手的目的。

欧盟 GDPR 下的"充分性认定"机制，会对他国和地区的数据保护立法情况、执法能力、救济机制、国际参与等情况进行评估，只有符合其理念、达到与其同等水平的国家和地区才能被纳入白名单。欧盟希望通过该机制，创造世界上最大的数据流动安全区，并引领建立全球数据流动标准。与此同时，欧洲委员会在"108 公约"等的基础上，积极探讨建立多边数据流动圈的可能性。

日本加入了美国主导的 CBPRs，并与欧盟达成了充分性认定协议。日本还积极推进美日欧"数据共同体"，2019 年日本与美国、欧盟共同商议数字治理相关议题，涉及允许个人及商业数据相互转移、严格限制向个人数据保护不力的国家和地区转移数据、建立以西方为中心的数据跨境流动规则框架等。日本还倡导提出"可信数据自由流动"理念,并与美国等西方国家探索建立多边数据跨境流动圈。

（三）地缘政治成为跨境数据流动的重要考量因素

近年来,以美国为首的西方国家以国家安全为由,采取包括限制关键技术数据出口、对涉及数据交易的活动开展国家安全审查、禁止敏感数据向竞争对手流入等措施,以加快对战略竞争对手的数据封锁。在这一过程中,地缘政治成为数据跨境流动的重要考量因素。

美国对战略竞争对手的数据封锁体现在出口管制、外商投资、技术产品和服务使用等多个方面。通过本国出口管制法律法规及《瓦森纳协定》,美国与盟友严格控制关键技术数据出口。同时,美国修订本国外商投资国家安全审查制度,将涉数据的交易纳入国家安全审查范围,限制我国企业对美的投资并购。此外,美国审慎对待我国技术产品和服务使用带来的数据安全风险,通过出台行政命令等方式,对我国信息技术产品和服务使用增加限制。

欧盟也采取了相似的数据封锁措施。2019年以来,欧盟陆续出台《5G网络安全建议》《5G网络安全风险评估报告》《欧盟5G网络安全风险削减措施工具箱》等,要求欧盟评估5G供应商风险情况,对所谓的"高风险"供应商设限;2020年10月生效的《欧盟外商直接投资审查条例》,明确成员国可以合法阻止涉及关键基础设施、技术、原材料和敏感信息的外资收购;2021年5月欧盟通过了《欧盟两用物项出口管制条例》,对两用技术的出口、转让、中间商交易和过境进行管制,并特别限制对"威权体制"出口网络监控技术。

三、数据跨境流动经贸规则谈判的中国机遇

（一）美国经济政策转向为中国参与构建数字经济贸易规则提供机遇窗口

美国政府推出的"全球收缩"经贸保护政策和"美国优先"国内经济政策对全球经济秩序产生了重大影响。在全球经济萎靡不振、贸易增长乏力和政治不稳定叠加的背景下,贸易保护成为美国对外经济政策的主要议题。美国政府退出了TPP等贸易谈判,放弃既有的多边贸易机制,试图逆转经济全球化。美国退出TPP和全球战略收缩将可能为中国的"一带一路"倡议腾出空间,美国退出后在某些领域形成力量真空,成为中国参与构建数字经济贸易规则的机遇窗口。中国可以利用机遇,建立新的、中国主导的多边机制,重构全球贸易和数据治理体系。

（二）新一轮技术变革改变数据流动逻辑为中国提升全球产业价值链地位提供机遇

智能时代来临,一方面将改变数据流动的底层逻辑,另一方面将使全球产业

图景发生革命性变化。我国在 5G、物联网、大数据、云计算、人工智能等领域积累了良好的创新能力和技术优势，有机会通过创新实现跃升迭代，提升我国在全球产业价值链中的地位。因此，中国在构建跨境数据流动规则时，应充分考虑新技术变革对产业升级的战略性影响。

（三）中国扩大开放与"一带一路"倡议，推动合作共赢的"新型全球化格局"

国家统计局数据显示，2018 年中国大陆对外货物贸易总额达到了 4.62 万亿美元，再次超过美国成为全球最大的贸易国。扩大开放意味着将有更多数据跨越国境进行流动，包括境内外资企业输出数据、境内中资企业输出数据、境外中资企业输入数据等各种情形。"一带一路"相关投资从传统的基础设施项目拓宽至贸易、互联网等数据密集型行业，伴随大量双边和多边经贸合作协议的签订，以及与共建"一带一路"国家和地区贸易关系的日益紧密，带动了双边和多边的数据交互流动的持续上升。

四、数据跨境流动经贸规则谈判的中国挑战

与数字经济和数字贸易高速发展的态势相比，我国在跨境数据流动国际合作机制构建方面相对滞后，且与主要国家跨境数据流动政策及国际规制相比，仍面临不少挑战。

（一）与现行国际规则不兼容

在跨境数据流动属性方面，我国主要基于"属地原则"。"数据本地化"政策不仅难以支持 WTO 声明中"谋求禁止数据本地化"的主张和立场，也导致目前我国难以参与发达国家主导的双边或多边合作框架，如欧盟主导的 GDPR，以及强调跨境数据自由流动的新一轮贸易协定，如 CPTPP、USMCA 等。

（二）监管制度灵活性不够

当前《个人信息出境安全评估办公（征求意见稿）》在个人信息出境安全评估方面，摒弃了原有的"自评估+监管机构评估"的双轨路线，转而采用监管部门的全面审批机制。尽管这有利于保障跨境传输中的数据安全、推动数据的有效治理，但在一定程度上也加大了企业运营成本与市场监管成本。

（三）数据保护尚未形成广泛共识

虽然我国近年来不断加强数据领域的治理与监管，但数据治理能力仍存在不足。各类组织违规收集用户数据、缺乏必要的数据安全防护措施、滥用甚至贩卖用户数据等事件屡见不鲜。在数据跨境传输方面，由于跨境传输不仅牵涉不同的权利主体，还牵涉不同传输环节中的不同监管主体、不同法律管辖，因此，数据保护理念滞后所产生的监管框架漏洞将面临较大的安全风险。

（四）数据跨境治理的国际规制缺失

相较于美欧推进的数据战略和顶层设计，作为数据大国，中国目前并无一套清晰的数据跨境规制和国际战略。这可能使"数据垄断"与"数据孤岛"情况加剧，削弱数字治理的国际规则主导权。

五、中国参与数据跨境流动经贸规则谈判的方案

我国推动数据跨境流动应当坚持维护国家安全、公共利益和个人隐私权益的底线。现有法律法规已经搭建了数据跨境流动的制度框架，下一步应建立健全数据出境安全评估、个人信息保护认证等基本制度。在此基础上，可通过特定地区的先行先试，探索数据跨境流动管理机制。同时，要与合作伙伴建立共同的规则和制度安排，推广符合中国利益的治理方案。

（一）建立健全数据跨境流动规则体系

完备的本国数据跨境流动规则体系是参与国际治理的基础。目前除美欧等部分经济体外，包括中国在内的许多经济体都未建立自身的数据跨境流动规则，仍在探索中前行。中国《网络安全法》《数据安全法》《个人信息保护法》等法律对数据跨境流动已经作出规定，但尚未形成操作性的制度，应加快建立自身的数据跨境流动规则体系。

1. 建立数据出境安全评估制度

鉴于大规模个人信息向境外提供，以及关键信息基础设施运营收集和产生的重要数据向境外提供，将对国家安全和公共利益产生重大影响，有必要按照"一事一议"的原则开展安全评估。应加快出台《个人信息出境安全评估办法》等配套规定，明确哪些数据需要出境安全评估，以及评估内容和评估程序。应重点评估数据出境的安全风险，根据评估结果采取禁止出境、有条件的出境等监管手段，防止关键数据流失、维护国家安全。

2. 建立个人信息保护认证制度

个人信息保护认证是许多国家和国际协定中选择的数据跨境流动机制之一。借鉴国际做法，我国也将个人信息保护认证作为数据出境的一种机制。但目前个人信息保护认证制度在我国处于概念阶段，相应的认证机构没有明确，认证机构要依据什么开展认证、认证的重点内容，以及开展认证活动的要求等都没有具体说明，需要尽快搭建起个人信息保护认证制度框架，制定相关标准规范和实施细则，推动该制度落地实施。

3. 研究其他数据出境管理制度

《数据安全法》第三十一条规定，关键信息基础设施运营者之外的其他数据处理者在我国境内运营中收集和产生的重要数据的出境安全管理办法，由国家网

信部门会同国务院相关部门制定。因此，有必要明确关键信息基础设施和重要数据范围，适时制定其他数据出境的管理制度。

（二）提高数据跨境流动安全保障能力

安全是数据跨境流动的前提。数据传输至境外可能会带来各种不可控风险，如数据泄露、数据滥用等，对国家安全构成威胁。为此，必须在推动数据跨境流动的同时，加快发展数据流动安全保障能力。

1. 加强数据安全风险评估、信息共享、监测预警等技术能力建设

支持政府部门、安全企业等共同协作，建设数据跨境流动安全威胁感知和监测预警等基础设施，统筹数据安全威胁信息的获取、分析、研判、预警工作，加强数据安全威胁信息共享，形成数据安全事件快速响应、追踪溯源恶意行为等技术能力。

2. 支持数据跨境流动安全保障技术研发

面对数据跨境流动中可能的数据泄露、个人隐私风险、数据滥用等一系列安全风险，支持差分隐私、同态加密、安全多方计算、联邦学习等前沿数据安全技术研究，支持安全产品研发及产业化应用，为数据跨境流动安全提供切实可行的技术方案，降低数据跨境流动的安全风险。

3. 压实数据输出方的安全管理责任

加强对数据输出方的监管，要求其建立覆盖数据收集、存储、传输、使用等权利流程的安全管理制度，加强数据安全风险监测和评估，建立数据泄露等安全事件的应急响应机制。通过标准合同等方式，强化数据输出方对数据接收方的监督管理，确保其按照法律法规要求和合同约定采取与数据输出方相等同的安全保护措施，防范数据被窃取、泄露等风险。

（三）试点探索数据跨境流动的管理机制

当前，我国一些地区正在开展数据跨境传输安全管理试点，应充分发挥这些地区的政策创新优势，在数据跨境安全评估、数据保护能力认证、数据交易风险评估等方面率先探索，逐步形成数据跨境流动的路径和模式，形成可复制、可推广的经验。

1. 探索创新数据跨境流动规则

借鉴国际经验，结合特定地区数据跨境要求，率先开展数据出境安全评估、数据保护能力认证、标准合同条款、"白名单"等机制探索。例如，海南可结合其作为国际"税收洼地"和入驻跨国公司较多的现实情况，率先探索制定约束性公司规则；北京可通过国际大数据交易所，加快探索金融、医疗、交通等数据跨境交易和传输机制。同时，积极参与跨境数据流动国际规则制定，探索安全加入区域性国际数据跨境流动制度的路径，提升数据传输的便利性。

2. 试点项目实现以点带面

从特定行业、特定场景入手开展试点，筹划建设一批试点项目，循序渐进、以点带面。例如，海南省加快开放增值电信业务和基础电信业务，允许企业面向自由贸易全域及国际开展在线数据处理与交易处理等业务，开展国际互联网数据交互试点，建设国际海底光缆及登陆点，设立国际通信出入口局；上海市推动特定功能区建设国际互联网数据专用通道、国家新型互联网交换中心，允许符合条件的外资金融机构向境外报送涉及内部管理、风险控制等类别的数据。

（四）推广数据跨境流动的中国治理方案

目前全球尚未形成统一的数据跨境规则体系，美欧等西方经济体正积极与合作伙伴联合，构建数据跨境流动圈。为掌握国家规则制定的话语权，我国应该主动参与数据跨境流动的多边或双边协定谈判，基于互利互惠、安全高效等原则，提出有利于我国发展的治理方案，与合作伙伴建立共同的规则和制度安排，实现规则的趋同和互操作，推动数据安全有效地跨境流动。

第一，充分利用"一带一路"建设契机，在当前正在进行的各种双边、多边贸易谈判中，将数据跨境流动作为谈判内容，在尊重各国法律制度的情况下，以统一的数据跨境流动原则为基础，推动形成共同认可的数据保护认证、标准合同条款等机制，实现区域内数据跨境自由流动。

第二，基于对等原则，积极与各国建立双边、多边的数据跨境协助协议，建立跨境个人信息调取互助机制；对应国际司法协助或者行政执法协助，建立畅通的个人信息提供渠道。

第三，防范发生向境外提供数据的安全风险，加强与数据传输目的国在境外执法等方面的合作，更好地维护本国消费者及企业的合法权益。

本章复习题

一、名词解释

1. 数据跨境流动　2. 数据本地化　3. 数据确权　4. 数据交易　5. 数据要素市场　6. 数据资产化　7. 数据交易所　8. 多边安全交付　9. 数据跨境调取　10. 安全评估

二、简答题

1. 尝试对本章所涉及的数据跨境流动方案进行总结，并思考中国应如何推行中国方案。

2. 你认为在全球数据跨境流动规则塑造过程中，中国首先需要克服的问题是什么？

3. 你认为可以助力中国增强数据跨境流动领域话语权的相关政策有哪些？

4. 除本章所涉及的部分国家外，你认为还有哪些国家在数据跨境流动领域可能与中国有着相同或相似的诉求？为什么？

5. 在数据跨境流动规则制定方面除本章所提及的建议和举措外，你认为中国可采取哪些措施构建符合自身利益的数据流动规则？

三、案例分析

请阅读以下材料，回答问题。

深入研究规范数据跨境流动

数据安全是国家安全的重要组成部分。当前，大量个人数据跨境流动，如果被非法利用，不仅会侵犯个人合法权益，也会给国家安全带来重大风险。确保数据跨境流动安全，成为维护国家安全和推进国际数据治理的重要课题。习近平总书记强调："要切实保障国家数据安全。""要制定数据资源确权、开放、流通、交易相关制度，完善数据产权保护制度。"我们要针对数据跨境流动规模大、频率高、风险高的特点，从法理学和法律规范角度加强研究，更好运用法治思维和法治方式推动数据安全高效利用。

加强维护国家信息主权研究。数据蕴含着巨大价值，特别是规模化的大数据和敏感数据，与国家安全和公共利益息息相关。习近平总书记指出："虽然互联网具有高度全球化的特征，但每一个国家在信息领域的主权权益都不应受到侵犯，互联网技术再发展也不能侵犯他国的信息主权。在信息领域没有双重标准，各国都有权维护自己的信息安全，不能一个国家安全而其他国家不安全，一部分国家安全而另一部分国家不安全，更不能牺牲别国安全谋求自身所谓绝对安全。"数据的虚拟性使其流动可以超越时空限制，但数据跨境流动必须在本国法律框架下进行，国家有权对本国疆域内的数据跨境流动进行管理。对规范数据跨境流动进行研究，就要站在维护国家信息主权的立场上，探讨如何确保数据跨境流动有序进行，促进其依法利用，避免违法滥用给国家和个人安全带来威胁。

加强健全法律规则研究。维护数据跨境流动安全，需要织密法律之网，健全保障数据跨境流动安全的法律规则，提升数据安全保障能力。随着我国网络安全法、数据安全法、个人信息保护法等陆续施行，数据跨境流动规则更加明确，在很大程度上解决了数据跨境流动有法可依的问题。当前，还需要进一步研究如何促进不同法律规范之间、国内法与国际法之间的配套协调问题，让数据安全法、个人信息保护法、网络安全法、电子商务法等法律有效衔接，各项法律能够更好体现维护数据安全的理念，共同构筑维护数据跨境流动安全的法律屏障。

加强我国法域外适用法律体系建设研究。规范数据跨境流动和利用，维护数据跨境流动安全，一个重要方面是维护个人用户数据权益。我国数据安全法第二条规定："在中华人民共和国境内开展数据处理活动及其安全监管，适用本法。在中华人民共和国境外开展数据处理活动，损害中华人民共和国国家安全、公共利益或者公民、组织合法权益的，依法追究法律责任。"一些国家奉行单边主义、保护主义，滥用域外管辖，只从自身利益诉求出发考虑数据跨境流动规则，对国际秩序造成威胁。可以从国际法角度探讨完善全球数据治理规则，促进国际社会共同努力维护数据跨境流动安全。还应着重研究我国法域外适用的法律体系建设问题，让信息处理者无论在中国境内还是境外，只要实施违法侵害行为，我国法律均能进行有效管辖。为此，要在遵循国际法的前提下，研究如何进一步细化我国法域外适用的具体条件、明确执法程序，有效保障数据有序跨境流动，更好维护国家主权、安全、发展利益。

（选自《人民日报》，2022年2月28日）

1. 数据跨境流动主要体现在哪些方面？
2. 结合案例和教材内容，分析数据跨境流动对数字经济开放的影响。
3. 提出几点"推进数据跨境流动，推动包容发展"的中国方案。

第六章 《数字经济伙伴关系协定》与网络安全

DEPA 在网络安全方面聚焦于数据问题，为网络安全提供制度保障，从而维护经济社会发展的共同利益。中国不仅在网络安全经贸规则谈判中寻求全球网络环境的安全，而且在网络安全领域也始终参与前沿技术竞争并坚持创新。本章分为以下四个部分：网络安全的内涵、网络安全的相关领域、DEPA 与其他经贸规则的比较和网络安全经贸规则谈判的中国方案。明确网络安全的定义及其相关领域，对比分析 DEPA 与其他经贸规则中网络安全的相关内容，对我国更好地参与网络安全经贸规则谈判、推动数字经济实现高质量发展具有重要的现实意义。

第一节 网络安全的内涵

一、网络安全的定义

20 世纪末，在人们更多地强调网络便捷性的时代，Ahmed 和 Hardaker（1999）就指出，为推动因特网技术的发展，解决网络安全和控制问题应进行系列变革。其中，重点包括互联网基础设施和应用程序的正规化等，这是早期维护网络安全的举措。后续不断增多的网络攻击和威胁，使得网络安全更加频繁地被提及。网络安全是指网络系统的硬件、软件及其系统中的数据受到保护，不因偶然的或者恶意的原因而遭受到破坏、更改、泄露，系统连续可靠正常地运行，网络服务不中断。2018 年，马其顿出台了《国家网络安全战略》，该文件将网络安全上升到国家层面，旨在利用高水平网络安全专家提供的技术支持，以网络安全领域的合作和信任为基础，全面促进安全、可靠和有弹性的数字环境的发展。2016 年我国颁布的《中华人民共和国网络安全法》首次在立法角度上明确了网络安全的概念，指明网络安全是通过采取必要措施，防范对网络的攻击、侵入、干扰、破坏和非法使用以及意外事故，使网络处于稳定可靠运行的状态，以及保障网络数据的完整性、保密性、可用性的能力。

结合国内外对网络安全的阐述，本章将网络安全定义为网络系统下的信息不受偶然或恶意的网络违法行为的破坏，以保证网络信息的完整性、保密性和可控性。网络上的信息安全是网络安全的本质，而网络安全的具体含义在不同的视角下又有所不同。从网络安全厂商角度来看，它们是专业的网络运行者和管理者，侧重于防范网络安全隐患和及时阻止已被识别出来的网络犯罪，并致力于提高对本地网络信息访问和读写等操作的控制。但对于个人或企业等网络用户，他们更关心个人或企业信息在网络上传输的完整性、存储的稳定性以及使用的授权性，避免他人尤其是竞争对手利用窃听和篡改等手段损害自身利益。

【小贴士】近似概念的区别和联系：信息安全、网络安全、数据安全

《信息安全技术 术语》（GB/T 25069—2022）将信息安全明确定义为"对信息的保密性、完整性和可用性的保持"。信息安全的范围要大于网络安全，它侧重于保护所有有价值的信息，不局限于网络空间里的信息。但因在互联网时代，绝大多数信息都置于网络空间中，网络信息安全便成了信息安全的重要分支，且网络安全的本质也可以说是网络信息安全。

网络安全又叫网络空间安全。早期的网络安全泛指确保由计算机网络连接的软硬件信息基础设施能够持续正常运行，防范外部供给者对信息系统及其中存储的数据进行破坏和篡改或者窃取秘密数据。近年来，随着移动互联网、物联网、人工智能等技术的飞速发展，大数据的应用和影响范围越来越广，人类正在全面转型跨入数字化社会，网络的概念也开始不断向云、边缘、终端等新的衍生概念延伸。在强调网络边界、网络通信系统或网络空间主权的情景下，我们一般使用网络安全这种表述。

目前，一般将数据安全解读为以数据为中心，保护数据在其生命周期（包括数据的采集或生成、传输、存储、处理或使用、交换、销毁等众多流转环节）内的安全性。数据安全侧重于维护数据在其生命周期内的安全，在强调数据主体权利、数据控制者和处理者义务、长臂管辖权的情景下，使用数据安全的表述更为恰当。

资料来源：根据国家标准委发布的国家标准等整理而成。

在大数据的概念出现以前，广义的信息安全范围最广，能够涵盖网络安全和数据安全。狭义的信息安全则在不同语境中有多种不同的含义。例如，当信息安

全特指为保障内容健康合规而封禁黄赌毒等有害内容的发布和传播时，它与网络安全和数据安全的概念几乎完全独立；而当信息安全特指企业或组织机构防范内部信息泄露时，它就成了网络安全和数据安全两个研究范畴的子集。

数据安全的概念范畴尽管仍与网络安全拥有大量重合，但已不再完全是网络安全的子集，而是蕴含了很多与时俱进，甚至尚未可知的数字化社会的时代特征。相比之下，信息安全的概念演变却呈现出相反趋势，越来越多地被用于承载其狭义含义的语境之下，成为网络安全和数据安全范畴内某个具体的方向或领域。

在数字经济的发展过程中，各方通过保护网络空间里的数据实现信息安全的目标。这里的数据和信息安全即网络数据安全和网络信息安全，都是网络安全的细分领域。为避免争议，特别指明下文谈及的数据安全和信息安全也都在网络安全范围之内。

二、网络安全的类型及特点

（一）按网络用户类型进行分类

1. 企业网络安全

企业是国家的经济命脉，随着网络在企业中渗透，各行业网络风险增加，风险木马软件、后门类病毒[①]、感染病毒是企业面临的三大网络安全威胁。目前企业网络安全问题受到制造业、金融、能源等行业的高度重视，呈现出不同的企业网络安全问题。对于制造业，根据国家信息安全漏洞共享平台统计，工业自动化控制系统安全漏洞数量快速增长，由 2015 年的 108 个增长到 2020 年的 591 个，[②] 五年时间增长了 447.22%，漏洞隐患问题对制造业企业网络安全形成了严峻挑战。对于金融业，《金融行业网络安全白皮书（2020 年）》数据显示，数据安全成为金融机构近年来最主要的网络安全投入领域。传统数据中心逐步变成云模式，个人设备接入系统风险、边界模糊带来的安全验证风险、终端多样化带来的数据处理风险等也随之而来，SWIFT 攻击、信息泄露、DNS 攻击等手段层出不穷。作为国家基础产业，能源行业的发展变动会给社会发展乃至整个宏观环境带来冲击，设备和系统专有性强且受到黑客攻击的概率高，产生的后果尤其严重，这使得能源业的网络安全维护变得更具挑战性。

2. 政府网络安全

政府机关相较于普通单位，具有众多的重要机密数据且政府网络安全常常与

[①] 后门类病毒的特性是通过网络传播，给系统开后门，给用户电脑带来安全隐患。一方面，存在潜在的泄露本地信息的危险；另一方面，病毒出现在局域网，从而使网络阻塞，影响正常工作，从而造成损失。

[②] 数据来源：亿欧智库发布的《2021 年中国政企数字化网络安全研究报告》。

国家安全相关联，更容易受到不法分子的攻击、窃取。目前，政府网络安全主要围绕电子政务①、智慧城市②、公安机关三大场景展开。在电子政务领域，数据集中储存度高、用户活跃度长期处于高水平，这就使得大数据流转的难度增大，风险升高，且为应对政务大平台用户数量的变化，相关单位需要据此对政府网络安全能力做出调整；在智慧城市场景下，业务系统不断融合使得各系统边界模糊化，网络攻击者可以更轻易地对网络通信设备进行非法访问并获取重要数据信息，同时智慧城市安全相关规范、城市各部门联动的风险预警和应急处理机制均不够完善。

（二）按网络安全风险类型进行分类

云安全。随着云计算的普及，云安全风险成了网络安全技术框架内的核心关注对象。云用户重点关注数据丢失和泄露等影响数据和业务的云安全问题。

数据安全。数据资源已成为新型生产要素，数据安全强调对数据在收集、存储、运输等过程中的保护，保障数据在全生命周期中不被泄露和非法使用。

物联网安全。以攻击路由器、摄像头为代表的物联网安全风险，与传统网络安全风险相比，其规模潜力和扩散能力都更加突出，防护难度更大。

（三）我国网络安全的特点

本章将网络安全的发展划分为四个阶段（见图6-1），在不同的发展阶段，我国的网络安全呈现不同的特点：①在以点对点通信为主的通信加密时代，网络安全产品以加密机为主，但使用并不普遍，只有少数政府组织为抵御网络恶意攻击、防止信息泄露而进行信息加密，以实现保密性。②在个人电脑普及的时代，许多企业开始开发适用于PC设备的防病毒产品和杀毒软件，例如，国内的瑞星网安技术股份有限公司、北京冠群金辰软件公司、360公司等都推出了相应的产品，以有效制止和防御网络黑客的攻击。③21世纪初移动互联网开始盛行，各行业开始追求信息化，网络安全行业也随之步入正轨，网络安全产品形态由杀毒软件转变为身份认证、事件响应等，网络安全主要聚焦在内外网隔离的网络边界安全和面向信息化办公的信息安全方面。④随着数字化时代的到来，网络攻击复杂化、网络威胁数量明显上升，网络安全也进入了数字安全时代，云计算、人工智能、大数据等新技术开始普及，安全防护措施从传统的被动防御转向主动监测感知，网络安全架构全面升级，行业加速发展。可以看出，在不同的时代背景下，市场需求有较大差异，网络安全措施也必须不断更新升级，以此来应对多变且复杂的网络安全威胁和攻击，构建较为稳定的网络安全环境。但无论处于什么

---

① 电子政务是指借助网络系统形成新型处理政府有关的内部和公开事务的综合政务管理系统。

② 智慧城市起源于传媒领域，是指利用各种信息技术或创新概念，将城市的系统和服务打通、集成，以提升资源运用的效率，优化城市管理和服务，以及改善市民生活质量。

阶段，信息安全都是最根本的网络安全内容，可以说维护信息的保密性、完整性、可控性是网络安全最基本的特征。

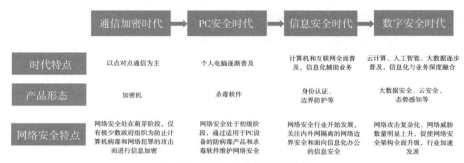

图 6-1 网络安全的发展阶段

三、网络安全的发展现状

网络安全经历了通信加密时代、PC 安全时代、信息安全时代，如今正处于数字化时代。随着大数据、云计算、人工智能等新技术的广泛应用，各种网络安全威胁也随之显现，损害着用户的利益和隐私。基于上述背景，大量的网络安全企业应运而生。2021 年 12 月，中国网络安全产业联盟发布的《中国网络安全产业分析报告》显示，2015 年中国网络安全市场规模为 219 亿元，此后 5 年，网络安全市场规模均以高于 10%的增长率扩张，在 2020 年达到了 532 亿元。在威胁管理、云安全、工业控制系统等新兴安全市场极大地促进了网络安全需求的同时，国家也颁布了《中华人民共和国个人信息保护法》《中华人民共和国数据安全法》等与网络安全相关的政策法规，这些使得未来的网络安全市场规模非常可观。

在网络安全行业不断发展壮大的过程中，也不可避免地面临着一些问题和挑战。在进入数字安全时代前，网络安全行业主要面临竞争格局比较分散的问题，这使得该行业的企业很难形成规模经济，成本效益不高。2013 年斯诺登事件后，网络安全开始上升到国家战略层面，中国加大了对网络安全的国产化力度，大型中央企业对于网络安全的系列投资，使得该行业龙头企业的市场份额不断增大，从而提高了行业集中度。2020 年，我国网络安全行业增长速度虽有所下滑，但市场需求保持旺盛。在资金和政策的双重驱动下，网络安全产业发展驱动力依旧较强，行业增速正在逐步恢复当中，竞争格局也在不断改善。

目前，网络安全行业主要面临以下两个方面的挑战：第一，网络安全问题产生的根源在于计算机本身，而计算机系统和软件的漏洞几乎是不可避免的，且随着计算机技术的进步甚至会产生新型网络安全威胁和网络犯罪，也就是说网络安全问题是不可能完全解决的，网络安全厂商能做的就是将网络安全问题带来的损失降到用户可接受的范围。第二，网络安全攻防力量差异较大。由于信息不对称性，攻击方躲在暗处，只要时间充足其总能找到系统漏洞；而防守方在明处，一般只会以某种固定的防护措施进行应对，很有可能无法阻挡攻击者的猛烈攻击。此外，随着企业规模的不断壮大，网络信息数量急剧增多加大了企业的防护难度，同时，国际局势的不稳定导致一批专业网络攻击者专注于破坏国家网络安全，攻守方之间的力量差异越发显著，网络安全风险后果也越发严重。如何提高网络安全防守方的应变速度和效率，缩小攻防力量差异，是各大网络安全厂商急需解决的问题。

随着数字化转型的深入，对于大多数企业而言，网络边界已经基本消失了，传统的安全架构已经无法应对网络安全威胁。目前，最受欢迎的解决方案是使用零信任安全架构，它遵从"持续验证、从不轻信"这一原则，用户将通过不断重新验证与内外部因素建立可信连接。"零信任"将安全管理方式由传统的基于边界防护转为按照需求在单个资源和客户之间建立信任，持续对访问进行评估和控制，并主动防御。另外，隐私计算①技术的兴起为数据安全流通和使用提供了新的技术路径和解决思路。

2021年以来，国内对数字经济的发展特别关注，产业数字化、数字产业化、数字化治理产业规模快速扩大，网络安全威胁相伴而生，为筑牢网络安全防护墙，网络安全厂商将安全同信息化、数字化深度融合，数字化网络安全正在加速成熟。在市场需求和国家政策的支持下，网络安全市场规模有望继续以高于10%的年增长率进行增长，在技术积累上，云安全技术、物联网安全技术、数据安全技术、零信任网络架构等有望在未来2~5年内走向成熟，隐私计算应用范围也将扩大，网络安全解决方案正在逐步成形。

第二节　网络安全的相关领域

一、数据安全

（一）概念界定

《中华人民共和国网络安全法》将网络数据定义为通过网络收集、存储、传

---

① 隐私计算是一种由两个或多个参与方联合计算的技术和系统，参与方在不泄露各自数据的前提下通过协作对他们的数据进行联合机器学习和联合分析，其中，联邦学习、多方安全计算和可信计算是当前主流技术路径，也是当下产品化的主要方向。

输、处理和产生的各种电子数据；《中华人民共和国数据安全法》将这一概念定义为以任何电子或者其他方式对信息的记录；《中华人民共和国个人信息保护法》中将个人信息定义为电子或者其他方式记录的与已识别或者可识别的自然人有关的各种信息，不包括匿名化处理后的信息。本章将数据定义为任何以电子方式对信息的记录，并具备规模海量、类型多样、流转快速、价值巨大的特征。

数据处理活动包括数据的收集、存储、使用、加工、传输、提供、公开、销毁等，是数据处理者开展数据业务时实施的具体活动，所有数据处理活动环节共同构成了数据全生命周期。

传统数据安全是指数据自身安全层面的静态风险，主要表现为利用网络系统漏洞破坏数据内容的完整性、保密性和可用性。人类社会进入数字经济时代以来，实现数据价值的最大化往往依赖于大量多样性数据的汇聚、流动、处理和分析活动，而这种流动性的数据密集型活动所涉及的治理主体更加多元、利益诉求更加多样、治理议题更加丰富，数据安全概念的内涵与外延均在不断扩充、延展。我们这里将数据安全定义为通过采取必要措施，确保数据在其全生命周期中处于有效保护和合法利用的状态，以及保障数据持续安全状态的能力。数据安全保障主体包括掌握海量政务公共数据的政府部门，具备大量个人信息及商业信息的企业、持有众多国家基础重要数据的组织机构等诸多数据处理者。

（二）数据安全形势与挑战

人类正在全面进入数据时代。基于移动互联网、物联网、云计算和人工智能的现代信息基础设施，时刻都在生成和处理大量数据，数据量仍在持续以几何级数式的速度迅猛增长。

为了在未来国际竞争中抢占战略先机，党中央近年来对数据的重视程度不断加深。2020 年 4 月《中共中央　国务院关于构建更加完善的要素市场化配置体制机制的意见》发布，首次从国家层面明确将数据作为继土地、劳动力、资本和技术之后的第五大生产要素。数据的巨大价值和重要意义已得到充分强调和突显，数据价值实现必须以保护数据及其中蕴含信息的安全作为前提。

国际权威机构 Statista 分析，2020 年全球新产生数据量已达到 47ZB，2035 年这一数字预计将达到 2142ZB（见图 6-2）。随着数据规模的飞速增长，数据相关产业规模也呈现出快速递增的发展趋势。赛迪顾问 2021 年 7 月发布的数据显示，2020 年我国大数据产业规模已达到 6388 亿元，预计到 2023 年产业规模将突破10000 亿元（见图 6-3）。

然而，与数字经济的蓬勃发展相对应，近年来数据泄露、数据滥用、数据贩卖等数据安全事件频发，数据安全风险与日俱增，对国家安全、社会稳定、组织权益、个人隐私安全均造成了严重威胁。通过对近年来具有代表性的数据安全攻

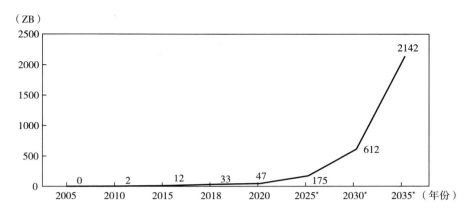

图 6-2 全球每年新产生数据量及预测

注：* 对应的年份为预测年份。

资料来源：《数据安全复合治理与实践白皮书》。

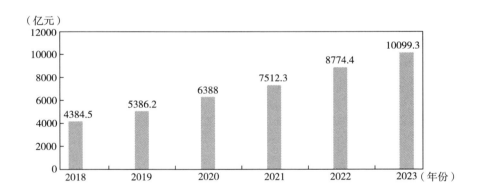

图 6-3 2018~2023 年中国大数据产业规模及预测

资料来源：《数据安全复合治理与实践白皮书》。

击事件进行分析，数据安全风险主要呈现如下显著特征：

首先，由于数据的价值属性不断突显，大规模、有组织的定制化数据安全攻击越发频繁，针对高价值重要数据的攻击屡见不鲜。而且，随着大国间战略博弈态势的加剧，网络斗争与政治对抗的交融日趋紧密，针对国家高价值的重要数据及相关基础设施的网络攻击变得"高发、高危、扩散、伴生、难防"。国家计算机网络应急技术处理协调中心发布的《2020 年我国互联网网络安全态势综述》报告显示，多家重要单位因钓鱼邮件、安全漏洞等网络攻击造成工作人员账号、重要文件等数据泄露。其次，数据安全风险危害程度不断加深，IBM Security 发

布的《2021 年数据泄露成本报告》显示，2021 年全球数据泄露的平均总成本达
到了 424 万美元（见图 6-4），且近年来基本呈现递增的态势。除了造成严重的
经济损失外，针对个人地理位置、生物特征、医疗健康等隐私信息的恶意攻击甚
至会危害个人生命安全。最后，新兴技术、新兴产业特别是大数据、人工智能、
云计算等的不断发展和持续应用带来了更多的安全方面的不确定性，勒索软件等
新型攻击方法、远程办公等新场景也对数据安全提出了新的挑战。IBM Security
发布的《2021 年数据泄露成本报告》显示，与远程办公相关的数据泄露平均成
本达到 496 万美元。

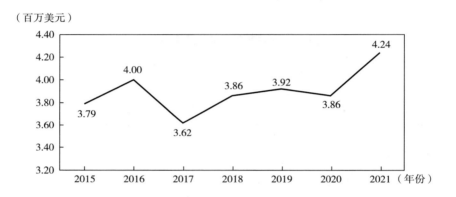

（百万美元）

图 6-4　2015~2021 年全球数据泄露平均总成本

资料来源：《数据安全复合治理与实践白皮书》。

（三）数据安全治理现状

1. 数据安全治理

数据安全治理是指从决策层到技术层，从管理制度到工具支撑，自上而下建
立的数据安全保障体系和保护生态，是贯穿整个组织架构的完整链条。具体来
说，包含国家宏观治理和企业组织内部微观自治两个层面。企业组织内部自治，
主要专注于数据生命周期安全的管理和技术防护，旨在规范企业组织数据全生命
周期处理流程，保证数据处理活动的合规性和合法性。

数据安全治理本质上包含"理"和"治"两个层面，先"理"后"治"，
保障数据资源在安全可控的状态下充分发挥使用价值。一方面，需要"理"的
内容包括数据资源的内容类型、分布流向以及不同场景下数据安全风险种类等；
另一方面，需要"治"的内容包括数据安全保障制度体系、监管机制、数据安
全保护生态、国际数据安全规则等。

2. 国际数据安全治理现状

（1）数据安全政策环境持续优化。一是加强数据安全顶层设计。欧洲数据保护监管局发布《欧洲数据保护监管局战略计划（2020—2024）》，旨在从前瞻性、行动性和协调性三个方面继续加强数据安全保护，保证个人隐私的基本权利；美国发布《联邦数据战略与2020年行动计划》，确立了保护数据完整性、确保流通数据真实性、数据存储安全性等基本原则。二是强化数据及个人信息保护相关立法。阿联酋和新西兰分别出台《数据保护法》和《2020年隐私法》，加强对数据安全及个人隐私保护的规制建设；日本和新加坡分别完成了对本国《个人信息（数据）保护法》的修订，明确了个人数据权利及外部使用限制；加拿大发布《数字宪章实施法案2020》，提出了保护私营部门个人信息的现代化框架。三是陆续出台数据安全标准指南。欧盟发布《为保持欧盟个人数据保护级别而采用的数据跨境转移工具补充措施》，为数据跨境流动中数据保护问题提供了进一步指导；西班牙数据保护局发布《默认数据保护指南》，阐释了默认数据保护原则的策略、实施措施、记录和审计要求等，为企业实践数据保护原则提供了具体指导。

（2）数据安全保护机构设置不断完善。通过完善数据安全监管执法机构的设置，以提升执法效率，加强数据安全保护治理。例如，美国商务部成立提供联邦数据服务的咨询委员会，加强联邦数据隐私保护；德国成立国家网络安全机构，负责发起网络安全创新项目、研究打击网络威胁的方法，以加强德国"数据主权"；巴西总统签署法令批准建立国家个人数据保护局，负责制定相关规则、推进企业开展数据安全风险评估、调查违法违规行为、促进数据保护国际合作等；韩国成立个人信息保护委员会，负责个人信息保护与监管执法工作。

（3）推动企业强化数据安全保护技术手段初见成效。为进一步保障数据安全，各国纷纷采取措施推动企业积极响应当地政策，从数据源头、数据通道、数据运营管理等方面入手，积极运用差分隐私、区块链等技术手段强化数据安全保护，搭建具有鲜明数据安全保护特性的技术架构。例如，Facebook通过开源差分隐私库加强对人工智能训练样本隐私性的保护；苹果公司通过模糊定位技术限制第三方App获取用户精确的地理位置信息；亚马逊推出阻止用户敏感信息泄露的服务Macie，保护企业云端敏感数据。

3. 国内数据安全治理现状

（1）相关政策、法律日益健全。数据安全和个人信息保护领域三部重要法律将逐步落地。2021年1月1日，《民法典》已经正式实施，《民法典》有效厘清了"隐私权"和"个人信息保护"的关系，对企业收集处理个人信息提出更为具体的要求，通过明确保护原则、法律责任、主体权利、信息处理等内容，为个人信息主体主张数据侵权提供了更为充实的法律依据。2020 年 7 月 3 日，《中华人民共和国数据安全法（草案）》对外公布并征求公众意见，该草案明确了我国数据安全工作由中央国家安全领导机构决策和统筹协调，坚持"维护数据安全"与"促进数据开发利用"并重的立法与监管理念，规定了数据活动的国家安全审查要求，明确对重要数据要采取充分的安全保护措施。2020 年 10 月 21 日，《中华人民共和国个人信息保护法（草案）》对外发布并征求意见，该草案确立了个人信息处理的基本原则，赋予了个人在个人信息处理活动中的多项法定权利，将合同所必须履行的法定职责或法定义务、保护自然人的重大利益及公共利益等纳入个人信息处理的合法基础，明确了处理敏感数据的特定义务，确立了个人信息跨境传输的基本监管模式。

数据安全领域的多部法律将分工协作，形成合力。《中华人民共和国个人信息保护法（草案）》《中华人民共和国数据保护法（草案）》与《中华人民共和国网络安全法》形成有效衔接，在数据安全治理工作中形成网络安全等级保护制度、关键信息基础设施安全保护、网络安全审查个人信息处理基本原则、个人信息主体权利、个人信息保护安全义务、个人信息跨境流动规则、数据安全标准体系建设、数据分类分级保护、数据安全检测评估和认证服务、数据安全审查等多维度的制度体系。与此同时，上述三部安全法律在与《民法典》的衔接下，将重点突出个人主体在数字经济时代背景下拥有的数据权利和权益保护路径；在与《中华人民共和国密码法》的衔接下，将突出商用密码在数据安全领域的有效使用，这与网络安全等级制度和关键信息基础设施安全保护的相关要求一致。

（2）相关标准体系不断完善。个人信息安全领域的国家标准将推动 App 治理工作持续深化。2020 年 10 月 1 日，新版《信息安全技术　个人信息安全规范》正式实施，在此基础上，《信息安全技术　个人信息安全影响评估指南》于 2021 年 6 月 1 日正式实施。该指南与《中华人民共和国个人信息保护法（草案）》规定的在处理个人敏感信息、数据跨境、自动化决策等情形下事先进行风险评估的要求进行有效衔接，使之成为一项明确的法定义务。相关国家标准将进一步指导 App 治理工作的深入推进，与《常见类型移动互联网应用程序（App）必要个人信息范围（征求意见稿）》《移动互联网应用程序（App）个人信息保护常见问题及处置指南》《移动互联网应用程序（App）收集使用个人信息自评估指南》等规范文件相互配合，支撑监管部门持续开展针对 App 违法违规收集使用个人信息的治理行动。

金融、电信和互联网等行业和领域的数据安全标准体系将加快建设步伐。金融领域信息保护标准先行先试，2020 年 2 月 13 日，《个人金融信息保护技术规范》正式实施，该规范将个人金融信息按照敏感程度分为三类，并对敏感的个人金融信息提出了特定保护要求；2020 年 9 月 23 日发布的《金融数据安全　数据安全分级指南》明确了金融数据安全定级的要素、规则和定级过程，将数据安全级别从高到低划分为五级；2020 年 12 月 17 日，工业和信息化部印发《电信和互联网行业数据安全标准体系建设指南》，从数据安全管理工作的重点和难点出发，确定重点领域，加快基础共性、关键技术、安全管理类标准的研究制定，充分考虑在 5G、移动互联网、车联网、物联网、工业互联网、云计算、大数据、人工智能、区块链等重点领域的数据安全现状及面临的风险和挑战，加快推进急需标准项目的研究制定。

（3）数据安全执法力度增强。国家的数据安全执法活动将继续向企业、组织和平台的数据合规性检查方面拓展和深入。2020 年 6 月 18 日，工业和信息化部发布并解读《电信和互联网企业网络数据安全合规性评估要点（2020 年版）》。数据安全合规工作将主要依据信息安全责任考核和"双随机、一公开"检查有关部署，对网络数据安全与个人信息保护违法违规行为开展集中治理，结合相关部门通报、媒体监督和用户举报、第三方机构检测发现的违法违规线索和网络数据安全问题，加大执法检查和公开曝光力度。

公安机关将针对侵犯公民个人信息的犯罪，持续开展集中打击行动，重点针对侵犯未成年人和老年人个人信息、重点行业内部人员侵犯公民个人信息、暗网侵犯公民个人信息、买卖人脸识别数据等犯罪活动。

个人信息的司法保护路径将会更加明晰，包括个人取证举证难、判赔数额低等个人信息保护在民事诉讼途径中存在的诸多困难将会被逐渐解决。各地检察机关开始尝试突破现有框架，将个人信息保护纳入检察机关公益民事诉讼的范畴。未来，依据《中华人民共和国个人信息保护法》《中华人民共和国数据安全法》，国家相关监管部门在数据安全监管、司法、执法方面的职责将会更加明确，各部门间将会形成更有效的协同治理模式。

（四）未来趋势与建议

加强数据安全治理、保障数据安全是实现数据要素核心价值的关键基础。从全局层面来看，全面开展数据安全治理既是保障数字经济发展、助力全社会数字化转型的迫切需要，又是应对严峻的数据安全形势的关键举措，同时国家、区域和行业层面的监管对于数据安全治理工作的重要指导作用越发彰显。未来，数据安全治理的重要性必将得到更加充分的体现。

从组织层面来看，当前多数组织已形成对数据安全治理必要性和重要性的充分认识，在治理实践中积累了经验与能力，但总体仍存在较大的优化和提升空间。下一阶段，数据安全治理实践可以围绕以下几个方向持续推进：

（1）充分认识数据安全治理的重要价值，突出数据安全治理的战略地位。

要加强数据安全治理、保障数据安全既是自身发展的关键需求，又是构建核心竞争力的必要途径，需要从战略高度明确数据安全治理的重要价值，对数据安全治理进行清晰的规划与指导。

（2）推动数据安全治理实践体系化、规范化演进。传统的补丁式解决方案主要以离散化的方式应对具体的数据安全风险，缺少体系化设计，难以适应新形势下数据安全治理工作的需要。从全局层面整合资源、科学规划，建立适用于本部门的数据安全治理框架，实现安全与业务的复合、管理与技术的复合，充分发挥复合协同效能，形成安全治理合力，促进数据安全治理工作的规范化、体系化开展。

（3）优化数据安全管理能力建设，充分发挥管理机制创新的保障支撑作用，持续提升全员参与效应。应充分考量安全形势、合规要求、发展需要等的变化，结合数据安全复合治理模式在基线设定、心智运营、原生设计、安全度量、可证溯源、红蓝对抗、测评认证等环节的机制创新，充分发挥各环节的联动反馈效应与实战牵引作用，不断提升全员主动参与积极性，持续推动管理措施的有效执行。

（4）高度重视数据安全治理科技的关键破局作用，不断加强系统、算法、数据和产品等领域的科技创新，推动数据安全治理技术能力与体系的持续完善。科技发展与演进能为数据安全问题的解决带来新的思路，需要对技术发展趋势保持高度关注，组织可以参考数据安全复合治理模式在系统、算法、数据与产品等领域的技术能力框架，对技术研发与应用进行合理布局规划，持续推动技术能力建设与创新。

（5）注重数据安全治理成效量化评价，推动治理能力持续优化。面对持续变化的安全形势与要求，需要建立数据安全治理的度量和评价机制，以度量和评价结果为依据，通过治理环节的串联、互补、联动与反馈，对数据安全治理体系进行不断改进，促进数据安全治理能力的持续优化。

（6）推进全球数据安全治理，提升国际话语权。在数据安全治理领域，应继续践行多边主义理念，增强与各国的信任，共同建立数据安全治理国际合作机制，合力应对全球性数据安全挑战。积极参与并推动数字领域国际规则制定和完善，发挥政府、国际组织、企业、技术社群等各类主体作用，参与相关国际谈判与合作，推动制定符合国家利益和发展需要的数据安全国际规则。加强数据安全国际治理的影响力输出，鼓励企业参与国际竞争合作，增强我国企业境外数据合规意识，鼓励我国企业开发国际化产品。同时，培育"走出去"联盟并搭建海外维权援助服务体系，在促进我国企业"走出去"的过程中加强技术、法律、政策等领域的相互协调，推动产业界形成合力来应对境外以数据安全为由实施的不合理政策和打压行为，增强企业"走出去"的风险防范和应对能力，冲破数据安全领域"包围圈"。

二、其他相关领域

（一）威胁信息

1. 概念界定

网络安全威胁信息即威胁情报，包含已知的和即将出现的未知网络威胁。综合国内外相关研究，我们归纳分析了多方定义后认为，网络安全威胁信息的核心内涵如下：

第一，网络安全威胁信息来源于对既往网络安全威胁的研究、归纳、总结，并作用于已知网络威胁或即将出现的未知网络威胁；第二，网络安全威胁信息的价值是为受相关网络威胁影响的企业或对象提供可机读或人读的战术战略信息并辅助其决策，因此网络安全威胁信息需要包含背景、机制以及指标等能够辅助决策的各项内容。

简言之，网络安全威胁信息是为研究网络威胁而提取出的，用于发现威胁、认识威胁和追踪威胁的信息数据。

2. 威胁信息的优势和作用

在检测方面，网络安全威胁信息能辅助用户对相关资产、风险、攻击面进行排查，从而让用户快速了解网络当前受攻击情况；在防御方面，能够使受威胁主体采取主动防御措施，对网络威胁进行精准打击，威胁信息提供的恶意 IP 地址、域名（网站）、恶意软件哈希值（Hash）① 等失陷指标（Indicators of Compromise，IOC）能够直接用于网络安全系统和设备的防护；在响应方面，网络安全威胁信息能够帮助提供更完善的安全事件响应方案；在预测方面，构建安全预警机制，不断收集有关新型网络威胁的信息数据，根据当前网络环境的薄弱环节有效预测可能的威胁，可以帮助企业更好地应对未知威胁。综上所述，网络安全威胁信息的使用将有效提升报警准确性，降低无效报警数量，极大减轻安全运营人员工作压力，使其聚焦于真实威胁，提升工作效率。对政府部门、企事业单位、社会组织等用户机构的网络安全建设和运营具有重要意义。

网络安全威胁信息目前主要应用于企业网络安全防护、公共安全防护、国家安全防护等领域，相应的应用价值主要体现在提升企业主动防御能力、助力打击网络犯罪行为以及保护国家网络空间安全三方面：首先，威胁信息能够提升企业

---

① 哈希值又称散列函数，是一种从任何数据中创建小的数字"指纹"的方法，通过它可以确认信息是否被篡改。

对网络威胁的感知能力，让企业的安全防护由被动转向主动；其次，威胁信息能实现对网络犯罪的调查分析和记录留存，网络犯罪的信息共享、防范和预警，能够有利于打击网络犯罪、净化网络环境，助力维护网络空间的公共安全；最后，威胁信息能辅助指导相关行业的网络安全防护工作，从而保障各行业关键基础设施的安全性、核心数据的安全性和核心业务的连续性，从而保护国家安全。

3. 网络威胁态势与应对建议

近年来，国内外网络安全态势更为严峻。在 PC 端活跃表现的勒索软件呈迅速增长态势，并造成严重危害。勒索软件利用基于暗网的云基础设施进行数据的分批次泄露，以此威胁被勒索组织，迫使其尽快交付赎金。随着世界范围内移动设备感染率的上升，IoT 设备被感染的可能性也大幅增加。黑客对供应链、VPN、漏洞等常见攻击面的兴趣仍在持续，并且开始出现伪装成 Zoom、Slack 等通信工具客户端进行攻击的现象。此外，黑客及黑产组织在暗网上持续活动，存在利用暗网买卖泄露数据、云基础设施等行为。

《中华人民共和国网络安全法》《中华人民共和国数据安全法》《关键信息基础设施安全保护条例》等法律法规的陆续出台，进一步明确了网络安全对于国家安全的重要性，彰显了我国守护网络空间安全的决心。随着针对信息系统提高网络安全威胁信息能力的具体要求的提出，威胁信息建设势在必行。政府部门、企事业单位、社会组织等机构作为威胁信息的最终用户，要强化安全主体责任意识，完善安全性自我评估制度，健全内部安全防御体系。

（1）政策和市场双驱动。用户机构根据自身业务实际需求和面临的主要安全威胁，对照国家政策法规、标准等相关要求明确网络安全建设目标、重点内容和保障措施，结合网络安全威胁信息的覆盖度、准确度、可用性、可扩展性及专业度等多方面因素综合评估产品性能。在政策合规和市场需求双轮驱动下，应积极规划设计可落地的网络安全防御体系构建方案。

（2）严格规范威胁信息选用标准。在网络安全威胁信息源选择方面，坚持威胁信息数量与质量并重，在保障信息丰富全面的同时，避免大量低置信度信息掩盖严重安全事件。在多源威胁信息选择方面，提升不同来源威胁信息的差异性，通过网络威胁信息管理系统整合多源威胁信息，优化威胁信息的准确性和覆盖面。

（3）加快融入安全体系。应加快推进威胁信息体系落地部署，充分利用已有的安全保护能力，联动已有安全系统和设备，将事件响应、自动化编排与威胁信息系统进行结合，切实将威胁信息能力融入现有安全架构中，建设威胁信息检测系统、威胁信息库、威胁信息本地管理平台、威胁信息在线查询平台等系统，充分利用威胁信息改善安全运营工作，筑牢网络安全防御体系。

（二）网络犯罪

1. 概念界定

通常认为网络犯罪主要是指行为人通过运用个人电脑和移动互联网等信息技术，对其他信息系统或者其他信息基础设备设施进行的网络攻击，破坏或者控制使用互联网技术以进行其他犯罪活动的网络犯罪行为形式的总称。既包括犯罪行为者个人通过非法运用网络编程、加密、解码等信息技术或者其他技术工具在国际网络上非法进行的网络犯罪，也包括犯罪行为者个人通过非法使用其犯罪软件所执行的犯罪指令。

目前，我国刑法学领域对网络犯罪的界定主要分为广义和狭义两种。广义可以大致分成两类：一是将网络作为犯罪工具；二是将互联网作为主要的损害对象。从广义的方面来看，"网络"是犯罪嫌疑人实施犯罪行为的一个客观方面。从狭义的方面来看，犯罪分子实施的犯罪行为是否侵害了计算机的信息系统，并确定该行为是否符合《刑法》第二百八十七条的构成要件。如果犯罪分子实施的违法行为没有损害到网络信息系统，就不能认定为网络犯罪。因此，在这样的情景下就不符合《刑法》第二百八十七条规定的网络犯罪的构成要件，就不能认定为犯罪。

2. 网络犯罪的特点与趋势

（1）打击难度大。首先，网络犯罪发生在虚拟的网络空间中，犯罪人实施犯罪行为后不会像其他类型的犯罪那样留下客观现实的犯罪现场供侦查人员实施侦查活动；其次，许多网民在网络交流中不会使用自己的真实信息，而且网络信息流量大，网络管理者不可能对每个网民进行实时监管，这也给实施网络犯罪留下了一定的空间；最后，网络技术的发展使远程操控成为现实，在有些网络犯罪中会发现犯罪行为地与犯罪结果发生地并不是同一个地区，甚至不在同一个国家，这也给打击网络犯罪带来了一定的难度。

（2）波及范围广。将世界各个国家连接起来的因素不仅仅包括经济，网络在其中也发挥着重要作用，但同时网络犯罪行为也日益增多。如今，发生在一个国家的网络犯罪可能会随着网络合作波及其他国家，形成"蝴蝶效应"，进而可能对全球网络安全产生威胁。

（3）犯罪成本低、影响大。网络犯罪与传统犯罪相比具有成本低、影响大的特点。成本低主要体现在时间成本低和风险成本低。就时间成本而言，实施传统犯罪前需要进行准备工作，但网络犯罪不需要进行这些准备工作，只需一个电脑软件就可完成犯罪行为，达到犯罪目的。就风险成本而言，不同于传统犯罪，网络犯罪在犯罪完成后不会留下现实存在的犯罪现场供侦查人员进行勘查，这给网络犯罪的追查带来一定的难度。在犯罪影响程度方面，网络犯罪不同于传统犯罪，它实施一个犯罪行为可能侵害的是各个方面的利益。例如，勒索病毒不仅侵入公司、企业的网络系统中窃取商业秘密和核心数据，而且侵入政府、国家网络系统中窃取国家秘密，直接威胁到国家安全。由此可见，网络犯罪的影响很大。

（4）网络犯罪的国际化趋势逐渐明显。因为网络犯罪的隐蔽性较强，侦查力度较弱，所以很多犯罪分子不约而同地选择这一风险较小的方式，这就为网络犯罪的国际化提供了前提。同时，计算机网络具有压缩时间与空间的特点，使得网络犯罪具有了跨区域、跨国界的条件。随着全球化趋势不断加强，网络将世界各个国家和地区紧密相连，犯罪分子也许只要坐在家中操纵电脑，就能通过网络对地球另一端的个人、企业甚至国家的计算机信息系统实施犯罪。此外，不同地区、不同国籍的犯罪分子，利用网络实施犯罪的限制更少、风险更小。

3. 网络犯罪的立法现状

随着互联网的发展，我国网络安全立法从无到有，现已基本形成较为完整的法律体系。有关网络犯罪的规定主要集中在《刑法》条文中，辅之以行政法规、行政规章等。但是根据我国现阶段网络犯罪的发展趋势，新的问题与矛盾不断产生，当前有关网络犯罪的立法规定仍然存在一些亟须解决的问题。

（1）网络犯罪罪名规定不完善。随着网络技术的发展，犯罪工具与犯罪手段日益翻新，犯罪对象越来越广，网络犯罪应与传统犯罪相区别。比如，利用计算机网络实施对知识产权的侵犯、对隐私权的侵犯、窃取国家秘密等犯罪行为，应当规定新的罪名或作出新的处罚规定。现行《刑法》没有涵盖网络犯罪的新形式，但在司法实践中已经出现了一些违法现象，却无法可依，我国《刑法》中网络犯罪的罪名与网络犯罪变化的矛盾越发突出。

（2）网络犯罪的主体范围不完善。我国《刑法》第三十条明确规定，单位实施的危害社会的行为，只有法律规定为单位犯罪的，才应当负刑事责任。法律没有明文规定的，不能对单位处以刑罚。我国《刑法》中有关网络犯罪的主体基本上不涉及单位犯罪，但是随着电子商务的兴起，一些公司企业、法人单位为了谋取自身的利益，开始利用网络进行不正当竞争，对竞争对手的计算机信息系统加以攻击，盗取商业机密。由于单位具有个人没有的经济实力、运作能力，所以其所造成的危害会远远大于自然人。同时，鉴于当今的网络犯罪已呈现产业化趋势，所以将单位增设为网络犯罪的主体尤为必要。

（3）网络犯罪主体刑事责任年龄的不完善。根据我国现行《刑法》的规定，14至16周岁的未成年人除八大罪外，其他犯罪不受刑事处罚，这是因为不满16周岁的人还处于成长发育期，智力发育尚不成熟。然而如今网络犯罪主体日渐呈现低龄化的趋势，现在部分未成年人智力成熟较早，加上未成年人强烈的求知欲、接受新事物的能力强，使他们对网络这一已经基本普及的技术越来越熟悉，少年黑客越来越多，未成年人实施网络犯罪的案件屡屡发生。虽说未成年人个人实施的网络犯罪的社会危害性没有规定的八大罪那么严重，但是对于这种现象若不予以处罚，放任自流，可能会引发更多的青少年实施网络犯罪，使网络安全面临威胁。

（4）网络犯罪证据方面的不完善。由于网络犯罪手段的隐蔽性与高科技性，现实中网络犯罪的证据往往较难被发现、收集、保全。网络中的证据被称为电子证据，我国对电子证据的研究还处于初始阶段，对其认识尚不成熟，这对网络犯罪的证据制度提出了挑战。如果没有专业的鉴定人员进行收集、鉴定，就会影响证据的可信度，从而直接影响案件的审理结果，导致网络犯罪造成的损失无法得到合理的救济。

（5）关于网络犯罪管辖权的立法缺失。现行《刑法》中对传统犯罪确立的管辖原则是十分明确的，但是还没有专门针对网络刑事管辖权的法律，这也就意味着现行传统犯罪的管辖原则可能被用于网络犯罪，网络犯罪对这一原则提出了挑战。由于跨地域性、跨国性是网络犯罪越来越明显的特性，仅使用传统犯罪的管辖原则，对于确定犯罪地有一定的难度，同时跨国界的犯罪也会造成一起案件出现多个国家管辖的情形。此外，各国之间对路径国，即数据或者信号通过互联网经过的国家，是否有管辖权还存在争议。

4. 针对网络犯罪的完善对策

（1）完善相关的安全法律法规。针对目前计算机网络技术应用的现状，政府首先应当加大监管力度，坚持惩治、查处违法犯罪行为和教育培训相结合；其次，充分运用计算机网络和信息平台，提高违法犯罪行为的可视性和预防性；最后，逐步建立和完善一系列有关计算机网络犯罪的政策和法律法规，加大对计算机网络犯罪的打击和惩治力度，使计算机网络犯罪行为能够有法可依、执法必严、违法必究。

（2）加快建设安全技术基础设施。所谓的网络犯罪其实就是一种运用计算机和网络信息技术实施的犯罪行为，也可以称为技术型犯罪。预防和控制网络违法犯罪，应当通过技术方式，用新型的信息系统和软件进行管理，构建一个职责齐备、协调全局的安全信息技术平台，增强安全信息技术的风险防范，从而有效保障互联网信息技术产业和信息安全产品市场安全有序发展。

（3）促进科学合理使用计算机网络。对计算机网络用户来说，首先，要增强自身的保护意识，提高警惕，不轻易下载未知软件或者点击网页链接，安全文明上网；其次，熟练掌握各种计算机网络防护知识，获取可靠的安全知识，采取切实有效防范网络病毒入侵的措施；最后，如果遇到病毒、信息泄露等问题，保持冷静，及时找到专业人员处理，确有必要须报警。

第三节 《数字经济伙伴关系协定》与 其他经贸规则的比较

一、网络安全经贸规则谈判的发展历程

（一）网络安全经贸规则谈判的初级阶段（2001 年以前）

长期以来，网络安全经贸规则谈判往往被包含在数字经济规则谈判之中，且相关内容比重并不高。随着数字经济的发展，网络安全问题也越发突出，网络安全经贸规则谈判的重要性逐渐上升。中国加入 WTO 前，网络安全经贸规则谈判主要存在于世界贸易组织内部，WTO 出台的贸易相关协定的安全例外条款、一般例外条款均涉及安全监管问题，虽然没有明确提出网络安全这个概念，但在贸易过程中的安全意识已初步建立，这个阶段被视为网络安全经贸规则谈判的初级阶段。

（二）网络安全经贸规则谈判的初步发展阶段（2001~2018 年）

2001 年 11 月，WTO 第四次部长级会议启动新一轮多边贸易谈判即"多哈回合谈判"，这次谈判展现出各方利益难以平衡，多边贸易体制进展艰难、迟缓的困境，促使世界各国在参与多边贸易谈判的同时，日渐转向签署各种双边、区域贸易协定，网络安全经贸规则的谈判也是如此。21 世纪初，移动互联网开始普及，以信息化辅助各行业开展业务成为主流，全球经济与信息化程度息息相关，而信息化辅助业务的过程的安全性也极大地影响着企业和国家的经济效益。为此，网络安全问题的探讨不再局限于世界贸易组织内部，各个国家开始追求区域内的网络安全经贸规则谈判，以维护自身网络安全权利，获取国家利益最大化。欧盟各国在 2005 年提出数字化单一市场战略，建议建立一个"关于网络安全的公私合作机制"，重点关注为网络安全领域的科技创新提供解决方案，强化数字化服务的安全和用户信任，详细分析搜索引擎、应用商店等网络平台在欧洲市场的角色等方面，希望通过具体规定改善欧盟数字经济发展的环境。为解决电子商务蓬勃发展过程中面临的规则问题，经济合作与发展组织理事会在 2016 年 3 月 24 日通过了《电商环境下消费者保护建议书》，提出企业应当确保收集和使用消费者数据的行为合法、透明和公平，为消费者的隐私提供合理安全的保障。该建议书突出强调企业应保护消费者在电子商务环境下的信息安全，加强数字安全风险管理并采取相应的安全保障措施，以减轻消费者因参与电子商务而可能产生的

不利影响。

（三）网络安全经贸规则谈判的迅速发展阶段（2018 年至今）

当今世界正经历百年未有之大变局，而国际经贸规则变化正是全球经济秩序大调整、大变革的突出体现。2018 年以来，全球范围内诞生了《美墨加协定》《全面与进步跨太平洋伙伴关系协定》《区域全面经济伙伴关系协定》，欧盟与南方共同市场①等的自由贸易协定谈判也在进行中。在新一轮国际经贸规则构建过程中凸显全方位覆盖、多元化领域、高质量、高标准等特点，上述协定中关于网络安全的内容也正逐步完善。

2018 年，由美国、加拿大、墨西哥达成的 USMCA 已经有了关于网络安全问题的单独条款，并规定各方应努力做到建设各自网络事件响应的实体能力，加强现有合作机制，以识别和减轻影响电子网络的恶意入侵或恶意代码传播。CPTPP 第 14.16 条单独指出网络安全事项合作，规则内容与 USMCA 保持一致。

2020 年 6 月，DEPA 缔约方认识到网络安全环境对数字经济的发展有重要的支撑作用，各方应采取多方利益攸关的方式解决网络安全和保障问题。网络安全相关内容在 USMCA、CPTPP 等的基础上，还特别指出网络安全领域的劳动力发展，包括可能采取的与资格认证互认、多样性和平等相关的举措，丰富了以往的网络安全经贸规则。2020 年 8 月，新加坡和澳大利亚在《全面与进步跨太平洋伙伴关系协定》和《新澳自由贸易协定》的基础上制定了《新加坡—澳大利亚数字经济协定》（SADED），主张创建一个安全的在线环境，保护用户免受包括恐怖主义和暴力极端主义在内的有害内容的侵害，促进商业、创新和创造力的蓬勃发展。该协定认为工业界有责任采取或保持预防措施，以保护自然人，特别是儿童和社区中的弱势成员免受网络有害体验的伤害。可以看出，SADED 明确了网络安全威胁的来源以及协定保护的对象，这是从前的协定谈判内容中所没有强调的。

总体上看，2001 年至今，因数字化转型的不断深入，网络安全经贸规则谈判处在发展阶段。在这个阶段，虽然大多数经贸协定会有与数字经济相关的章节，并且都会规定网络安全条款，但是协定对网络安全的规定都不是特别详细。这是因为数字化发展程度的局限性且各国发展阶段的不同，使各国在谈判博弈的过程中很难商榷出可实施的且严格细致的网络安全条款。目前的协定也在尽可能地完善这方面的规定，力求为数字经济发展创造有利环境，这在未来网络安全经贸规则谈判中必将成为各国讨论的热点。

---

① 南方共同市场是南美地区最大的经济一体化组织，也是世界上第一个完全由发展中国家组成的共同市场。

二、《数字经济伙伴关系协定》与 WTO 有关网络安全经贸规则的比较

（一）DEPA 网络安全经贸规则相关内容

《数字经济伙伴关系协定》作为全球第一个有关数字经济的单独规则协定，其在促进全球数字贸易发展方面具有开创性意义。网络安全问题与数字贸易发展相伴相生，DEPA 的制定使更多国家对全球数字市场的规范做出调整。在网络安全方面，DEPA 聚焦于数据问题，为网络安全提供制度保障。网络安全是数据、信息正常流动的前提，中国参与全球数字经济合作，维护并参与制定多边数字贸易规则，推动数字基础设施建设和网络安全技术突破，都极大地推动了国家网络安全建设。

在 DEPA 中，缔约方也希望认识到自身作为主要的网络经济体，需要保护关键基础设施和保证互联网的安全可靠，以支持创新和维护经济社会发展的共同利益。网络安全是数字经济的基础，DEPA 在第五章"更广泛的信任环境"简要说明了网络安全的一般规定，然后在第四章和第六章对网络安全下的数据问题、商业和消费者信任问题进行规定。比如，第 4.2 条个人信息保护指出，每一缔约方应在保护电子商务用户不受其管辖范围内发生的违反个人信息保护行为的影响方面采取非歧视做法。第 5.1 条网络安全合作指出，缔约方应认识到下列各项的重要性：①增强负责计算机安全事件应对的国家实体的能力；②利用现有合作机制，在识别和减少影响缔约方电子网络的恶意入侵或恶意代码传播方面开展合作；③网络安全领域的劳动力发展，包括可能采取的与资格认证互认、多样性和平等相关的举措。第 6.2 条非应邀商业电子信息①指出，每一缔约方应对非应邀商业电子信息采取或维持下列措施：①要求非应邀商业电子信息提供者提高接收人阻止继续接收这些信息的能力；②按每一缔约方的法律法规所规定的，要求获得接收人对于接收商业电子信息的同意；③通过其他方式规定将非应邀商业电子信息减至最低程度。

总体上看，DEPA 对网络安全的规则制定旨在将网络安全意识渗透到全球数字经济发展过程中，然后通过对数据、信息的保护措施进行规定来加以细节化。网络安全的发展遵从信息化、数字化发展到足够水平之后，安全才变得更重要的逻辑，所以在贸易数字化未成熟的阶段，DEPA 并没有对网络安全进行太多详细的规定，以避免对数字经济发展形成不必要的阻碍。

---

① 非应邀商业电子信息：出于商业或营销目的，未经接收人同意或接收人已明确拒绝，通过互联网接入服务提供者或每一缔约方法律法规所规定的限度内通过其他电信服务，向电子地址发送的电子信息。

（二）WTO 网络安全经贸规则相关内容

随着数字经济发展和全球化扩张，以信息通信技术和网络为基础的数字贸易蓬勃兴起，给现有国际贸易规则体系带来巨大挑战。WTO 作为负责制定和维护国际贸易规则的最主要国际组织，在数字贸易国际规则制定中扮演了重要角色。

当前，网络安全监管治理问题引发的贸易纠纷已成为国际贸易的难点。WTO 原有的网络安全经贸规则已无法解决现今情况复杂的贸易纠纷，网络安全经贸规则的不断完善是大势所趋。

中国加入 WTO 以前，WTO 就以"安全例外条款"规定国家安全的网络安全监管，"一般例外条款"规定公共利益和个人信息保护的网络安全监管。WTO 有关网络安全监管的"安全例外条款"有 GATT 第 21 条、GATS 第 14 条、TRIMs 第 3 条等。这些协定的安全例外模块的内容大致相同，在此以 GATT 为例，该协定第 21 条"安全例外条款"规定，协定的任何规定不得解释为：①要求任何缔约方提供其认为如披露则会违背其基本安全利益的任何信息；②阻止任何缔约方采取其认为对保护其基本国家安全利益所必需的任何行动；③阻止任何缔约方为履行其在《联合国宪章》下的维护国际和平与安全的义务而采取的任何行动。WTO 有关网络安全监管的"一般例外条款"有 GATT 第 20 条、GATS 第 14 条等，核心规定就是成员方的监管措施不得对贸易造成不必要的壁垒。可以看出，这些规定相比于 DEPA 的规定，限制性更弱，对网络安全保护很难起到具体的效果。

长期以来，考虑到国际谈判过程缓慢、时间成本过高，WTO 并没有重新制定一套新的、通用的法律法规体系去应对日益剧增的网络风险。目前数字化发展水平和网络风险程度还不足以令 WTO 耗时耗力重新出台贸易协定。现有的 GATT、GATS 等协定也并非一成不变，比如，WTO 以 GATS 为基础，进行了必要的修改和补充，全面考虑了发展中国家的网络安全治理能力水平，加强了国际贸易在网络安全领域的规范化建设。

另外，2019 年 1 月，WTO 成员方共同签署了《关于电子商务的联合声明》，确认启动与贸易有关的电子商务议题谈判，旨在制定电子商务/数字贸易领域的国际规则[①]。监管治理作为此次谈判博弈焦点之一，对数据、数据内容的监管和数字服务监管与网络安全保障进行了相关讨论，为 WTO 制定更细致的网络安全经贸规则奠定了基础，完善了以 GATT 为代表的贸易协定中的网络安全规定。因

---

① WTO 对数字贸易规则的讨论通常在电子商务框架下进行，并未严格区分"电子商务"和"数字贸易"的概念。

各经济体发展情况不同，各方政府对于制定怎样的监管办法有着不同的看法。对于数据监管，发达经济体大多支持数据跨境流动和取消数据存储本地化限制，发展中经济体则更偏向使用不同程度的数据存储本地化限制，以管控自身数据，这是因为发展中经济体的数字经济监管治理制度落后于发达经济体，无法支持数据安全流动；对于数字内容的监管，各方达成共识均认为应加强对网络内容的管理和审核；对于数字服务监管和网络安全保障，发达经济体在自身完善的网络安全法的基础上反对过度的网络安全保护，发展中经济体则更加关注网络主权和安全合作，强调各方应在尊重网络主权的前提下，实现数字贸易互利共赢。

相较于 DEPA，WTO 有关网络安全的经贸规则制定因各发达经济体和发展中经济体网络环境的差异变得更加复杂，需要考虑的因素更广且制定难度更大。DEPA 作为一个比较新的协定，首次单独提出关于数字经济的内容，并且，其涉及网络安全的条款要比 WTO 已有的网络安全经贸规则更具体化和更有针对性。

三、《数字经济伙伴关系协定》与区域自由贸易协定中网络安全规则的比较

根据表 6-1 中列举的 DEPA 与区域自由贸易协定中的网络安全规则内容，可以观察到 CPTPP、USMCA、RCEP、DEPA 在网络安全条款方面基本保持一致，一是要增加国家主体应对网络安全风险的实力；二是利用现有合作机制，在识别和减少影响缔约方电子网络的恶意入侵或恶意代码传播方面开展合作。在此基础上，DEPA 还特别提出要关注网络安全领域的劳动力发展，包括可能采取的与资格认证互认、多样性和平等相关的举措。虽然目前这些协定在网络安全问题上没有具体的规则，但协定缔约方将随着新领域的出现继续考虑这一问题，并要求各方政府相互合作，未来网络安全问题规则将更加具体化。

表 6-1　DEPA 与区域自由贸易协定中的网络安全规则内容

| EU《数字化单一市场战略》 | 创造有利于数字网络和服务繁荣的环境
具体包括：着力对欧盟电信法进行修改；重新审核试听媒体框架以保证其适应 21 世纪的环境，主要关注不同市场参与者在产品提升过程中的角色；详细分析网络平台（搜索引擎、社交媒体、应用商店等）在欧洲市场的角色；强化数字化服务的安全和用户信任问题，尤其是有关个人信息处理方面；提供技术领域网络安全产业和网络安全解决途径的合作机制 |

续表

USMCA	第19.15条 网络安全问题 3. 各方都已意识到网络安全威胁会损害数字贸易的信心。因此，各方应努力做到：①建设各自应对网络安全事件的实体能力；②加强现有合作机制，以识别和减轻影响电子网络的恶意入侵或恶意代码传播，并利用这些机制迅速处理网络安全事件，并分享经验以提高认识、学习最佳做法。 4. 鉴于网络安全威胁的性质不断演变，各缔约方意识到基于风险的方法可能比规范性做法更能有效地应对这些威胁。因此，各方应努力采用并鼓励其管辖范围内的企业采取基于共识和风险管理最佳实践的方法，以识别和防范网络安全风险，并从网络安全事件中发现并应对网络安全问题，维护网络秩序
CPTPP	第14.16条 网络安全事项合作 缔约方认识到下列各项的重要性：①增强负责计算机安全事件应对的国家实体能力；②利用现有合作机制，在识别和减少影响缔约方电子网络的恶意入侵或恶意代码传播方面开展合作
DEPA	第5.1条 网络安全合作 1. 缔约方在促进安全的数字贸易以实现全球繁荣方面拥有共同愿景，并认识到网络安全是数字经济的基础。 2. 缔约方认识到下列各项的重要性：①增强负责计算机安全事件应对的国家实体能力；②利用现有合作机制，在识别和减少影响缔约方电子网络的恶意入侵或恶意代码传播方面开展合作；③网络安全领域的劳动力发展，包括可能采取的与资格认证互认、多样性和平等相关的举措。 第5.2条 网上安全和保障 1. 缔约方认识到，安全可靠的网络环境对数字经济起到支撑作用。 2. 缔约方认识到采取多方利益攸关的方式解决网络安全和保障问题的重要性。 3. 缔约方应努力合作，以推动形成影响网络安全和保障的全球问题的合作解决方案
RCEP	第3节 为电子商务创造有利环境 第13条 网络安全缔约方认识到下列各项的重要性： 1. 负责计算机安全事件应对的各主管部门的能力建设，包括通过交流最佳实践； 2. 利用现有合作机制，在与网络安全相关的事项上开展合作

　　欧盟签署的网络安全经贸规则以2005年的《数字化单一市场战略》为代表，提出重新审核试听媒体框架以保证其适应21世纪的环境，主要关注不同市场参与者在产品提升过程中的角色；详细分析网络平台在欧洲市场的角色；提供技术领域网络安全产业和网络安全解决途径的合作机制；强化数字化服务的安全和用户信任问题，尤其是有关个人信息处理方面。此时，欧盟就意识到网络安全下的个人信息处理的重要性，个人数据、信息的规定也逐渐成为各类经贸协定中必不可少的组成部分，甚至部分国家单独推出这方面的条例或协定。

　　2018年欧盟出台《通用数据保护条例》（GDPR），以推动更新数字时代的相关隐私条例，并确保各机构对其用户的个人数据进行保护。GDPR侧重保护自然人的个人信息权利，不像CPTPP、DEPA等只是将个人信息保护作为协定保护的一部分。GDPR 以数据保护作为整个条例的主体内容，详细地指明它所保护的自然人个人信息权利包括个人信息使用的知情权利、自由流通的权利、撤回使用授权的权利等，也明确个人对数据使用的知情同意并规定这种同意必须以明示的形式取得。DEPA 中的个人信息保护条款跟 USMCA、CPTPP、RCEP 在内容上保持一致，指出在构建保护个人信息法律框架时应遵循透明度、数据质量、用途说明等原则，缔约方应利用对监管结果的认可、更广泛的国际框架等制定机制，促进不同的个人信息保护体制之间的兼容性和交互操作性等。

除了个人信息保护条款，协定中还有在线消费者保护、非应邀商业电子信息等网络安全的相关内容，内容总体上也都保持一致，但措辞上有强弱之分。例如，RCEP 仅要求缔约方采取消费者保护措施，而未设定任何最低限度，也未要求通过消费者权益保护法来禁止某些特定欺诈性和欺骗性商业行为，条款效力明显弱于 CPTPP、DEPA。USMCA、CPTPP、RCEP 等协定对网络完全直接或间接相关的内容在呈现方式上也有所不同，2018 年的 USMCA、CPTPP 并未分模块呈列各条款，2020 年的 RCEP 就将网络安全、线上消费者保护、线上个人信息保护等条款归类于"为电子商务创造有利环境"章节中，为构建更加完善的网络安全环境提供了较为清晰的指引。DEPA 则提供了更加详细的划分，将网络安全归到更广泛的信任环境中，而将网络安全下的数据问题、消费者保护等重点问题分别单独划分到数据问题板块、商业和消费者信任板块。这种划分方式也体现出各方对于网络安全问题有了进一步的认识，并意识到其中的消费者信息保护、数据保护对维护网络安全、促进数字经济健康发展有着至关重要的作用。

第四节　网络安全经贸规则谈判的中国方案

一、网络安全经贸规则谈判的中国机遇

DEPA 是当前最为全面和完整的区域数字经济协定之一，它主要包含便利性条款而非约束性规则，旨在提供一个关于数字经济的政府间的合作框架。DEPA 为数字经济尤其是贸易领域制定了前瞻性标准，建立了新的国际规则路径，以在最大程度上支持数字经济和数字贸易。DEPA 将为中国今后参与双边、区域和多边数字经济规则谈判提供一定的机遇与启示。

（一）为各国开展数字贸易提供坚实平台，促进多边数字贸易规则形成

随着越来越多经济体的加入，DEPA 将对全球数字市场的规范性做出调整，并将为该市场的安全性提供制度保障。DEPA 未来将为各方在数字贸易领域的合作提供坚实平台，促进多边数字贸易规则的形成。

（二）影响数字贸易格局，提升全球数字治理水平

从长期来看，DEPA 对全球数字贸易格局的影响主要表现为：一方面，DEPA 为全球数字治理难题的破解提供了新思路，将对全球数字治理产生深远影响。当前，全球数字贸易规则的制定与快速发展的数字贸易相比明显落后，包括数字鸿沟、数据伦理、网络安全等社会经济安全问题日益突出。作为全球第一部数字贸易协定，DEPA 在数字管理上的相关规定更为先进，包括建立以人为本的人工智能框架、电子商务领域实行替代性争端解决机制、设定网络安全条款等。上述规则的设定不但兼顾了数字发展和数字安全的复杂性，也缓解了日益严重的全球数字治理"碎片化"问题。另一方面，DEPA 将推动各方在数字领域的广泛合作，或将促进多边数字贸易规则的形成。

从影响范围来看，DEPA 将对整个亚太地区甚至全球的数字贸易规则体系产生较大影响。随着更多经济体的加入，该协定势必对中国参与在内的重要区域合作机制进行调整。为应对上述不确定性带来的挑战，中国通过借鉴 DEPA 等高标准内容条款，可有助于中国提升在经贸合作中的话语权，优化数字贸易格局。

（三）倒逼国内数字贸易改革，强化数据安全建设进度

DEPA 的出台将倒逼国内的数字贸易改革：第一，虽然中国拥有超大规模的数字市场，但在数据跨境流动等数字贸易关键领域并不成熟，中国对标 DEPA 等国际高标准贸易规则，有望率先开展数据跨境自由流动试点。第二，借鉴 DEPA 数字经济创新条款，提升中国数字贸易治理水平。在保护国家利益的前提下，将政府数据开放纳入公共治理体系，以此为基础促进中小企业开发数字新产品和服务。第三，推动数字基础设施建设，鼓励数字技术领域的突破，加快数据安全建设进度。

二、网络安全经贸规则谈判的中国挑战

（一）中国在全球数字贸易规则博弈中面临被边缘化的风险

目前，数字贸易规则重构还处于初期阶段，各方诉求存在差异较为正常，有意主导谈判的各个主要经济体正在努力寻找同盟者，表现出越来越强的制度联盟心态。考虑到发达经济体在数据跨境自由流动、非本地化要求等关键议题上有着相同的诉求，成为联盟的可能性非常大，会对中国产生排斥。如美国主导签订的《美墨加协定》，按照其在数字贸易规则上的主张制定了相关条款，并实现与日

本等一些贸易伙伴的数据流动。2020年6月，美国提出"APEC《跨境隐私规则体系》应独立于其框架之外"的主张，为非成员方加入提供了可能性，也为扩大美式范本影响力创造了机会。在区域贸易协定越来越多的情况下，各方都在努力通过签署双方和区域贸易协定探索数字贸易规则。如新加坡、智利、新西兰签署的《数字经济伙伴关系协定》，东盟的《东盟电子商务协定》，日本、欧盟的《经济伙伴关系协定》等，均对跨境数据流动、个人信息保护、源代码等数字贸易相关规则进行了规制。相对而言，中国进展较慢，不仅主导、参与的区域和双边贸易协定较少，而且数字贸易规则的相关谈判议题较少、谈判标准较低，呈现被边缘化的趋势。

（二）数据跨境流动领域的严格监管可能引发中国规则与全球规则的脱节

过于严格的监管制度，使很多跨国互联网企业对在中国开展业务心存疑虑，也使中国互联网企业走出去面临较大困难，无法培育出具有全球影响力的互联网企业巨头，这无疑会使中国在数字贸易规则博弈中处于不利地位。

三、中国参与网络安全经贸规则谈判的方案

数字技术的广泛应用对国际经贸体系的影响日益深化，全球经贸新规则正在形成之中。我国是电子商务第一大国、数字经济第二大国，建议尽快部署、明确政策主张，积极参与全球规则构建，打造符合我方利益的国际经贸规则体系。

（一）强化国家统筹谋划和整体应对

美国以及欧盟均抓紧布局以数字贸易为核心的经贸新规则。随着我国网络信息技术产业走出国门，以及海外企业进入我国分享市场红利，数字贸易壁垒势必将成为关键博弈因素。建议放眼未来贸易格局变革，高度重视数字贸易及其战略应对，统筹网信、外交、公安、商务、工信等部门建立专题工作组，平衡好网络安全、个人数据保护、贸易发展等目标次序，评估对经济和安全的影响，关注国际规则动向、贸易壁垒识别、攻防策略等，强化战略上的整体应对。

数字贸易在对外贸易中的分量越来越重，这一新型贸易业态离不开政府的规划与引导。从全球范围来看，美国、欧盟等数字贸易发达的经济体都形成了比较完善的数字经济和数字贸易发展规划，在此基础上提出了对外谈判的完整方案。中国应借鉴欧美发达经济体的做法，加强数字经济及数字贸易发展规划的顶层设计。一方面，加强相关研究，从理论上明晰中国的数字贸易概念，引导相关学者在研究当前数字贸易规则谈判现实情况的同时，重点研究美国、欧盟范式以及未来的发展趋势，为中国不断修正对外谈判方向和服务内容提供指引。特别是要完善相关评估和激励机制，提高中国数字贸易理论规则研究水平。另一方面，充分认识数字经济在新一轮全球价值链重构中的重要地位，围绕发展数字经济和数字

贸易加强顶层设计。重点是建立健全专门的数字经济和数字贸易发展相关机构，专门负责完善和协调数字经济、数字贸易的政策，实现二者相互促进和发展。同时，加强对国内数字经济和数字贸易发展较好地区的经验总结，加快形成可在全国推广运用的制度体系。通过市场反馈到顶层设计，切实保障中国在对外自由贸易协定谈判中能够跟上全球数字贸易规则发展步伐，并提出更加清晰、更具说服力的中国方案，最大限度地保障中国数字贸易利益。

（二）提高监管有效性、精准性，促进数据跨境自由流动

从长远来看，数据跨境自由流动恰恰是数字贸易发展的基础，要通过提高监管的有效性和精准性，努力克服伴随而来的数据安全问题，实现高效利用全球数据和保障中国数字安全的目的。具体来说：一是加强知识产权和个人信息安全保护立法。严格规范企业收集、利用个人信息行为，提高企业违法成本，同时规范企业向政府报送个人数据的行为，营造令人可信的良好网络环境，为外部数据跨境流入奠定基础。二是建立严格的数据跨境流动监管机制。充分认清中国数字经济相关技术落后于发达经济体的现实，以保障中国数据安全和国家安全为根本目的，强化数据流动监管。可以借鉴欧盟的先进经验，实施"问责制"监管模式，通过推广充分性认证的白名单机制和数据跨境流动的安全评估机制等，实现对数据自由流动的安全监管。鼓励与数据流动相关的行业制定标准，进行相关认证，并发展第三方监督，使用更加全面的标准合同条款，提高监管有效性。尤其是要压实每一级的监管责任，防止无监管数据流动，最终推动数据跨境自由流动。三是实行数据分级分类管理机制。为适应当前越来越高频化的数据跨境流动需要，应在充分开展试点工作的基础上，推广备案管理方式和自评估方式，放宽对一般性商业数据的流动监管。同时，对过境数据和科研数据试行更开放的监管，为中国发展高水平科研提供数据支撑，更好地引导、吸引数据跨境流入。四是在海南自由贸易港、上海自贸试验区等对外开放前沿阵地开展先行先试，在有效隔离的情况下，探索更多适用于全国其他地区的数据跨境流动监管经验，不断提高中国数据跨境流动自由化水平。

（三）坚持以我为主积极参与全球数字贸易规则制定

数字贸易在全球贸易未来发展中占据着极其重要的地位，当前进行的数字贸易规则博弈关系到中国数字贸易利益，也关系到中国数字经济发展。对中国而言，在维护多边规则的前提下构建全球数字贸易规则显然是最有利的选择。近年来，以 WTO 为核心的多边规则发展陷入停滞，美国、欧盟、日本等发达经济体通过双边和区域自由贸易协定提出各自的数字贸易规则范本，已经在博弈中占据了先机。因此，应坚持以我为主积极参与全球数字贸易规则制定。具体来说：一是加强国内的经贸规则跟进，为参与全球数字经贸规则博弈奠定基

础。重点是在数据跨境流动、知识产权保护以及本地化要求等方面，提出开放度和标准度更高的中国方案，以获得更多发展中经济体的支持。二是在多边规则领域，明确支持信息技术协定升级谈判，维护多边规则的权威性；同时，加快国内开放，降低中国计算机服务和信息服务市场准入门槛，加快发展中国数字经济，提高数字贸易水平。三是加强对数字服务税的研究，拿出中国的数字服务税征税方案，并在全球数字经贸规则征税条款谈判上提出中国方案。四是不断提高数字贸易规则谈判技巧。要加强对现有各方双边和区域自由贸易协定中有关数字贸易条款的研究，在中国对外谈判中强化数字贸易章节安排，确保谈判议题的广度和深度，提高中国方案的吸引力；充分借助"一带一路"建设的契机，在双边和多边合作机制的基础上探讨数字贸易规则谈判的内容与方向，可以先期制定旨在保护网络安全、强化隐私保护、促进数据跨境流动的框架协议，在恰当时机将其升级为数字经贸协定，推出更加明确的中国版数字贸易规则。

本章复习题

一、名词解释

1. 网络安全 2. 信息安全 3. 数据安全 4. 威胁信息 5. 网络犯罪

二、简答题

1. 简述网络安全、信息安全、数据安全的区别和联系。

2. 简述网络安全的四个阶段。

3. 网络安全有哪些相关领域？

4. 对于网络安全相关经贸规则的完善，你有哪些想法？

5. 我国在维护网络安全方面存在哪些机遇和挑战？

6. 在数字经济迅速发展的背景下，谈谈你对网络安全事件频发的看法并提出建议。

三、案例分析

请阅读以下材料，回答问题。

共建共享，开创网络强国建设新局面

2023 年 9 月 11 日，国家网络安全宣传周（以下简称网安周）开幕式在福建省福州市举行。

本届网安周以"网络安全为人民，网络安全靠人民"为主题，9 月 11 日至 17 日在全国范围内统一开展。网安周期间，除开幕式外，2023 年网络安全博览

会、网络安全技术高峰论坛等主题活动也将在福州举行。党政机关、科研机构、高校、企业、社会组织、群众等各方力量广泛参与网络安全宣传活动，全面营造全社会共筑网络安全防线的浓厚氛围。

当前，人类社会正加速迈向数字文明时代。伴随数字化、网络化、智能化的深入发展，网络安全已经成为大国博弈的重要领域，网络安全在我国国家安全体系中的地位也更加凸显。

党的十八大以来，我国网络安全保障体系不断完善、网络安全产业技术水平和竞争力不断提升、网络安全人才培养体系建设加快、网络安全宣传教育不断加强。在各方努力下，我国网络安全工作取得了显著成绩。

点亮城市的智慧灯杆、一键登录即可"云游"三坊七巷的"金牌解说"小程序、网络安全领域的优质企业……置身今年网安周主场活动举办地福州，处处都能感受到数字福建的新风貌。

前不久，全国网络安全和信息化工作会议召开，强调要坚持统筹发展和安全、坚持筑牢国家网络安全屏障。

中央宣传部副部长、中央网信办主任、国家网信办主任庄荣文指出，面对新形势、新任务、新要求，要创新数据治理，大力提升数据安全和个人信息保护水平，加大对数据领域违法违规行为的打击力度，保障个人信息安全；要强化规范引领，加强新技术、新应用等前瞻性研究，有效规范引导新技术、新应用健康有序安全发展；要推进融合发展，坚持网络安全教育、技术、产业融合发展，完善支持网络安全企业发展的政策措施，切实形成网络安全良性生态；要加强宣传教育，充分调动各地区、各部门力量，宣传网络安全理念、普及网络安全知识、推广网络安全技能，共同营造维护网络安全的浓厚氛围。

福建省委书记、省人大常委会主任周祖翼表示，福建将以此次活动为契机，进一步加强国家网络安全宣传教育，弘扬主旋律、激发正能量，共同开创网络安全工作新局面，为高质量发展保驾护航。

近年来，针对网络安全领域的新形势、新挑战，一系列法律法规及政策文件相继颁布、陆续出台，网络安全政策法规体系的"四梁八柱"逐步构筑，确保网络安全工作始终在法治化轨道上运行。

2023年，《数字中国建设整体布局规划》正式印发，提出数字中国建设整体布局的顶层设计，明确了一系列新的目标任务和战略部署，为推进中国式现代化提供了重要引擎。作为我国促进生成式人工智能发展和规范应用的专门法律法规，《生成式人工智能服务管理暂行办法》的发布实施为行业健康发展指明了方向。

（选自《光明日报》，2023年9月12日）

1. 网络安全主要包含哪些方面？
2. 结合案例和教材内容，分析网络安全对数字经济开放的重要性。
3. 提出几点"加强全球数字治理和网络安全合作，共建人类网络安全共同体"的"中国方案"。

第七章 《数字经济伙伴关系协定》与数据驱动型创新

"十四五"时期，中国数字经济既要推动商业模式创新，又亟须促进数字经济深度赋能制造、金融、服务等领域的融合式发展，以数字经济高质量发展推动产业链与创新链深度融合。本章聚焦 DEPA 下数据驱动型创新的相关产业与规则内容，从数据驱动型创新的内涵、数据驱动型创新的相关领域、数据驱动型创新经贸规则的比较、数据驱动型创新的最新趋势与中国方案四个方面阐述了数据驱动型创新的内涵界定、规则特点与最新趋势等。本章内容兼具经管类知识体系与理工科综合素养，是"新文科"教学模式的有益探索。

第一节 数据驱动型创新的内涵

一、数据驱动型创新的定义

创新是推动经济体长期增长与发展的内生动力，现有研究对创新的概念存在不同理解。熊彼特的《经济发展理论》对创新给出了最早的经济学定义，即创新就是要"建立一种新的生产函数"，将一种关于生产要素和生产条件的"新组合"引进生产体系，以实现对生产要素或生产条件的"新组合"。数据驱动型创新是将数据作为一种新的生产要素，通过数据融合与关联分析等方法将其引入原有生产体系，并创造价值的过程。

现有对"数据驱动型创新"进行直接定义的研究并不多，张夏恒（2016）认为数据驱动的创新，是以海量数据的巨大价值挖掘为核心的创新体系及模式，强调数字时代数据的价值作用。更多研究集中于分析数字经济对创新路径的影响，或是以数字赋能创新。韩兆安等（2022）认为数字经济通过增加知识存量、提升知识准确率以及传播效率影响创新活动，强调数字时代的创新途径；Gupta

和 George（2016）认为数据赋能是指相关作用主体通过挖掘、分析和利用数据资源形成之前所不具备的数据能力，创造过去不能实现的价值目标。现有文献较少对"数据驱动型创新"这一概念进行完整界定。

数字时代赋予了数据驱动型创新的新内涵，即利用传感器等设备对海量数据进行采集，通过云计算、大数据分析等手段对其进行处理分析，将数据转化为生产要素，并通过区块链、物联网等数字技术将数据引入原有体系，使产品、服务、商业模式创造出新价值。

二、数据驱动型创新的特征

（一）创新方式：企业与消费者交互创新

互联网等信息技术的快速发展，使以此为基础的创新活动吸引了大量异质性用户参与，实现多主体间的信息共享。创新主体从以传统的工业企业等产品生产商为代表的供给端扩展至包含众多个性化用户的需求端，数字经济微观映射为以企业和消费者作为两大核心主体的交互与创新活动。基于数字连接，企业与消费者产生了紧密的交互关系：一方面，数字技术的应用强化了企业对消费者变化的敏感性，在研发、供应、生产、营销、服务等多个环节形成了以消费者导向为核心的战略与商业模式；另一方面，消费者通过数字技术主动或被动参与企业创新活动与价值创造。

企业通过虚拟设计、数字孪生等技术将虚拟样机置于互联网平台，产品用户与设计师能够通过平台直接沟通，对产品进行交互设计，消费者由此实现了主动参与创新。通过传感器等设备，企业能够在产品生命全周期完整采集用户体验以及相关数据并进行分析，进而实时检测产品寿命以及使用情况，并及时向消费者提供维修或更新服务，消费者通过数据化的方式实现被动参与创新。企业与消费者交互创新成为数据驱动型创新的显著特征之一。

（二）创新内容：从产品与制造流程优化扩展至多维度创新

在以工业企业为主体的传统创新过程中，创新内容大多集中于如何进行成本节约、产品改进或工业升级等制造流程或产品功能的局部优化。随着需求端异质性消费者的参与，多主体创新形成了多样化的分散决策和创新成果，使技术、产品、服务与平台的边界不断拓展，一项数字技术可以同时是产品、服务和平台。创新处于无限变化的过程中，跨行业创新也顺势而生，创新内容的灵活性和多样性不断提高。

由此，基于多主体参与的创新内容不再是单纯的工业流程优化或制造业产品升级，而是扩展至基于数据与数字技术，进行包括智能制造等制造业技术、产品以及服务在内的多维度创新。同时，不断迭代更新的数据驱动型创新也促使企业变革原有的商业运行逻辑，进行商业模式的创新。

（三）创新条件：数据流动与数据共享

数据作为生产要素，其价值转换的实现依赖于数据流动。流动为数据从单纯的静态资源转变为有价值的资产创造了条件。数据要素的大范围流动颠覆了传统工业时代的商业形态和产业边界，推动了大规模跨产业协作和创新，也衍生出平台经济、共享经济等数字经济创新模式，激活了人类的创新力和生产力。

DEPA 第 9 章第 9.4 条提出，"跨境数据流动和数据共享能够实现数据驱动的创新"。一方面，基于生产要素的国际流动理论，数据跨境流动可以帮助企业更直接、更合理地优化全球要素资源配置，并形成大规模的国际数字经济活动（张幼文，2015）；另一方面，数据跨境流动不仅可以推动信息、知识的传播，也能促进全球范围内的科技和理念创新，催生出新业务、新模式和新企业。目前，越来越多的行业开始依赖于数据跨境流动和相关数据处理的能力，以此作为其供应链、运营和商业模式创新的推动力。要实现数据驱动型创新，一个国家的数据共享及数据的开放程度成为最重要的一环，中国申请加入 DEPA，有助于明确高水平对外开放的方向，推动数据跨境流动以及在新发展格局下与各成员加强数字经济领域的共享与合作、促进数据驱动型创新和可持续发展。

三、数据驱动型创新的发展现状

科技革命是科学革命与技术革命的总称。科学革命是技术革命的基础与理论前提，技术革命则能够直接对生产力与生产方式产生影响，成为推动产业变革的直接驱动力。历史经验表明，每一轮科技革命与产业变革，不仅深刻改变了全球创新版图，也将引发国际经济格局的重大变动以及全球经贸规则主导权的更迭。

新一轮科技革命即第四次工业革命。G20 杭州峰会提出了新工业革命的概念，德国"工业 4.0"也是特定形式的新工业革命。尽管提法和内涵存在差异，主流观点均认为，第四次工业革命和产业变革是建立在大数据、人工智能、云计算、工业机器人等数字技术上，以智能制造为主导的，以数字化、网络化、智能化为主要特征的突破性创新和大规模产业化过程。相较于前三次工业革命，第四次工业革命由数据驱动，凭借数据量和数字技术的指数级增长，更具有颠覆性创新与变革的特征。

新一轮科技革命带来的产业变革主要体现在以下两个方面：第一，产业组织方式的根本性变革——产业组织方式从传统的垂直分工演变为网络化、平台化分工，平台作为数字经济时代的新组织形式逐渐成为创造产业价值、聚集产业价值的核心。第二，产业发展方向也随着数字技术的创新发展而不断变化，出现虚实结合的特征：一方面，信息、通讯、互联网等行业不断融合，从深度和广度上大规模向实体经济扩展，上述行业融合所形成的数字经济基础产业正逐步发展成为经济社会的基础产业；另一方面，传统产业也逐步加快从实体向虚拟化发展的产业布局，通过调整产业结构来促进传统产业转型升级。

在百年未有之大变局的背景下，数据驱动型创新在推动产业变革的同时，也体现出新的时代特征：

（一）数字化、智能化创新成为各国焦点

2020年新冠病毒感染疫情发生后对全球工业企业造成了巨大影响，IDC估计，全球1/4的公司在疫情防控期间处于衰退状态。同时，疫情也使数字技术驱动下的"宅经济"快速崛起，在线销售、在线采购、远程办公、在线教育、在线医疗等迎来瞬间的爆发式增长（见图7-1）。数字化程度高的企业受疫情冲击影响幅度较小，有些甚至获得更快发展；数字化程度较低，对线下实体空间依赖度高的产业受疫情影响较大。对制造业企业而言，智能化水平越高的工厂，复工进度和复工效率越高；智能化程度较高的工厂在复工之初产能利用率便可达到80%，并且与传统工厂相比，智能工厂用工人数至少减少一半，生产效率能够提高2.5~3倍。

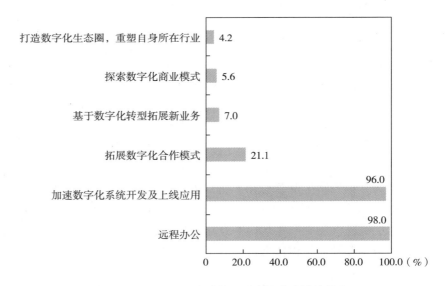

图7-1 中国企业应对新冠病毒感染疫情的措施

资料来源：《中国企业数字化转型研究报告（2020）》。

新冠病毒感染疫情成为全球产业数字化转型的"催化剂"，各国企业纷纷加快数字化、线上化转型，努力构建智能和弹性供应链，加速升级创新的步伐。

《中国企业数字化转型研究报告（2020）》数据显示，2018年，我国对于数字化转型持观望态度的企业数量占到40%，而2020年该数据下降至4.69%。疫情之前，行业分析师预计工业界需要两年甚至更长的时间才能完成数字化转型，现实情况是2020年末便已初步实现。

（二）发展数字产业上升至国家战略

人工智能战略是全球最优先和布局较为深入的数字产业领域。截至2021年底，全球60多个国家和地区已部署了人工智能战略；此外，超过15个国家和地区推动了量子技术战略，制定研究框架及投资布局。2021年全球主要国家的前沿数字产业战略文件数量是2017年战略文件数量的1.5倍，政策制定速度不断加快。从具体战略部署来看，人工智能、5G/6G、自动驾驶、量子技术及半导体等成为重点布局领域，其占比分别为27%、20%、16%、13%、11%。此外，各国和地区数字产业合作也不断加深：2010年中国与美国AI研究合作数量为4074项，2021年为18113项；2010年美国与欧盟AI研究合作数量为8903项，2021年为16928项；2010年中国与欧盟AI研究合作数量为1031项，2021年为5984项。

2015年，我国首次提出"国家大数据战略"，旨在建设数字中国、数据强国，打造具有国际竞争力的数字产业集群。在国家大数据战略的推动下，我国数字经济取得了较为显著的成就。构建数字中国作为推进国家大数据战略以及网络强国战略的关键举措，在《中华人民共和国国民经济和社会发展第十四个五年规划和2035年远景目标纲要》（简称《"十四五"规划纲要》）中单独成篇，从数字经济、数字社会、数字政府三个方面对数字中国进行了系统性梳理：明确将"数字产业化"与"产业数字化"纳入数字经济范畴，并引入"数字技术创新"的内容作为数字经济发展的基础，这充分体现了当前创新引领的发展思路；"数字社会"一节提出了"数字化服务"和"数字化治理"的要求，充分体现了"共享"和"治理"的理念；"数字政府"部分则更加关注效率和科学性，"加强公共数据开放共享"本质上就是提高数据的利用效率，于政府而言就是如何使"沉睡"的数据在预警监测、公共事件应对等方面发挥作用；"数字生态"部分作为数字中国板块的一大亮点，要求在数字中国构建过程中夯实基础，涵盖了规则、立法、安全等诸多基础内容，对数字中国建设有着根本性的影响。

（三）数据驱动成为企业战略

企业战略是指企业根据内部、外部环境变化，依据自身条件选择最优的经营方法或发展方向，从而提升核心竞争力、获取竞争优势的一系列综合的、协调的约定和行动，是一个自上而下的整体规划过程。

数据作为一种新的战略资源迫使企业重新思考竞争优势和价值创造，对几乎所有行业而言，数据驱动型创新已不仅仅是一种追求，而是在迅速发展为一项战略要务。将数据分析融入企业日常运转，使企业具备了许多数字初创公司的核心能力：利用数据完善现有价值主张，或提出新的价值主张。在运作上，数据驱动替代经验成为新动能，企业利用大数据分析提供的方法与工具，形成消费者行为画像，促进有价值的商业洞察，如数据驱动的研发模式创新反映了技术对人类研发经验的替代。

《中国企业数字化转型研究报告（2020）》显示，61%的企业将数字化转型工作视为重中之重，并制定了清晰的数字化转型战略规划。"数字优先"的企业意识到数据驱动的必然性，并将此作为一切企业行为的组织原则。更成熟的企业将数据与业务议程相关联、营造数据驱动的企业文化、将数据洞察灵活运用，建立必要的基础技术设施以使数据驱动成为企业战略。

第二节　数据驱动型创新的相关领域

一、智能制造与制造业产品创新

（一）智能制造

1. 发展历程与基本概念

早期关于智能制造的相关著述多见于智能技术在制造中的局部应用——最早提出智能制造概念的是美国纽约大学的怀特教授（P. K. Wright）和卡内基梅隆大学的布恩教授（D. A. Bourne）。他们于1988年出版的《制造智能》一书中阐述了若干制造智能技术，如集成知识工程、制造软件系统、机器人视觉，以及对技工技能和专家知识进行建模，使智能机器人在无人工干预的情况下进行小批量生产等。

工业和信息化部、财政部在2016年联合印发的《智能制造发展规划（2016—2020年）》中对智能制造进行了明确界定："智能制造是基于新一代信息通信技术与先进制造技术深度融合，贯穿于设计、生产、管理、服务等制造活动的各个环节，具有自感知、自学习、自决策、自执行、自适应等功能的新型生产方式。"简单概括，就是把机器智能融合于生产制造各个环节中的新型生产方式。企业的制造活动包括研发、设计、加工、装配、设备运维、采购、销售、财务等，融合并不意味着完全颠覆以前的制造方式，而是通过融入机器智能进一步提高制造效能。智能制造也不能仅着眼于增效降本的经济指标，还应该持久地对社会创造新的价值；不能将其简单视为 IT 前沿技术的应用，而应看作基于面向人和社会"可持续发展"的、能够促进持续增长的制造发动机。

2. 核心技术

（1）数字孪生。数字孪生是以数字化方式创建物理实体的虚拟模型，并通过传感器实现模型与实体真实状态的完全同步，通过虚实交互反馈、数据融合分析、决策迭代优化等手段为物理实体增加或扩展新能力的技术。

作为一种充分利用模型、数据，并集成多学科的技术，数字孪生面向产品全生命周期过程，是连接物理世界和数字世界的桥梁。从产生的价值来看，在研发设计领域使用数字孪生技术，能够提高产品性能，缩短研发周期，为企业带来丰厚的回报。数字孪生驱动的生产制造，一方面能够控制机床等生产设备的自动运行，实现高精度的数控加工和精准装配，并根据加工结果和装配结果提前给出修改建议，实现自适应、自组织的动态响应；另一方面通过数字孪生可以预估故障发生的位置和时间，从而进行维护，提高流程制造的安全性和可靠性，以实现智能控制。

未来，数字孪生将向拟实化、全生命周期化和集成化三个方向发展：①拟实化——多物理建模。作为物理实体在虚拟空间的真实反映，数字孪生在工业领域应用的成功程度取决于其逼真程度，即拟实化程度。产品的每个物理特性都有其特定的模型，如何将这些基于不同物理属性的模型相互关联，是建立数字孪生，进而充分发挥数字孪生模拟、诊断、预测和控制作用的关键。②全生命周期化——从产品设计和服务阶段向产品制造阶段延伸。基于物联网、工业互联网、移动互联等新一代信息与通信技术，实时采集和处理生产现场产生的过程数据（仪器设备运行数据、生产物流数据、生产进度数据等），并通过数字孪生将其与生产线进行关联映射和匹配，以在线实现对产品制造过程的精细化管控（生产执行进度管控、产品技术状态管控、生产现场物流管控以及产品质量管控等）；结合智能云平台以及动态贝叶斯神经网络等数据挖掘技术和机器学习算法，能够实现对生产线、制造单元、生产进度、物流、质量的实时动态优化与调整。③集成化——与其他技术融合。数字线程作为数字孪生的相关技术之一，用于实现数字孪生全生命周期各阶段模型和关键数据的双向交互，是实现单一产品数据源和产品全生命周期各阶段高效协同的基础。当前，产品设计、工艺设计、制造、检验、使用等各个环节之间仍然存在断点，并未完全实现数字量的连续流动；基于产品三维模型的制造信息描述仍主要停留在产品设计阶段和工艺设计阶段，需要向产品制造、装配、检验、使用等阶段延伸，并且现阶段数字量流动仍然以单向为主，需要数字线程技术实现双向流动。因此，融合数字线程和数字孪生是未来的发展趋势。

（2）建模与仿真。具体到智能制造中，建模技术是指对制造中的载体、制造过程和被加工对象，甚至是智能车间、智能调度过程中一切需要研究的对象，应用机械、物理、力学、计算机和数学等学科知识进行近似表达。仿真技术是在建模完成后，结合计算机图形学等计算机科学手段，对模型进行图像化、数值化、程序化等表达。借助仿真技术，可以看到被建模对象的虚拟形态，例如，看到数控机床的加工过程，看到机器人的运动路径，甚至可以对加工过程中的热与力等看不见的物理过程进行虚拟再现。因此，依托建模与仿真技术，可以使模型的分析过程变得可量化和可控化，利用量化的模型数据进行分析，进行虚拟加载和虚拟模型调整，对认识和改造研究对象是一种极为有效的科学手段。

由于制造系统的复杂化，在制造的全生命周期内大量数据得以产生。大数据的出现给仿真技术带来了新的机遇，同时仿真技术也对大数据的获取、处理、管理和使用发挥了重要作用。一方面，由于制造系统的高度复杂性，采用传统方法对复杂系统建模非常困难，而利用系统运行产生的大量数据样本，通过机器学习的方式可以建立逼近真实系统的"近似模型"；另一方面，大数据将成为建模仿真的重要研究对象，借助仿真技术能够更好地挖掘并发挥大数据在制造各环节中的价值。仿真技术还可用于大数据的筛选与预处理，大数据存储策略、迁移策略以及传输策略的优化等方面。建模与仿真技术和大数据将相互促进、相互补充，两者的结合将有力地促进智能制造的发展。

（3）工业机器人。工业机器人是面向工业领域的多关节机械手或多自由度的机器装置，具有柔性好、自动化程度高、可编程性好、通用性强等特点。在工业领域中，工业机器人能够代替人进行单调重复的生产作业，或是危险恶劣环境中的加工操作。现代工业机器人已从功能单一、仅可执行某些固定动作的机械臂，发展为多功能、多任务的可编程、高柔性智能机器人。

在智能制造领域，以机器人为主体的制造业体现了智能化、数字化和网络化的发展要求，在现代工业生产中大规模应用工业机器人正成为企业重要的发展策略。未来，以"互联网+机器人"为核心的数字化工厂智能制造模式将成为制造业的发展方向，真正意义上实现机器人、互联网、信息技术和智能设备在制造业的完美融合，涵盖工厂制造的生产、质量、物流等环节，成为智能制造的典型代表。

3. 前沿趋势

（1）人机共融。人机共融是指在同一自然空间内，充分利用人和机器人的差异性与互补性，通过人机个体间的融合、人机群体间的融合、人机融合后的共同演进，实现人机共融共生、人机紧密协调，自主完成感知与计算。实现人机共融后，机器人与人的感知过程、思维方式和决策方法将会紧密耦合。

在工业生产中，机器人与人的协同作业使风险处于可接受的安全水平内。人机共融也适用于小配件装配，如对手机等的组装；在航空航天领域，用坚固材料打造的太空机器人可防止太空振动，并通过指挥、掌握及报道飞船的运行情况和动力情况，协助宇航员完成太空中的检修和建设工作。

（2）云机器人。云机器人是机器人借助云计算发展起来的一种新兴技术：位于云端数据中心具有强大存储能力和运算能力的"大脑"，利用人工智能算法和其他先进的软件技术，通过5G通信网络来控制本地机器人，使其能全面感知环境、相互学习、共享知识。这不仅能够降低成本，还可帮助机器人提高自学能力、适应能力，推动其以更快速度、更大规模普及。传统机器人借助机载电脑，具备一定的计算和数据存储能力，达到计算智能层级。而云机器人借助5G网络、云计算与人工智能技术，能够达到感知智能层级。与传统机器人相比，云机器人将带来技术、社会、工业各个层面颠覆性的变化，包括新价值链、新技术、新体系结构、新体验和新的商业模式等。

云机器人在智能制造中有如下应用：①通过敏捷物联网与周边各种自动化设备以及其他机器人互联协同；②通过多种传感器完成数据收集，上传至云端平台；③在后台云计算支持下，适应复杂环境，支持复杂行为，完成作业任务的敏捷切换与管控；④借助云平台的大数据分析功能，实现智能维护与故障预诊断功能，同时具备进化功能。

（3）数字工程师。数字工程师是具有知识获取、知识管理、知识分析能力的智能系统，能够处理某些专业领域工程师的工作，并能与人类工程师沟通交流，提供专业咨询等服务。数字工程师凭借自身强大的感知、计算分析与推理能力，以及学习提升、自主决策、产生知识的能力，能够在新一代智能制造信息系统中发挥自身独特优势。数字工程师是人机协作时代的典型产物，是能够自我学习成长并具有灵敏情感反应的人类工作伙伴。

在应用中，数字工程师的一切决策建议和沟通交流均基于数据知识，不存在任何偏见，且具有更宽广的视野、更深厚的知识储备：①数字工程师可以提高制造业对知识的利用能力。数字工程师的应用，将使制造系统具备认知和学习的能力，具备生成知识和运用知识的能力，从根本上加快工业知识产生的速度，提高利用知识的效率，将人类从体力和脑力劳动中极大地解放出来，为人类提供更广阔的创新空间。②数字工程师可以促进制造业生产方式的改变。在数字工程师的帮助下，智能制造产品具有高度智能化、拟人化的特点，生产制造过程呈现高质、柔性、高效、绿色等特征，形成协同优化和高度集成的新型制造大系统。制造业创新力得到全面释放，价值链发生革命性变化，制造业市场竞争力得到极大提升。

（二）数据驱动产品创新

1. 产品目标功能创新

每个产品都有特定的目标功能以满足用户特定的需求，目标功能创新是产品创新的主要表现之一。数字驱动的产品目标功能创新有如下三种形式：

（1）目标功能的强化、深化：围绕产品的元功能（最基本目标功能）目标，通过数字智能技术提高效率、质量等。如机械加工中存在丝杠间隙、温度变化、刀具磨损等影响加工质量的因素，人们可以通过安装传感器测量切削力、温度、主轴功率、尺寸精度等的变化，实时进行补偿控制，以减小对加工质量的影响。

（2）目标功能的扩展：增加与元功能有联系但并非直接属于元功能的扩展功能。目标功能扩展的最佳例子是装备的运维。运维需要通过对装备的自动监测来预测未来的状态，以发动机为例，通过在发动机叶片上安装传感器来收集发动机的运行数据，通过大数据分析来判断发动机的运行状态，以确定发动机是否需要维护。在此基础上将每台发动机的信息联网，其操作经验可以聚合为一个信息系统，以使整个机器组合加速学习，而这种方式无法在单个机器上实现。审视产品的元功能可否通过数字智能技术的应用而扩展，可以视为数据驱动产品创新的开始。

（3）目标功能边界的改变：对生活中的工业产品加以观察能够发现，某些产品的功能与之投入使用之初的功能大为不同，某些产品的元目标甚至也日渐模糊——手机从最初的通信工具变成了集合数字智能等先进技术的应用，众多 App 不断赋予手机新的功能，如摄像、导航、付费、购物、远程控制、社交……数字技术使产品以"功能跨界"的方式进化。

2. 数字技术在产品上的直接应用

（1）产品的数据派生功能。在传统产品上安装传感器，使产品具有使用功能的同时产生数据。数据通过无线通信技术传输到服务器，可提高新产品设计、优化工艺、维保预测等。如在发动机或轴承等设备上安装传感器，通过传感器采集的数据，可以知道每个零部件的生命周期，实时监测设备使用情况，提前预判使用寿命，并及时进行维保。

（2）产品数字化。将产品从传统的物理实体转变成数字产品能够有效降低硬件成本，提高用户体验且便于对数据进行采集、调用与存储。在工业领域，可视化技术大大提高了制造业的设计水平。近年来兴起的 3D 打印技术更是实现了数字化产品转变成有形实体的逆向过程。

3. 以"成长品"为代表的迭代式创新

传统的瀑布式创新模式，一般要经过完整的调研、预算以及详细规划后才开展开发、设计、测试、制造、商业化等工作，通常一次性设计出产品后便投入市场，其过程如同瀑布流，完成整个流程后创新活动即告结束，缺乏持续性。面对数字技术的发展以及可以快速获得的多样性数据，企业无须经历完整的瀑布式创新，而开始采用迭代式创新：在推出样品后，通过不间断地采集与分析用户数据，对产品性能进行迭代更新，从而使产品能够动态地满足用户需求。数据驱动的迭代式创新与传统创新模式的不同之处在于，迭代式创新流程并非一次性设计，而是全周期持续地与用户交互，用户数据的采集与利用发生在创意、设计、生产、物流、服务的全流程。

部分制造企业通过虚拟设计将数字化样机放在平台上，在网上推出定制，由产品用户进行交互设计，并通过网络客户大数据实现产品的持续迭代；一些化妆品公司在高端护肤品研发中也采用了数字化技术，其产品可通过探头读取并分析用户皮肤数据，对护肤配方进行即时调整，使护肤品能持续动态地匹配用户在不同时段的皮肤变化。上述通过对用户数据的采集与利用而处于不断进化过程中的产品被称为"成长品"。成长品具有发展方向难以预测、即时反馈、即时调整三个主要特征。随着5G网络和边缘计算的普及和应用，产品逐步从传统的成品转向成长品。基于工业互联网、物联网等数字化技术的产品迭代式创新模式将越来越多，随着创新的深度发展，更为复杂的成长品将会出现，产品边界和内涵将被不断拓展。

二、数据驱动的金融领域创新

（一）跨境结算与支付交易模式创新

随着跨境电商以及平台经济的发展，跨境汇款在日常生活中越发常见，根据麦肯锡《2020年全球支付报告》，全球跨境支付以每年约5%的速度增长。传统跨境支付通常需要等待3~5天，支付1%~3%的交易费用，且多通过银行间合作进行，参与银行有时会达到4家甚至更多。对消费者以及移动金额较小的中小型企业而言，传统跨境支付系统存在成本高、交易时间过长、缺乏透明度、流程难以理解等困难。

区块链基于其点对点的特性，在跨境结算、信用证、股权登记和证券交易所等金融领域有着潜在的巨大应用价值。将区块链技术应用在跨境结算过程中，能够跨过第三方中介环节或者政府机构，实现点对点的直接对接，从而在大大降低成本的同时，快速完成交易支付。Visa于2019年推出基于区块链技术的Visa B2B Connect，能够为机构提供一种费用更低、更快速和更安全的跨境支付方式来处理全球范围的企业对企业的交易。此外，我国于2020年12月开展数字人民币跨境支付技术测试，数字人民币跨境支付应用未来可期。

在支付领域，传统的支付流程易于出错，成本高昂，且易被利用为洗钱等犯罪行为的手段。区块链通过对交易记录进行加密则可以很好地解决该类问题。支付宝等电子支付公司已经开始利用区块链技术提供全流程的汇款服务。

除了区块链应用于跨境结算与交易的创新，一种以计算机算法语言为基础的智能交易系统也在金融市场上得到广泛应用。该系统能够在没有人工指导或干预的情况下自行适应快速变化的交易市场，预测股价并自动做出反应以调整交易行为。除了传统的技术图形分析，该智能系统能够充分研究现有数据，集合不同语言的新闻报道、基本面数据以及多市场的价格和成交量，经过复杂演算最后组合成模型，预测个股在未来的价格趋势。

（二）企业融资渠道创新：供应链金融

供应链金融是一种以核心企业为主导，整合产业链上下游企业物流、资金流、信息流等新的融资服务模式。供应链金融是解决中小微企业融资难、融资贵的有效方式之一，也是数字时代金融创新、提高效率的着力点。2021 年《政府工作报告》明确提出，创新供应链金融服务模式。

在传统的供应链金融服务中，核心企业是供应链条的核心，金融机构通过服务一家核心企业，依托小微企业与核心企业之间的交易往来、应收账款等商业数据为其提供授信及其他金融服务，以此来弥补小微企业信用短板的不足。而随着信息技术的发展和产业互联网的深化，越来越多的核心企业在上下游聚合了数以万计的小微企业，传统供应链金融服务模式的弊端由此暴露，即由于对核心企业的信用或担保过于依赖，产业链条末尾的小微企业难以获得及时有效的融资服务。新型数字技术的应用为供应链金融创新提供了助力，有效解决了这一难题。

基于大数据分析技术，金融机构可以对供应链中各参与主体的风险水平进行精准画像，全面评估还款能力，提高放款融资效率并达到供应链体系内的风险平衡；区块链技术则在供应链金融各方信息互联互通、信用多级流转等方面发挥了作用，降低了信息交换成本，同时使链条上的信用变得可溯源、可传递，填平了金融机构与中小企业之间的信任鸿沟；一些商业银行基于人工智能识别及验证技术，为小微企业提供关键征信维度，同时利用大规模图计算及数据处理技术更好地识别企业关系等。

（三）普惠金融创新

除上述金融创新外，我国充分利用大数据以及数字技术大力推进普惠金融创新：在通用产品创新方面，以小微企业及企业主的金融资产、房贷、纳税等数据为依据，结合征信、工商、司法等行外数据，对企业开展全方位评价和精准授信，打造"微捷贷"等面向小微企业的产品；在供应链产品创新方面，借助供应链、贸易链及专业市场等合作链条，依托核心企业数据共享对小微客户进行自动化审批，推出"数据网贷""票据 e 融"等产品；在区域特色产品创新方面，搭建数字普惠产品分行创新平台，以"总行搭台、分行唱戏"的方式，积极发挥分行在数据采购、特色业务模型建设、客户营销等方面的优势，如中国农业银行打造出了湖北"工资 e 贷"、四川"医捷贷"等产品，推动地区特色产品创新。

三、数据驱动的服务业创新

（一）生产性服务业创新

作为从制造业当中分裂出的产业，生产性服务业直接为生产提供服务，其目的是保持生产过程的连续性、提高生产效率、促进技术进步。在数字技术蓬勃发展并逐步得到广泛使用的背景下，"数字化+生产性服务业"作为现代产业体系的重要组成部分，具有创新性高、针对性强、整合性突出、驱动力明显等特点，是全球产业竞争的战略中心点。数据驱动下的生产性服务业创新呈现出以下两个特点：

1. 行业间：制造业与生产性服务业融合创新

技术创新是产业融合的内在动因，产业融合进一步提高产业创新能力，产业融合与创新之间存在双向促进作用。一方面，生产性服务业作为制造业重要的上游投入部门，技术创新由上游产业向下游产业的扩散溢出能够引发制造业与生产性服务业形成共同的技术基础，消除二者间的技术进入壁垒，模糊技术边界；另一方面，技术创新改变了原有产业的生产成本函数，给原有产品带来了新的市场需求，形成了共同市场基础。产业之间通过形成共同的技术和市场基础，加快了产业互动融合进程，最终形成了新产业形态。产业融合是一种突破传统范式的创新，产业融合带来了技术创新效应等多重创新效应，将会进一步提高产业创新能力。

制造业与生产性服务业融合创新主要体现在服务制造过程上。生产性服务的主要目标在于使机器或车间的停工时间缩到最短，从而令整个价值链的效率和生产力达到最大化。通过即时、连续地采集并分析过程数据和生产数据，对数据进行分析从而对设备运行状态进行分析和预测，能够提高机器设备的可用性，优化制造流程。这类基于大数据分析、云计算等技术的"数据驱动型服务"，能够拓展服务领域的产品线，尤其是制作远程维护解决方案，以应对制造过程中持续增加的围绕数据分析的需求。

2. 行业内：生产性服务业的协同式创新

生产性服务业自身的协同式创新首先体现在产品设计研发过程中，将以数字技术为基础的协同工作与先进制造技术相结合，能够优化产品设计过程。协同设计是当下企业产品开发技术进步的一个重要方向，也是数字时代设计技术发展的必然趋势。一方面，企业能够通过搭建内部共享平台协调来自不同部门、具有不同领域知识和经验的成员；另一方面，协同设计还可以通过采用开放式社区模式，搭建用户、设计师、供应商直接沟通的全流程交互平台，从需求端到制造端，依托互联工厂体系实现全流程可视化定制体验，让处于前端的用户与后端工厂互联互通。用户从单纯的需求者转变为产品创意的发起者、设计参与者以及参与决策者等，参与产品定制全流程，这大大激发了用户的创造力，实现了用户价值驱动。

协同式创新还体现在车间生产过程当中。车间是制造生产的关键环节，工艺、生产计划调度、物料配送、质量控制等任何一个步骤都足以影响全局。通过应用全三维环境下的数字化工厂建模平台、工业设计软件以及产品全生命周期管理系统，车间生产实现了研发数字化与协同化。在多车间协同制造环境下，计划与执行一体化、物流配送敏捷化、质量管控协同化实现了混流生产与个性化产品制造；人、财、物、信息的集成管理、基于物联网技术的多源异构数据采集和支持数字化车间全面集成的工业互联网络，驱动部门业务协同与各应用深度集成，实现了物与物、人与物之间的互联互通。

（二）生活性服务业创新

生活性服务业是服务经济的另一重要组成部分。与生产性服务业相对，生活性服务业直接向居民提供物质或精神产品及服务，用于满足消费者生活中（非生产中）的各种需求。随着我国居民生活质量的提高，其消费层次随之上升、消费需求日益多样化。现代生活中的消费模式显现出个性化、差异化的新趋势，涌现出多样化的消费意向。不同细分市场的顾客需求有所不同，企业所提供的产品和服务的价值主张和满足程度也因此有所不同。一旦需求发生变化，就会成为企业拓展新的业态和模式的重要机会。随着信息及数字网络技术的发展，传统的生活性服务业正逐渐演化为以数字技术为支撑，以满足个人消费需求为目的，以提供高附加值、高层次、知识型服务为主的新兴服务业态。多元化的现代消费者需求使消费者不再以群体概念而是以个体概念进入企业管理和运营视野，以个体为单位的消费者成为现代生活性服务业创新的核心要素。

在跨境电商领域，数字贸易的发展有利于跨境贸易全流程信息化，加快跨境供应链智能化转变，实现商品与市场需求的精准匹配。各大跨境电商平台通过积累来自世界各地的用户数据并深入挖掘其价值，可以实现精准用户画像，向用户推荐最合适的产品以及最佳配送模式，实现"千人千面"，从而进行个性化、智能化创新。在罕见病治疗方面，由于其市场非常狭窄，医药公司为研制出针对特定患者、特定病情的药物需要付出巨大成本，而数字技术在很大程度上解决了这一问题：应用机器学习算法与计算生物学，不仅可以利用患者的基因信息匹配对症药物,同时能够精确预测药物在患者身上发挥疗效的水平。这样的创新在很大程度上满足了该行业对高强度定制的要求。在教育领域,大数据分析以及人工智能的应用使教学管理更加精准,教育决策更加科学,学校利用学生的日常作业、考试及发展性评价的数据,可以实现对学生的个性化教育和智能支持服务,教育研究范式也从抽样模式走向全样本模式。

DEPA 的核心内容之一是:缔约方根据共同认定的规范共享互联网数据和服务,适用于商业经济的用途。通过数据跨境流动以及数据开放与共享,生活性服务业朝着实现供需两端的数据化和快速匹配方向发展与创新,而这也是商业智能的本质。可以预见,这种创新与变革还将持续深化。

四、数据驱动的商业模式创新

(一) 跨行业创新

企业一般很难掌握生产其产品的所有关键技术,生产复杂产品更需要覆盖多个行业的技术支撑。数字技术的发展为消费者等个体参与创新提供了充足的技术支持,而多主体参与下的创新使创新成果日趋多样化,行业边界因此逐渐模糊。在此背景下,一些企业不再满足于仅成为本领域的佼佼者,而是选择跨行业创新以进一步提高自身竞争优势。以汽车产业为例,目前汽车产业的绝大多数创新不再局限于传统汽车和机械领域的创新,而是扩展至电子、软件以及互联网领域的创新。汽车制造商与软件或信息技术公司合作可以加速创新以及企业数字化转型的进程:通过数字孪生等技术开发的无人驾驶模式能够创新未来汽车出行方式;基于云平台以及互联网的车载服务能够不断拓展汽车的功能目标边界。

数字时代下的企业若想更好地生存与发展需要跨行业创新,通过跨行业创新的战略企业能够突破"同质化竞争困境",不断颠覆本行业传统的价值创造方式与原有竞争逻辑,从而形成新竞争格局。对处于行业落后地位的企业而言,保持对其他行业中潜在创新机遇的识别是实现赶超的有效手段。

(二) 利用自媒体实现营销模式创新

自媒体是社会中的数字网络,发掘并利用自媒体价值可以推动营销模式创新。企业通过微信、微博、小红书等平台进行自媒体运营,逐步形成与粉丝、消费者的双向直接沟通,最后将沟通导入线下,让消费者产生体验与购买的欲望。微信公众号的内容可多以实用服务信息为主,分享读者不知道的商品知识或创意,邀请读者尝试新设计等。公众号不刻意进行推销产品,减轻消费者被动购买的压力,用品牌故事、设计理念、互动游戏等形式与消费者交流,通过公众号积累品牌粉丝。在微博等平台的运营,无须满足于单向沟通,而是更多地与用户产生交互体验,并从中获取消费者对商品的具体反馈,例如,对产品样式、尺寸、店铺服务满意或不满意的原因等，进一步获得消费者的大数据。如果将这些宣传与推广改为广告投放，则需要投入大量资金，但自媒体的成功运用能够帮助企业创新营销模式，节省大量开支。

（三）平台模式创新

随着数字技术的发展，一种由数据驱动，平台支撑的经济系统应运而生。平台的建立能够打破时空限制实现对数据的收集、储存、分析处理以及开发利用。通过不同的技术手段连接和汇集交易者，平台能够实现资源有效配置，为交易者创造价值，特别是为消费者提供定制化的产品与服务。传统平台模式也存在一定的局限性：其网络效应只局限在平台内部，平台发展过程中的参与主体类型基本保持不变，动力主要来自双边用户数量的增长。由于用户结构的局限，传统平台只能掌握双边用户的相关数据，也只能实现一种固定交易关系的匹配。

相比之下，新型平台模式的成长动力来自两个方面：一是用户数量的增长，二是参与主体类型的增长。由于用户结构更为复杂，企业能够获得更多种类和更大量级的用户数据，从而大幅提升了企业进行需求分析的覆盖面和精准度，也使企业能够高效匹配多种多样的交易关系，增强互补效应与交叉网络效应，使其在需求分析和交易匹配能力上更具优势，从而降低市场上交易双方的信息不对称问题，提升交易效率。近年来，欧美金融业正在掀起一场开放银行的大潮，或称为金融科技2.0。开放银行即采用了新型平台模式，通过与商业生态系统共享数据、算法、交易、流程和其他业务功能，为商业生态系统的客户、员工、第三方开发者、金融科技公司、供应商和其他合作伙伴提供服务，构建新的核心能力，通过金融数据共享以实现商业模式创新。

专栏7-1　酷特集团的数据驱动型创新之路

酷特集团（原红领集团）是一家生产经营中高档服装的传统品牌企业。作为中国服装十大影响品牌，酷特专注于服装的规模化定制。

1. 数据驱动设计和生产过程创新

经过十余年的定制订单大数据累积，酷特目前可定制产品为男士正装全覆盖，包括西服、西裤、马甲、大衣、风衣、礼服、衬衣；女士西服、西裤、大衣、风衣、衬衣；童装西服、西裤、衬衣。可定制参数包括驳头、前门扣、挂面形式、下口袋等540个可定制的款式分类，11360个可设计的选项；尺寸可定制参数有19个量体部位，90个成衣部位，113个体型特征以及1万多种可供选择的面料。

在客户定制数据的驱动下，酷特通过服装版型数据库、工艺数据库、款式数据库、BOM（物料清单）数据库、管理数据库与自动匹配规则库等，实现个性化产品智能开发，同时自动生成产品的裁剪裁片、产品工艺指导书、产品 BOM 等。订单信息全程由数据驱动，在信息化处理过程中没有人员参与，无须人工转换与纸质传递，数据完全打通、实时共享传输。所有员工在各自的岗位上接受指令，从互联网云端获取数据，按客户要求操作，依照指令进行定制生产。让员工真正实现"在线"工作而非"在岗"工作的同时，确保来自全球订单的数据实现零时差、零失误传递，应用互联网技术实现客户个性化需求与规模化生产制造的无缝对接。

2. 数据驱动事务活动创新

酷特追求一种基于数据解决问题或困难的运行方案。当面临的困难超出细胞单元能力范围时，需求提出者会发布数据。如确属新问题或新需求，系统会自动发起一个临时、专业的问题解决委员会，称为虚拟委员会。虚拟委员会由与该问题有关联的专业人员随机组成，共同商讨解决问题。单纯解决问题并非虚拟委员会存在的最终目的：虚拟委员会将对问题进行抽象化处理，形成解决这类问题的算法或模型，经验证后固化在系统中，形成保障系统高效运行的规则和机制。

3. 数据驱动服务制造模式创新

酷特集团打造的"红领模式"通过对业务流程、管理流程的全面改造，建立柔性和快速响应机制，实现了个性化手工制作与现代化工业生产的完美协同。红领模式的关键是数据，即从前端客户需求的采集到产品的设计、定制，以及制作工艺、生产流程，再到物流配送、售后服务全过程数据化驱动跟踪和网络化运作，实现利用工业化的手段和效率进行个性化产品的批量生产。

资料来源：青岛酷特智能股份有限公司。

第三节 数据驱动型创新经贸规则的比较

一、《数字经济伙伴关系协定》中数据驱动型创新的体现

认识到互联网及其开放结构作为数字经济的推动者和全球创新催化剂的价值，鼓励数据驱动型创新、带动跨境数字价值链和创新链的快速升级是 DEPA 的突出亮点，也是 DEPA 同现有的绝大多数双边或多边数字协定的最大区别。DEPA 的创新性体现在以下三个方面：第一，"商业和贸易便利化"模块提出鼓励支付生态系统中的有益创新和竞争，以支持发展高效、安全和可靠的跨境电子支

付；第二，"创新和数字经济"模块强调数据跨境流动和数据共享能够实现数据驱动的创新；第三，关注对人工智能技术的约束，避免创新不可控而对经济社会造成难以逆转的负面冲击。

数据驱动型创新深刻影响着世界经济的发展，DEPA 中创新性模块的设置为数据驱动型创新搭建了有益平台，也为后发经济体参与相关规则制定提供了良好机遇。

二、国际和区域组织的数据驱动型创新战略与规则的比较

（一）WTO：多边体制暂无实质性进展

受到互联网信息与技术发展的限制，1995 年，WTO 成立之初并未对互联网引发世界经贸秩序的潜在影响力予以充分重视。WTO 持续关注数字经济的发展，然而现有国际贸易法律规范暂无对数据驱动型创新进行明确规定的独立章节，甚至没有对作为数字贸易交换手段以及数据驱动型创新主要动力的数据跨境流动作出明确规定或描述。

当前，WTO 隐含了与数字贸易相关的协定主要包括《信息技术协定》《与贸易有关的知识产权协定》以及《服务贸易总协定》等。这些协定内容多集中于数字贸易的产品、技术，以及相关网络基础设施，并未对诸如数字驱动型创新等更深层次的内容加以阐述。

2019 年 1 月 25 日，76 个 WTO 成员方启动了与数字贸易有关的电子商务谈判，由于美国、欧盟、中国等主要参与方关注点以及谈判目标不同，因而在数据跨境流动与数据本地化等核心争议问题上未能取得实质性进展。WTO 谈判的停滞不前说明自上而下（由 WTO 驱动）的方式短期内不可能达成有约束力的合作；自下而上，即通过制定区域贸易协定的方式（戴艺晗，2021）可能是现阶段推进数字贸易领域包括数据驱动型创新国际合作更适宜的渐进式方法，DEPA 的制定则是具有代表性的重要尝试。欧盟、东盟等主要区域性组织也根据自身发展情况积极制定了符合自身利益的与数据驱动型创新相关的战略或规则。

（二）欧盟：构建数字单一市场，防止创新成果向域外流出

数据开放与数据流动是数字创新和数字经济发展的重要支柱。欧盟充分认识到数据流动对创新的重要性以及数字经济广阔的发展前景，但是由于自身数字经济整体实力弱于美国，并未形成类似传统经济的统一数字经济市场，因此欧盟对域内与域外的态度存在差异。具体而言，欧盟委员会于 2015 年 5 月发表了建立数字单一市场的构想：在域内通过消除数字贸易障壁以促进相关产业的发展与创新，积极推动数字贸易自由化，打造共同的欧盟数据空间，进而实现欧盟数字市场一体化，避免线下市场壁垒阻碍域内数字创新。

欧盟先后颁布相关条例，对非个人数据以及公共部门信息在欧盟内部自由流动进行了规定，旨在消除阻碍非个人数据在欧盟各成员国和信息系统之间自由流动的障碍，使公司和公共管理部门可以在任何地方存储和处理非个人数据；推动欧盟成员国政府持有信息的开放和共享，塑造透明和公平竞争的市场环境。2020年11月，欧盟颁布《数据治理法》（Data Governance Act），旨在规范整个欧盟的数据共享，力争为整个欧盟以单一市场形式共享数据奠定法律基础。2022年2月23日，欧盟公布《数据法案》（Data Act）草案，允许联网设备的用户访问由互联网产品制造商产生的数据并可向第三方分享这些数据，以便提供售后或其他数据驱动的创新服务。

欧盟在一定程度上采取具有市场保护与技术保护倾向的政策，最典型的规则是数据本地化。数据本地化是指要求在一个国家产生的数据必须存储在该国境内的服务器上。目前，全球公共云市场主要由美国、中国等国的公司主导，欧盟成员国担心过多使用欧盟以外的数据服务可能会产生过度依赖，因而为欧盟以外数据供应商制定了数据本地化的规则。欧盟还提出，通过杜绝以提高计算能力为目的而在域外对创新研究以及产业数据进行分析、处理的情况，以防止创新成果向域外流出。

（三）东盟：数字创新鸿沟严重，中小企业是创新主体

东盟在数字创新领域的规划战略立足于本区域具体情况，具有自身鲜明的特点。首先，东盟区域内国家发展程度不一，存在非常明显的数字创新鸿沟。一方面是作为DEPA缔约方、不断努力探索数据驱动型创新的新加坡；另一方面是难以负担数字创新成本、仍在普及基础设施阶段的柬埔寨和老挝。客观存在的巨大国情差异使区域内部的数字流动与联通变得非常困难，难以实现数据驱动型创新发展理念以及发展方式的有效对接。对此，东盟正在加大先进国家帮扶落后国家的力度，开创性地进行一对一帮扶合作，从而避免多国谈判博弈带来的效率低下的情况；并以定期举行的数字部长会议以及信息部长会议为契机，增进各国关于数字创新的沟通交流，制定共同目标，为进一步缩小数字创新鸿沟的总体目标提供助力。

另外，贝恩公司报告显示，在东盟所有商业机构中，中小企业占比达到了95%，同时解决了区域内50%人口的就业问题。作为东盟数字经济发展的关键领域——为提高中小企业数字驱动型创新能力，东盟出台了《东盟中小微企业技术培训蓝图2025》等规划纲要，同时进一步加强组织机制建设，设立了负责中小企业统一发展的东盟中小企业协调委员会等机构。不同于以助力大型企业为目标的CPTPP等协定，东盟十国作为成员国参与的RCEP与由新加坡等主导的DEPA将更多的关注点置于推动中小企业创新。

（四）G20：包容、协同、开放、信任成为主要特征

二十国集团（G20）领导人峰会作为一个倡导世界多边主义的国际政府间大型沟通平台，逐渐成为世界不同发展阶段经济体的重要连接点。在数字经济蓬勃发展、数据占据重要地位的时代，创新也成为 G20 峰会的重要议题之一。中国在 G20 杭州峰会上率先倡导发起设立了 G20 数字经济任务组，发布了《2016 年二十国集团创新行动计划》与《二十国集团新工业革命行动计划》，为未来任务组对数字驱动型创新的讨论奠定了基础。

此后历届峰会都在数字创新领域达成了建设性共识：数字技术创新，以及由数字技术驱动的经济活动中的创新，都是实现经济包容性增长和发展的关键驱动力。由于创新几乎涉及所有经济社会领域，并与集团其他议题密切相关，所有集团成员作为利益相关方应共同努力，缩小各类数字鸿沟，推动与创新相关的产业与经济活动发展，做到不同国家、不同议题两个维度的协同发展。集团认识到促进开放和竞争的市场的重要性，提出开放和有利的商业环境有利于数据跨境流动和数据共享，提升企业创新效率。2019 年日本 G20 峰会上，日本提出"信任的数据自由流动"（Data Free Flow with Trust，DFFT）这一概念，充分认可了数据、信息和知识跨境流动促进创新的积极作用。

三、区域自由贸易协定中数据驱动型创新规则的比较

（一）整体特点

区域自由贸易协定较容易受到地缘政治因素的影响，在此背景下形成的协定通常是国家间博弈结果的规范化。CPTPP 与 USMCA 在很大程度上承袭了 TPP，也充分反映了美国等发达国家的诉求，即旨在达成高水平、高标准、更开放的美式区域自由贸易协定，通过扩张制度性权利的方式实现数据自由流动的核心主张，同时设置新兴经济体难以接受的条款以达到遏制其发展的目的。这巩固和保护了数据实力强大的国家在数据发展中的优势地位，但加剧了国家间早已存在的数字鸿沟，从长远看并不利于通过数据驱动型创新来带动跨境数字价值链和创新链的升级。

与之相对，RCEP 对成员方所设义务较为宽松，充分尊重和包容了成员方各自采取的数据保护法律与政策，成员方不需要对自身法律与政策作出实质性修改即可实现与 RCEP 的兼容。而 DEPA 相对于 CPTPP 以及 RCEP 等多边协定，模块式协定是其一大特色，即不必同意全部内容，可以只加入其中几个模块。灵活的模块化加入方式为不同经济体提供了合理的准入机制，不同经济体基本能在其中找到相应的利益诉求点，这在一定程度上打破了传统数字贸易大国的规则垄断，提供了包容性的政府间数字经济合作制度框架，有利于吸引其他经济体的

加入。

因此，DEPA 与 RCEP 更为清晰地体现了区域数据协定的包容性和共治性，通过新的区域治理体系建设来推动全球治理体系改革，为加速推动全球范围的数据驱动型创新构建了便捷、友好的平台。

（二）具体规则梳理与比较

在数字产品的定义方面，除 RCEP 外，CPTPP、USMCA 与 DEPA 对其进行了不同定义，尽管在具体阐述上存在差异，但三者对"数字产品是可通过电子方式传输的产品"这一基本特征达成了共识。在电子商务章节中，国际主要贸易协定均主张促进无纸化贸易，推广电子认证、电子签名以及电子交易；除 RCEP 外，CPTPP、USMCA 与 DEPA 对数字产品的非歧视待遇进行了规定，允许自由接入和使用互联网开展电子商务。前者是商务流程数字化的体现，后者为参与方创造了适宜电子商务发展及贸易便利化的友好环境，有助于跨境电商利用数据以及信息技术进行创新。在数据开放与数据共享方面，这四个主要区域协定均意识到了数据跨境流动的重要性，认为优化数据跨境流动是数据驱动型创新的主要动力，有助于促进数据流动，打破地区间的数字贸易壁垒。

CPTPP 强调知识产权的保护和实施有助于促进技术创新。虽然国际主要区域贸易协定对产权保护均有所涉及，但 CPTPP 的相关规则标准目前是全球经贸规则中开放度最高、范围最广、界定最详细的。CPTPP 对知识产权的保护范围更广，强化了对知识产权的司法和执法力度，提高了对著作权和商标权的民事损害赔偿标准。CPTPP 也是第一个包含源代码条款的区域协定，承袭了美国所坚持的技术中立原则。其条款规定缔约方不得要求转让或获取另一方个人拥有的软件源代码，作为在其境内进口、分销、销售或使用此类软件或包含此类软件的产品的条件。该条款实际上赋予了企业对于源代码的绝对控制权，保护了提供大众市场软件或包含该软件商品商家的知识产权，提高了软件企业创新的积极性。

USMCA 是目前针对数字贸易制定标准最高、效力最强的协定。与其他协定相比，USMCA 创新性提出公开政府数据的要求，即"为公众获取和使用政府信息（中央政府持有的非专有信息，包括数据）提供便利可促进经济和社会发展、提升竞争力和创新"。在数据成为关键生产要素的数字时代，数据开放与共享能够加深对数据价值的挖掘与利用，上述要求的提出从政府层面对数据开放与共享进行了深化，无疑能够大幅提高缔约方数据驱动型创新的水平。在创新主体与规则制定目标方面，《全球数字经济竞争力发展报告（2019）》显示，美国的数字经济以大型 ICT 企业为主导，拥有完整的数字经济产业链，因此美国主导的 USMCA 仅部分涉及中小企业的创新发展，仍主要以巩固大型科技公司的市场地位、制定有助于大型科技企业创新的条款为目标。

作为当前世界上参与人口最多、成员结构最多元、经贸规模最大的贸易协定，RCEP 同样对知识产权与电子贸易便利化等促进数据驱动型创新的因素加以关注，但其尚未对数字产品非歧视待遇、源代码等设定规制，而是更加注重与贸易实体相关的活动，更多涉及传统经贸规则。相较于其他协定，RCEP 在数字贸易开放广度与力度方面存在一定差距。例如，在贸易便利化规则方面，RCEP 的大部分内容虽已经达到 CPTPP 的水平，但在透明度和海关合作等方面仍有一定差距；在知识产权方面，CPTPP 的知识产权保护范围更广，执法要求更严；在电子商务方面，RCEP 在计算设施的位置管理等领域有一定突破，在数据跨境流动的开放度、电子商务网络的访问等深层次领域监管更加严格，自由度更低。

DEPA 的内容设计没有摆脱数字贸易的"美式模板"。作为 CPTPP 的成员，新加坡、新西兰和智利在 DEPA 中深度借鉴并细化归类了 CPTPP 中与数据驱动型创新有关的绝大部分条款（源代码转让除外）。DEPA 的创新之处首先在于对人工智能、金融科技等多项新兴技术与趋势的软性合作进行安排，将调整范围从数字贸易扩大到数字经济的多个方面，反映了在数字经济与技术快速发展的当下，数据驱动型创新规则的与时俱进。在创新主体方面，万事达 2017 年发布的数字进化指数（The Digital Evolution Index，DEI）显示，以政府为主导的新加坡和新西兰的数字经济模式，在电子政务、智慧交通、智慧医疗等数字经济基础设施建设领域处于全球前列。然而，新加坡和新西兰等国缺乏具有全球影响力的大型 ICT 企业，因而 DEPA 更关注数字初创企业和中小企业的数据驱动型创新，致力于为这些企业打造便利、友好的数字创新环境。为达到上述目标，DEPA 首次将"创新"单独成章，区别于其他协定中某种规定或做法"有利于创新"的原则性阐述，DEPA 开创性地提出"数据驱动型创新"的说法，在数据成为生产要素的数字经济时代，其更加强调数据已成为创新的关键驱动力（见表 7-1）。

表 7-1　RTA 中与数据驱动型创新直接或间接相关的条款对比

条款内容	CPTPP	USMCA	RCEP	DEPA
数字产品的定义	有	有	无	有
数据跨境流动	有	有	有	有
商标、版权和相关权保护	有	有	有	无
源代码	有	有	无	无
无纸化贸易	有	有	有	有
电子认证、电子签名、电子交易	有	有	有	有
数字产品的非歧视待遇	有	有	无	有

续表

条款内容	CPTPP	USMCA	RCEP	DEPA
关于接入和使用互联网开展电子商务的原则	有	有	无	有
公开政府数据	无	有	无	有
新兴趋势和技术	无	无	无	有
中小企业	无	无	有	有
数据创新	无	无	无	有

第四节 数据驱动型创新的最新趋势与中国方案

一、数据驱动型创新的最新趋势

（一）数据驱动产权关系与信用关系等新型创新

1. 数据驱动产权关系创新

一般来说，现代经济中建立清晰的产权制度是一个国家经济得以繁荣发展的关键因素之一。在大数据时代下，数据作为一种新型生产要素，与土地等传统生产要素存在本质区别。相应地，其产权表现形式及运作方式也在发生根本性改变。

在产权表现形式方面，以现代产权理论来看，数据本身作为一种资源，其产权属性排列在整个光谱的不同范围内，即一端是纯粹公共品，另一端为私人品，两者之间是准公共品。如政府为促进数字经济发展而建立了数字基础设施以及数据共享平台，相关数据具有公共品性质；一些企业出于自身生产和服务目标而设立的工业互联网平台所收集的需付费使用的大数据具有完全排他性，属于私人品；上文提到的开放银行，是通过法律制度的安排，使个人预留在银行的数据在自身允许的条件下能够让科技公司等第三方使用，这类数据具有准公共品的性质。

在产权运作方式上，数字时代财产的所有权正在全面弱化，具体表现在数字产品的财产所有权正在消失。由于数字产品以比特形式在互联网终端设备上存储与传播，使数字产品生产之后能够以极低的成本甚至是零成本复制，具有无限供给的特性。这类数字产品具有完全的非排他性，即一个消费者使用该产品或服务并不排斥其他消费者使用，所以消费者并不关注此类产品的归属问题，而是关注其消费功能是否得以实现。这种情况下，数字产品（音乐、图书、视频等）的所有权属性基本消失。比如，在通过线上软件听音乐时，消费者可以任意选择自己喜欢的音乐，而不会关注是否需要同过去一样购买 CD 或磁带。音乐的知识产权或著作权的财产所有权基本消失，一种以新产权运行方式运作的全新音乐产业开始形成。数字化的图书业、传媒业、影视业等也面临同样的情况。

2. 数据驱动信用关系创新

商品经济信用关系是交易活动得以完成的基础，有效的合约履行同样是一个国家经济繁荣的关键。在工业经济时代，市场通过长期演进，形成了一套以有效的市场价格机制、专业化分工以及成熟的法治为基础的信用关系体系。随着数字经济时代的到来，科技的创新和快速发展使信息与数据量呈爆炸性增长、产权与财产所有权相对弱化、新的组织形式出现，这些因素引起了信用关系的巨大变化。

信用关系的创新具体表现为信用关系技术化：大数据形成了一系列如人脸识别、语音识别等信用识别的自动化、智能化及生物化技术，从而使网络上交易的信用关系变得更为简单，交易效率全面提升。区块链、智能合约、数字加密货币则把信用关系技术化创新推向极端。区块链的理论及目的，就是要建立网络上的去信用化数字世界，用技术化界定的信用关系代替市场上传统的信用关系，区块链设计权威穆尼布·阿里的博士论文《基于信用的新型互联网络设计》提出了建立超越现有通信技术的元信用世界。数字货币创立的目的是要在网络世界创造一个"现金概念"的交易工具，或确立一种价值转换的信用工具。利用区块链与数字货币所构造的数字化信用关系不是由法律制度来安排的，而是通过数字技术组合完成的，通过完全前置化预设让网络世界的信用关系完全技术化或去信用化。

可以看到，数字经济中的信用关系创新的本质就是运用大数据、数字化、智能化、生物技术等使信用关系技术化。技术化使信用关系得以简化，全面降低了数字世界的交易成本、提高了交易效率。与此同时，信用关系的前置化或内置化的预设，也将会成为现代金融风险的重要根源。

（二）产业融合以及制造业服务化成为创新趋势

数字化的大潮冲破了行业与行业之间的藩篱，以一种前所未有的方式连接起不同的要素，从而打开更高阶的生态空间。如果说蒸汽机、电力和内燃机主要是通过"规模效应"定义之前的商业时代，那么数字化技术则是在硬件数据、算法等基础上实现了一系列"联动效应"，使产业边界和交叉处的技术融合不断改变着原有产业产品的特征，促使产业企业之间的竞争和合作关系发生变化，导致产业界限的模糊化甚至重划产业界限，生态空间的升维成为可能。产业融合

（Industrial Convergence）正成为现代产业发展最鲜明的特征和趋势。产业融合在给企业带来机遇的同时，迫使企业直面新技术、新顾客和新需求，对企业组织、企业战略都提出了新的挑战。

产业融合对现代产业结构产生了深远的影响，其中最明显的体现就是制造业与服务业的融合。制造业服务化的核心是制造企业为满足客户需求、实现价值增值以及获取竞争优势，将价值链由以制造为中心向以服务为中心转变的一种动态过程，这个转变的实质就是向客户提供更加完整的产品包，如各种产品、服务、支持系统、综合方案等。对于凭借传统制造业起家的企业来说，充分利用智能化生产技术，打造以客户为核心的品牌资产，逐步推进供应链协同整合，成为顺应智能时代有效的创新战略。

（三）"新基建"开始纳入中国政府规划

数据已成为驱动经济发展的新动能，数字经济的发展壮大与数据驱动型创新需要数字基础设施保驾护航。数字基础设施建设成为新时代的"新基建"，对数字经济发展起到支撑作用。我国各省份、各地市政府纷纷出台相关条例（草案），重点对通信网络、算力、新技术、融合、信息安全等方面的数字基础设施建设予以规定，明确要求将数字基础设施的建设和布局纳入国土空间规划，特别是增强通信设备、集成电路、电子元器件、关键软件等核心竞争力，同步加强电力、交通、物流等传统基础设施的数字化、智能化改造，增强基础设施综合保障能力。作为数据驱动创新的重要条件之一，DEPA对数据跨边界自由流动提出了较高的要求，为此我国也逐步加快了相关基础设施及管理体制的配套建设工作：建设国际互联网数据专用通道，积极开展离岸数据中心试点研究等。

二、数据驱动型创新的中国机遇

（一）新一代技术变革为我国数据驱动型创新提供技术支持

新一代数字技术加速与经济社会产业深度融合，将全球带入以数据驱动、平台支撑、软件定义、万物互联等为主要特征的数字经济时代。其中，以智能制造、工业互联网、物联网、云计算、生产大数据等数字技术为核心形成的制造服务生态系统，为数字经济供给端的创新发展提供了不可缺少的环境和条件；以5G网络、边缘计算、人工智能、区块链、消费大数据等数字技术为核心形成的消费服务生态系统，则为数字经济需求端的创新发展提供了必要的环境和条件。互联网革命为中国实现高质量创新发展创造了巨大动能；爆发式增长的数字技术正不断渗透至实体经济，也为我国开展数据驱动型创新提供了大量的技术支持。

（二）DEPA为中国数字商贸提供创新与转型支持

DEPA中涉及数字贸易创新的条款之一是数字商贸电子化。商贸电子化体现在贸易流程的各个方面，包括贸易文件无纸化、电子发票、电子支付等。在系统内部，各成员之间实现对接，能够提升互操作性和数字贸易的便利化水平。同时，DEPA 关注贸易主体的数字身份合作，要求各方在确保安全性的前提下促进个人以及公司在数字身份方面的合作。数字身份合作以数字身份互认为目标，努力促进成员方数字身份制度之间的可交互操作性，为推动数字商贸便利化发展提供条件。

中国加入 DEPA，一方面可以对区域内的跨境服务贸易形成重要的推动；另一方面能够提升与国际对接的效率，进而带动中国外贸创新与转型升级。

（三）DEPA 为中小微企业带来发展新机遇

数字贸易为中小企业参与国际市场提供了良好机遇，数字贸易主体逐渐由传统的大型跨国公司扩展至中小企业和个人消费者。中小企业在跨境贸易当中遇到的主要壁垒在于搜索和处理国外市场信息。考虑到这一问题，DEPA 在一定程度上提出了解决方案。

DEPA 由新加坡主导缔结，新增内容与新加坡本身的数字经济产业背景密切相关，较为突出的一点是，新加坡缺少大型互联网科技企业，中小企业居多。正如新加坡、新西兰和智利三国在 2019 年启动 DEPA 时发布的联合公报中所言，三国均为小型、外向型和贸易依赖型经济体，相较于更关注大型企业发展创新的欧美国家主导的贸易协定，DEPA 更强调促进初创型科技创新企业的发展与跨国交流；关注数字经济发展的普惠性，关注中小企业在数字时代的生存与发展问题；希望利用数字工具和技术改善中小企业获得资本和信贷的机会以及参与政府采购的机会；通过召开数字中小企业对话推动其利益的实现，并为中小企业提供包括 APEC 或 WTO 在内的会议平台。DEPA 模块十专门探讨了中小企业问题，建议成员方以易于获取的方式进行信息公开（如政府采购信息），加强成员方与中小企业之间的对话和交流。

三、数据驱动型创新的中国挑战

（一）核心技术与基础研究存在短板

由于核心技术与基础研究存在突出短板，我国数字经济仍缺乏与自身经济规模相符的全球技术话语权，很多基础性、关键性软硬件数字技术仍然受制于人。从整体上看，我国在数字经济关键软硬件技术方面（如工业控制软件、系统软件、集成服务能力、高端芯片、核心元器件、光刻机等）还远远落后于发达经济体。数字经济的基础性研发不足导致我国数字企业在技术、产品与服务创新方面缺乏核心竞争力，过于注重商业模式创新。据中国信息通信研究院《2020 数字中国产业发展报告》，在信息通信产业领域，我国核心技术受制于人的局面仍未根本改变，基础技术产业体系与高附加值环节"卡脖子"问题凸显。与发达国家相比，我国信息通信产业在创新能力、生产效率、高端供给等方面依然存在差距，质量和效益有待进一步提高，与高质量发展目标还存在较大距离。

未来，我国在一些基础元器件、系统等方面的竞争力还需进一步提升，只有这样才能在全球范围内领跑数据驱动型创新，以及在相关经贸规则谈判和未来贸易过程中掌握更多主动权。

（二）数据合法性与安全性面临挑战

数据安全是目前包括制造业在内的各个行业所面临的重大挑战之一。数据跨境流动与数据共享在带来巨大效益的同时，也让企业甚至国家面临巨大的信息安全风险。因此，良好的信息安全技术是企业和政府长期安全稳定发展的重要基础和前提。

DEPA 在网络安全等领域做出的是一种软性承诺，并未给缔约方产生足够的约束性义务，为政府如何实施规则以及如何应对迅速增加的数据监管挑战留有广泛余地。而数据跨境流动与数据共享又是促进数据驱动型创新的重要方式，这无疑给我国本就不完善的数据监管体系带来了更多挑战。

（三）数据驱动型创新人才培养有待加强

目前，数字人才严重不足是我国数据驱动型创新进一步发展的一大瓶颈。由于市场劳动分工过细，很多行业找不到既具有互联网与数字思维，又具备行业知识的人才。数字人才的供应特别是高端数字人才供应，受到数字人才保有量不足和数字人才培养周期长的制约而严重短缺。

除生产端的数字素养提升外，需求端的数字素养提升也同等重要。需求端的数字素养是推动数字技术实现商业化、规模化的重要原动力。但目前我国还有很大部分的消费群体无法掌握或缺乏数字技能，不能享受数字经济带来的生活便利，需求端的"数字文盲"程度可能比供给端的更为严重。

（四）数据开放程度偏低，存在数字贸易壁垒

数字经济高质量与创新发展的一个关键性内在要求在于保持对外开放。但目前我国数字经济对外开放水平仍然偏低，数据跨境访问存在壁垒，这阻碍了我国数字经济发展质量的提升与国际竞争力的增强。

国际著名智库——欧洲国际政治经济中心的《数字贸易限制指数 2018》报告通过对 64 个国家和地区的数字贸易开放度进行评估，发现中国的数字贸易限制指数得分最高，即开放度最低。该报告认为，中国在数字贸易机构成立限制、数据限制、贸易限制、财政与市场准入限制等几乎所有领域均实施了严格的限制措施。

数据在交流中增值，数字贸易的壁垒阻碍了数字经贸交流，也不利于我国互

联网企业在数字贸易竞争中抢占全球市场份额。在实际科研活动中，由于跨境访问本国数据存在障碍，海外的跨国公司很少在国内建设高端研发中心、核心研发中心。国内的科研院所、大专院校也难以访问海外科研资源，严重阻碍了科研活动的开展。

四、推动数据驱动型创新经贸规则发展的中国方案

（一）加大数据流动以及数字创新相关产业的对外开放力度

发展高质量数字经济，进一步推动数据驱动型创新需要对内对外开放。开放可以激发数字产业的有效竞争，从而提高创新效率。为此，中国应大力消减阻碍我国数字经济快速发展的限制性政策，放宽数字产业市场准入，破除数字经济市场和行业壁垒，拓展数据流动渠道，在数据开放与数据流动领域加快形成包容有序的市场秩序，取消社会资本进入数字产业存在的诸多限制。

大幅扩大数字创新领域对外开放力度，要在保证国家安全、做好风险防范的前提下，逐步放开基础电信与增值电信业务、App、公有云、网络内容等领域的外资准入限制；完善数据跨境流动保障机制，推进高科技产业、科研院所等的先进数据和信息的国际开放与获取；在鼓励数字创新相关产业对外开放的同时向国外拓展——数字企业应不断提升自身创新实力，培育国际化视野与本领，大力开拓国际市场，充分利用两个市场、两种资源，推动我国数字创新技术、标准、体系不断"走出去"，增加数字创新领域国际话语权。

（二）加强国际合作，打造数据驱动型创新经贸规则的新格局

随着数字技术应用场景集聚扩大，数据驱动型创新迅猛发展，各种新业态和新模式快速迭代更新，中国迫切需要提升数据驱动型创新相关规则制定和治理能力，加强相关经贸规则的国际合作，为数字新业态和新模式创新提供开放包容的国际环境。

现有以 WTO 为代表的多边体制并未对数据驱动型创新进行及时关注，全球主要区域贸易协定虽然对数字创新有所涉及，但大多为原则性界定。DEPA 作为首个将"创新"独立成章的贸易规则，虽提出了"数据驱动型创新"的说法，但仍未进行明确界定。未来，中国应在多边区域数字贸易等领域的谈判中继续促进广泛合作，推动双边、区域和多边数字贸易规则谈判，在新一版贸易条约中对"数据驱动型创新"进行成体系的规则制定，明确其内涵，深化其可操作性，进行规范的、有针对性的说明，而非简单的原则性界定，打造数据驱动型创新经贸规则的新模式。

（三）进一步提升我国在数字创新领域的话语权，形成"中国方案"

当前全球数字贸易规则发展存在以下情况：一方面，数据驱动型创新发展迅

猛，相关产业竞争激烈；另一方面，全球数字贸易规则赤字化，美国、日本、欧盟等国家和地区抢夺数字贸易规则话语权的意图明显，而新兴市场国家以及其他中小国家的话语权较小。中国作为第二大数字经济体，近年来在数据驱动型创新方面成效显著，但仍未形成专属的数据驱动型创新的"中国方案"，而更多的是在数字贸易、互联网治理等方面提出一些基于我国实践的先进理念，在数字创新领域的影响力还有待提升。

中国数字经济要实现更好的发展，必须提升自身在全球数字创新领域的话语权，担起责任，加快新型数字基础设施建设，促进数字技术与实体经济深度融合，帮助发展中国家尤其是欠发达国家消除数字鸿沟。DEPA 的相关模块，无疑为中国参与数据驱动型创新相关经贸规则谈判和构建提供了新的借鉴。未来，中国一方面可与更多国家和地区磋商数字创新相关贸易合作的软性条款，构建数字创新合作伙伴关系，进一步利用和发挥中国在数字经济和电子商务领域的优势；另一方面可以通过对标 DEPA 等国际高标准贸易规则，推动国内相关政策措施的国际化。例如，在自贸试验区率先通过开展数据跨境自由流动的先行先试以促进数据驱动型创新，形成成熟的数字创新"中国方案"，争取更大的规则商谈空间，从而依托自身巨大的数字贸易体量，引导亚太数字创新规则的走向。

本章复习题

一、名词解释

1. 数据驱动型创新　2. 第四次工业革命和产业变革　3. 产品的迭代式创新

二、简答题

1. 简述数字时代创新主体的变化以及数据驱动型创新的主要特征。

2. 结合 DEPA 分析数据流动与数据共享成为创新条件的原因。

3. 简述产品创新模式的变化过程。

4. 结合身边案例，说明数据驱动的生活性服务业创新是如何实现的。

5. 试比较传统平台模式与新型平台模式的区别。

6. 概述 DEPA 中数据驱动型创新体现在哪些方面。

7. 分析 DEPA 与 RCEP、CPTPP、USMCA 中数据驱动型创新相关规则的异同。

8. 从企业和政府两个角度分析应如何推动数据驱动型创新的发展。

三、案例分析

请阅读以下材料，回答问题。

迈向高水平科技强省

当前，全球新一轮科技革命和产业革命蓬勃兴起，充分把握新一代数字技术发展新机遇，持续深化数字化转型升级，已经成为发展的主要任务。2020年春天，习近平同志在浙江考察时指出，"要抓住产业数字化、数字产业化赋予的机遇"。2021年7月11日，时任浙江省委书记袁家军在全省科技创新大会上强调，要以数字化改革为引领，系统重塑省域创新体系，以超常规举措培育打造创新平台优势、技术领先优势、产业竞争优势、人才支撑优势、创新生态优势。用数据引领创新，以创新制胜未来，浙江数据驱动型创新体系走出了一条清晰的成长路径：

核心更强。从2017年9月之江实验室横空出世，到2022年5月10家省实验室完成"战略布局"，浙江以超常规举措打造国家实验室"主力军"和"后备队"。之江实验室以智能计算为核心方向，积极抢占支撑未来智慧社会发展的智能计算战略高点，至今已获批国家重大项目52项，"之江·南湖之光"智能超级计算机、百亿级神经元类脑计算机等一批标志性重大科技成果相继涌现。

主体更优。高水平研究型大学、一流科研院所、重点新型研发机构、省技术创新中心等主体力量持续壮大，全省各级新型研发机构已达200余家，汇聚关键核心技术攻关的重要动能。2021年，省级新型研发机构科研投入累计近80亿元。中科院宁波材料与工程所主动对接国家战略和产业技术发展需求，取得一系列突破：研发的新一代海洋重防腐材料体系及大型钢管桩整体防护技术，为涉海重大工程设施装备提供了长效腐蚀防护支撑；纳米晶合金带材关键材料与器件保障了5G终端无线充电的自主供货。浙江大学聚焦国家战略和国际前沿，大力推进学科会聚造峰，2022年新增3个"双一流"建设学科，增量为全国高校第一。西湖大学今年面向浙江省开展"创新班"小规模本科招生试点，为实现重大科学理论突破及核心技术攻关培养拔尖创新人才。

通道更畅。广大科创企业全力打通从科技强到企业强、产业强、经济强的通道。多年来，浙江一方面充分发挥以企业为主体的技术创新市场导向机制优势，打好关键核心技术攻坚战，塑造数字技术领先优势；另一方面畅通科技成果转化通道，推动创新链产业链深度融合，放大产业创新优势，"微成长、小升高、高壮大、大变强"，精准描绘出全省科技企业梯次培育的成长图。五年来，全省高新技术企业从0.77万家增加到2.86万家，科技型中小企业数从3.16万家增加到8.6万家。全省企业技术创新能力连续6年居全国第3位；涌现出海康威视、吉利集团、贝达药业等一批创新型领军企业。2022年6月，浙江出台《关于推动创新链产业链融合发展的若干意见》，提出了强化企业重大科技项目攻关主体作用等举措，使企业进行数据驱动型创新的内在动能更强。

随着数字经济"一号工程"2.0 版深入实施，5G、区块链、集成电路等新兴产业强势崛起，以浙江"产业大脑+未来工厂"为核心的数字经济系统加快建成，产业链、创新链、供应链走向深度融合。2021 年，浙江启用全国首个服务型制造研究院，实施工业企业数字化技术改造行动，应用工业机器人累计13.4 万台；初步建成"1+N"工业互联网平台体系，共培育省级工业互联网平台285 个，深度"上云用云"企业 45 万家；形成"数字化车间—智能工厂—未来工厂"新智造梯队。截至 2021 年底，累计培育智能工厂（数字化车间）423 家、未来工厂 32 家。

在引领数据驱动型创新的新征程上，浙江全省上下正以干在实处、走在前列、勇立潮头的姿态，擎创新之"旗"，弄时代之"潮"。

（选自浙江省科学技术厅官方公众平台——创新浙江，有删改）

1. 结合材料说明浙江省政府为推动数据驱动型创新做出了哪些努力，并取得了怎样的成效。

2. 企业应当如何利用相关政策优势实现数据驱动型创新？

3. 结合本章内容与上述材料，提出推动 DEPA 与数据驱动型创新战略发展的"浙江方案"。

第八章 《数字经济伙伴关系协定》与中国方案

第一节 中国与《数字经济伙伴关系协定》成员国的经贸合作现状

目前，DEPA 成员国有新加坡、智利和新西兰。在数字经济背景下，中国与三国的数字经贸合作往来体现在国家推动数字区域性合作、数字平台积极走出去、数字手段多样化和数字技术创新合作等方面。并且，中国与它们的贸易合作往来程度正逐步加深，表现在双边贸易投资额总体增加、贸易差额保持稳定、服务业贸易增长迅猛等方面。本节具体讨论我国与 DEPA 成员国的双边贸易、投资和数字经贸合作的现状。

一、中国与《数字经济伙伴关系协定》成员国的贸易与投资往来

（一）双边贸易规模总体上升，贸易差额保持稳定态势

1. 中国与 DEPA 成员国的双边贸易总量

统计数据显示，2018 年中国与新加坡进出口总额为 8276440 万美元，2019年为 9003631 万美元，2020 年为 8924419 万美元；2018 年中国与智利进出口总额为 4260434 万美元，2019 年为 4094104 万美元，2020 年为 4526854 万美元；2018 年中国与新西兰进出口总额为 1685803 万美元，2019 年为 1829429 万美元，2020 年为 1812915 万美元。图 8-1 显示了中国与 DEPA 成员国在 2016~2020 年的进出口总额，可以看出，中国与新加坡、智利和新西兰的贸易额总体上呈现上升趋势，增长势头较好。

（百亿美元）

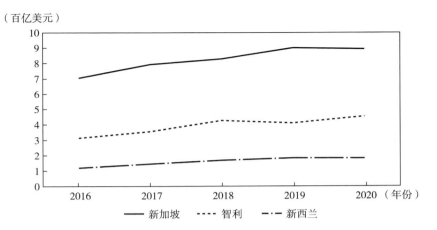

图 8-1　2016~2020 年中国与新加坡、智利、新西兰的进出口总额

资料来源：国家统计局。

2. 中国与 DEPA 成员国的双边贸易额变动情况

表 8-1 显示了 2021 年 8~12 月中国与 DEPA 成员国的累计进出口总额、出口额和进口额与 2020 年同期相比的情况。数据显示，2021 年新加坡进出口总额和出口额为负值，进口额为正值，即中国对新加坡的出口在不断减少，进口在不断增加，进出口总额不断减少。同时，中国与智利和新西兰的贸易额与 2020 年同期相比都呈增长趋势，即进出口、出口和进口都在不断增加。可见，中国与 DE-PA 成员国的双边贸易存在月度上的波动，总体平稳。

表 8-1　2021 年 8~12 月与 2020 年同期中国与新加坡、智利、新西兰的贸易额比较

进口原产地/出口最终目的地	2021 年			
		累计比上年同期±%		
	8 月	进出口	出口	进口
新加坡		-2.4	-12.5	15.3
智利		38.4	66.1	25.2
新西兰		28.1	34.7	25.2
	9 月	进出口	出口	进口
新加坡		-1.4	-9.9	13.3
智利		37.8	66.4	24.1
新西兰		28.1	33.7	25.5

续表

2021 年				
进口原产地/出口最终目的地		累计比上年同期±%		
	10 月	进出口	出口	进口
新加坡		−1.3	−9.8	13.4
智利		35.9	62.8	22.6
新西兰		28.7	34.2	26.0
	11 月	进出口	出口	进口
新加坡		−1.5	−10.2	13.9
智利		35.5	60.9	22.6
新西兰		28.7	33.6	26.2
	12 月	进出口	出口	进口
新加坡		−1.6	−10.5	14.5
智利		35.8	60.1	23.3
新西兰		27.2	32.0	24.8

资料来源：中华人民共和国海关总署。

3. 中国与 DEPA 成员国的贸易差额保持稳定态势

中国与特定国家或地区的贸易差额是指在一定时期内（一年）中国对该国的出口总额减去进口总额。2018 年，中国与新加坡的贸易差额为 184.97 亿美元，2019 年为 195.61 亿美元，2020 年为 260.08 亿美元。可见，中国同新加坡的贸易差额近年来为贸易顺差状态，且数值不断上升。2018~2020 年，中国同智利的贸易差额依次为−108.57 亿美元、−115.17 亿美元、−145.95 亿美元；中国同新西兰的贸易差额依次为−53.09 亿美元、−68.22 亿美元、−60.23 亿美元。中国同智利和新西兰的贸易差额近年来为贸易逆差状态，即进口额大于出口额。

（二）中国制造业产品出口优势明显

1. 中国对 DEPA 成员国出口商品的构成情况

新加坡的外贸产品以电子产品、化工产品、矿产品为主。2019 年，中国是新加坡的第一大贸易伙伴，中国对新加坡的进口额占其进口总额的 13.7%。中国对新加坡主要出口机电产品、矿产品和贱金属及制品，分别占新加坡进口总额的比重为 61.1%、15% 和 4.3%。智利的最大进出口市场也是中国，2019 年 1~6 月中国对智利的进口额占其进口总额的 22.7%。中国对智利主要出口机电产品、纺织品及原料和贱金属及制品，分别占智利进口总额的比重为 35.6%、15.3% 和 14.1%。2019 年 1~6 月数据显示，中国是新西兰的第一大贸易伙伴，中国对新西兰的进口额占其进口总额的19.4%。中国对新西兰主要出口机电产品、纺织品及原料和家具、玩具、杂项制品,分别占新西兰进口总额的比重为35.8%、13.8%和9.5%。

2. DEPA成员国对中国出口商品的构成情况

新加坡对中国的出口额占其出口总额的13.2%,对中国主要出口机电产品、化工产品和塑料、橡胶,分别占新加坡出口总额的比重为43.5%、13.3%、11.6%。智利2019年1~6月对中国的出口额占其出口总额的29.3%。智利的铜矿储存量和产量位于世界之首,被誉为"铜矿王国"。智利对中国主要出口矿产品、贱金属及其制品和植物产品,分别占智利出口总额的比重为45.6%、28.3%、9.4%。2019年1~6月新西兰对中国的出口额占其出口总额的26.1%,新西兰对中国主要出口活动物和动物产品,木及木制品,食品、饮料、烟草,分别占新西兰出口总额的比重为53.5%、20.3%、7.4%。

(三)中国与DEPA成员国的服务贸易增长迅猛

除货物贸易外,近年来中国在服务业贸易方面增长迅速。例如,2019年中国对新加坡出口商业服务11479百万美元,从新加坡进口服务贸易18787百万美元;对新加坡出口电信、计算机和信息服务2134百万美元,从新加坡进口上述服务1637百万美元;对智利出口运输服务346百万美元;从新西兰进口旅游服务1918百万美元等。图8-2和图8-3显示了2019年中国同新加坡的服务贸易情况。总体上看,在中国对外出口方面,主要对新加坡、智利和新西兰三国出口商业服务,其他商业服务与电信、计算机和信息服务等;在中国从外进口服务方面,主要进口商业服务、其他商业服务、运输和旅行等。

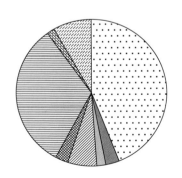

🔲 商业服务   ▨ 货物相关服务   ▨ 维护和维修服务

▨ 运输   ▨ 旅行   ▤ 其他商业服务

▨ 知识产权使用费   ▨ 电信、计算机和信息服务

图8-2 2019年中国对新加坡出口服务的情况

资料来源:WTO数据库。

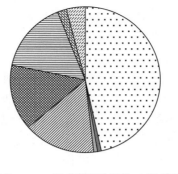

□ 商业服务　　▨ 货物相关服务　　▨ 维护和维修服务
▨ 运输　　　　▨ 旅行　　　　　　▤ 其他商业服务
▨ 知识产权使用费　　▨ 电信、计算机和信息服务

图 8-3　2019 年中国从新加坡进口服务的情况

资料来源：WTO 数据库。

（四）双边投资增长迅速，中国对外投资尤为突出

中国与 DEPA 成员国的双边投资分为中国实际利用外商投资和中国对外投资。前者指的是外国的公司、企业、其他经济组织或者个人在中国境内的直接投资，后者指的是中国对境外的投资。根据《中华人民共和国外商投资法》，外商投资指的是外国的自然人、企业或者其他组织（以下称外国投资者）直接或者间接在中国境内进行的投资活动，包括下列情形：①外国投资者单独或者与其他投资者共同在中国境内设立外商投资企业；②外国投资者取得中国境内企业的股份、股权、财产份额或者其他类似权益；③外国投资者单独或者与其他投资者共同在中国境内投资新建项目；④法律、行政法规或者国务院规定的其他方式的投资。

中国对外投资超过了实际利用外商直接投资的总体数额，对外直接投资的规模和效果较为突出。根据图 8-4 和图 8-5 可知，2018 年中国实际利用新加坡直接投资数额为 52.10 亿美元，2019 年为 75.91 亿美元，2020 年为 76.81 亿美元；2018 年中国对新加坡直接投资数额为 64.11 亿美元，2019 年为 48.26 亿美元，2020 年为 59.23 亿美元，直接投资存量为 598.58 亿美元。2018 年中国实际利用新西兰直接投资数额为 0.33 亿美元，2019 年为 0.44 亿美元，2020 年为 0.27 亿美元；2018 年中国对新西兰直接投资数额为 2.57 亿美元，2019 年为 0.11 亿美元，2020 年为 4.52 亿美元，直接投资存量为 28.68 亿美元。

（十亿美元）

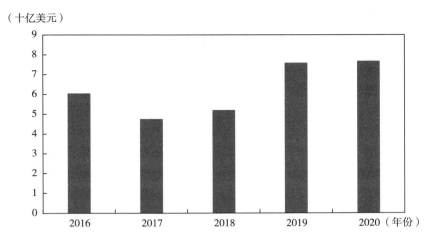

图 8-4 2016~2020 年中国实际利用新加坡直接投资

资料来源：国家统计局。

（十亿美元）

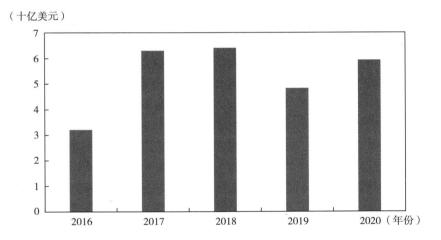

图 8-5 2016~2020 年中国对新加坡直接投资

资料来源：国家统计局。

二、中国与《数字经济伙伴关系协定》成员国的数字经贸合作

（一）高度重视国家战略，区域性合作方兴未艾

得益于国家战略高度重视的促进作用，中国广泛与其他国家开展区域性合作。以中国与 DEPA 成员国新加坡的区域性数字经贸合作为例，新加坡由于拥有

较为完善的数字经济基础设施和数字经济人才培养体系、较强的数字经济创新能力、较大的数字经济商业市场，中国与新加坡的区域性合作表现十分突出。2015 年 11 月，中国与新加坡启动中新（重庆）战略性互联互通示范项目，这是继 1994 年的苏州工业园区和 2007 年的天津生态城之后中国和新加坡政府合作的第三个项目。双方就金融服务、航空产业、交通物流和信息通信四个方面展开合作，加快创新新兴技术。2018 年 8 月在重庆举办的新加坡—重庆数字经济高端论坛暨企业对接会上，中新双方充分交流了如何在数字经济背景下更好地发展和合作，并且双方在区块链、电子商务、云技术等方面达成合作项目，签约总金额约34 亿元。

与新加坡的区域性合作为我国一些重要城市的数字经济基础设施建设、数字创新、数字治理等发展提供了学习模式。对于新加坡而言，与中国开展数字经济合作是一个双赢的选择。新加坡国土面积和国内市场较小，与中国发展数字经济合作伙伴关系有助于其发展数字经济，获取资源和扩大市场。

（二）数字平台积极走出去，引领双边数字贸易发展

在中国"走出去"战略的指导下，不少国内领先企业到海外进行投资以提高国际竞争力，其中，互联网企业表现得尤为突出。在"十三五"规划的"互联网+"战略的指导下，中国一些顶尖电子商务企业在海外建立了自己的市场，引领了双边数字贸易。表 8-2 中列举了一些中国与新加坡和智利具有代表性的数字平台合作。

表 8-2　中国与新加坡和智利的数字平台合作

中国与新加坡	阿里巴巴（Alibaba）2016 年收购新加坡最大电子商务平台来赞达（Lazada）
	比特大陆（Bitmain）在新加坡设立区域总部
	新加坡领先的公用事业提供商 SP 集团和 P2P 借贷平台 Funding Societies 联合申请了数字批发银行牌照
中国与智利	2019 年，华为在智利投资 1 亿美元建立云数据中心，是智利第一个云数据中心
	2020 年，华为又在智利开设第二个数据中心枢纽
	中国企业积极参与智利的 5G 和数字基础设施项目建设，将科技创新、数字经济打造成中智合作新的增长点
	阿里巴巴、天猫等国内大型电商平台为智利水果产品的销售和运输提供渠道
	首个智利在华科技创新中心已落户中关村，聚焦于云计算、集成电路、生物医药和新能源等领域
	举办"智利创新和投资高峰"论坛

（三）广泛应用数字手段，传统经贸获得新引擎

数字技术的高速发展、数字手段的广泛应用、传统产业数字化转型与日俱增，使传统贸易获得了新动能。例如，新西兰是 DEPA 的发起国，然而新西兰并非传统的数字经济大国，其经济以农牧业为主，羊肉和奶制品出口量居世界首位；智利植物产品的出口占其出口总额较重的份额。在中国与新西兰的农牧业贸易和与智利的植物产品贸易中，对数字化通关和物流手段的采用使销售和运输的渠道更加完善，运输方式更为简便，产品质量更能得到保障。

（四）创新合作方式多样，助力数字技术实现新突破

中国与 DEPA 成员国的数字经贸合作还表现在创新合作方面，双方的创新合作交流共享为数字技术的突破提供了新渠道。例如，中国与新加坡在 2020 年 9 月在线举办了中国国际智能产业博览会，双方就人工智能方面组织会议、展览、比赛等一系列活动，对加速双方人工智能发展，促进产业升级具有重要的推动作用。中国与智利的创新合作主要体现在通信行业和跨境电商方面。智利是拉丁美洲电信产业较发达的国家，对于电信业务的需求量很大，且智利对中国的"互联网+"和智能制造非常感兴趣，与中国一些比较先进的电信企业开展了创新合作。中国与新西兰的创新合作主要体现在数字技术与基础设施的积极组合、技术初创企业的孵化等方面。

第二节　中国参与《数字经济伙伴关系协定》的机遇与挑战

申请加入 DEPA 是中国主动参与全球数字治理的"先手棋"，更是深化国内改革和高水平开放的关键决策。加入 DEPA 有利于中国提升数字经济全球竞争力和影响力，加快构建双循环新发展格局，推动全球数字治理向合理化、均衡化、多元化方向发展。但同时，中国数字经济发展中面临的区域间不平衡、核心技术起步晚、数据要素市场发展滞后等内部问题，以及数字经济开放程度提高后全球产业重构的外部风险，这都是中国参与 DEPA、扩大数字经济开放、深入探索全球数字治理过程中需要应对的挑战。

一、中国参与《数字经济伙伴关系协定》的机遇

（一）有助于推动高水平开放，优化数字经济发展的内外环境

一是有助于加快完善以数据流动规制为基础的数字经济开放制度体系。数据

流动是数字经济驱动的产物，数据跨境流动通过提高生产和流通效率推动全球经济增长（刘宏松和程海烨，2020）。DEPA 强调数据流动的规制，致力于促进数据要素流动与数字经济规则相适应。现阶段，中国较为保守的数据跨境流动政策不能充分适应数字经济发展的需要，加入 DEPA 将有助于中国完善以数据跨境流动为基础的数字经济开放体系，推动数字经济由产业创新驱动转向产业创新和制度创新"双轮驱动"的新模式。

二是有助于深度参与全球数字治理体系改革。中美两国在数字领域不断加剧的战略竞争已经成为推动中美竞争的主要动力（阎学通和徐舟，2021）。美欧在数字经济治理的核心领域——数据跨境流动规制——争夺主导权的局面愈演愈烈，"美式模板"和"欧式模板"在一些重要领域存在分歧（段平方和候淑娟，2019），如欧盟主张数据本地化可以保护隐私安全（Adlung and Mamdouh，2014），美国认为本地化措施将加强政府对公民行为的监视（Bygrave，2010）。积极对接和完善 DEPA 关于数字经济新兴领域的规则制定，有助于中国加快参与数据跨境流动全球治理，为数字经济全球治理提供"中国方案"。

三是有助于以数字经济为新增长点赋能共建"一带一路"高质量发展。2019年4月，习近平主席在"一带一路"国际合作高峰论坛上提出要"把握数字化、网络化、智能化发展机遇，探寻新的经济增长动能和发展路径，建设数字丝绸之路"。参与 DEPA 将为数字丝绸之路建设提供国家和地区间数字规则制定与治理协调的经验，推动"一带一路"数字基础设施投资建设与信息技术创新，加速数字资源整合和开放共享，消弭共建国家和地区的"数字鸿沟"，引导数字技术与传统经济深度融合，不断催生新型国际化产业形态和商业模式。

（二）有助于促进数字中国建设，推动高水平数字化应用

一是打造数字经济规模优势。数字经济具有规模经济、范围经济、长尾效应等典型网络特性。数字化技术为经济市场中的搜寻匹配问题提供了优化路径（荆文君和孙宝文，2019）。中国拥有相对完整的产业体系，由此创建了多元化、综合化、体系化的元数据类型，这也成为中国发展数字经济重要的优势来源。同时，这些优势与中国制造大国优势和超大规模市场优势相融合，为中国在未来全球数字经济分工体系中培育可持续的新比较优势创造了有利条件（荆文君和孙宝文，2019）。加入 DEPA 并推动国内数字经济技术的全球应用，能够扩大关键数字应用的市场规模，在 5G、区块链、人工智能、云计算等优势领域加快数字产业化和产业数字化进程。

二是推动数字贸易和公共服务深度融合。《"十四五"规划纲要》提出，"适应数字技术全面融入社会交往和日常生活新趋势，促进公共服务和社会运行方式创新，构筑全民畅享的数字生活"。教育、医疗、养老、抚幼、就业、文体、助

残等是推动数字化服务普惠应用的重点领域。中国以加入 DEPA、对接国际规则为契机，发展智慧物流、在线教育、线上办展、远程医疗、数字金融与保险、智能体育等服务贸易，可以实现服务贸易企业数字赋能，推动"数字+公共服务"新模式、新业态发展。

三是加快建设数字政府。数字赋能政府治理，构建现代化数字政府治理体系是新时代治理领域的核心命题（沈费伟和诸靖文，2021）。参与 DEPA 将推进政府管理数字化和数字经贸规则体系化，促进公共数据开放共享，政务信息共建共用，提高政务服务效能。

（三）有助于高效对接全球市场供需，提升产业链供应链现代化

一是提升数字经济产业链的多元性和稳定性。强化数字赋能产业链上下游，充分释放数据价值，有助于推动产业链转型升级与过程再造，推进产业基础高级化，提升产业链现代化水平（余东华和李云汉，2021）。参与 DEPA 将提高数字经济区域一体化水平，促进供给侧和需求侧高效对接，推动产业链供应链多元化，助力构建稳定的数字化国际产业链供应链，完善产业链供应链保障机制。

二是提升数字经济产业链创新能力。数字技术支撑的数字化转型有助于推进产业链、价值链、供应链和创新链多链融合，形成链群组织结构（余东华和李云汉，2021），催生数字经济新业态（何帆和刘红霞，2019）。DEPA 鼓励基于数据流动和共享的数字经济创新，致力于就数据共享项目、数据用途新方式的论证进行合作，促进数据驱动的创新。中国参与 DEPA 将扩大数字经济关键技术创新的市场规模，推动区域产业链创新链深度融合，提高科技创新的国际合作水平，推动创新要素自由流动与有效集聚。

三是提升数字经济产业链主体发展水平。企业是数字经济发展的主体。发达国家经验表明，设计和运用助推机制引导和规范实体企业数字化转型意义重大。参与 DEPA 后，国内数字经济领域的龙头企业可充分发挥市场规模效应，推动平台经济向原始创新、融合共享方向发展。"专精特新"中小企业可依托跨国数字平台和数据传输技术，提升专业化分工能力并促进细分市场创新创业。

二、中国参与《数字经济伙伴关系协定》的挑战

（一）数字经济对外开放不充分与对内发展不平衡，国内企业面临的风险增加

当前，数字经贸显性和隐性壁垒增多，多边协调与全球治理难度加大，数字经济规则制定与治理机制呈现分散化、区域化倾向，数字治理的"美式模板"和"欧式模板"起步较早，推动全球数字经济治理的中国力量仍显薄弱。国内数字经济开放程度不高，数字经济发展不平衡不充分问题突出，数字产业与数字

贸易政策体系尚不完善。数字经济特有的自我膨胀性和边际规模报酬递增等特点造成区域经济强者恒强，导致了数字经济发展呈现区域不平衡且不断加剧的态势（毛丰付和张帆，2021；杨文溥，2021）。由于不同群体之间在获取数字资源或掌握数字技术上存在明显差异，农村地区的数字鸿沟正在由"接入鸿沟"逐渐变为"认知鸿沟"（夏杰长和王鹏飞，2021）。数字技术的应用在带动社会整体生产效率提升的同时可能扩大收入分配差距，造成两极分化等社会问题（Amuso et al.，2020）。

加入 DEPA 后，数字经济企业面临更为激烈的外部竞争，数字经济发展相对落后地区和企业应对全球化经营环境风险和政策不确定性的能力亟待提高。数据跨境流动是数字技术和数字产品实现全球共享的基本条件，随之产生的数据和网络安全问题将极大考验中国的数据安全保障能力，由此产生的数据确权、数据分类分级、数据安全审查等制度建设需尽快推进。

（二）数字经济核心技术和重点服务领域起步晚，数字要素市场建设面临阻碍

由于数字经济起步晚、起点低，中国在科技基础条件和长期积累上与世界主要发达国家仍存在一定差距，在芯片、操作系统、核心材料等数字经济关键核心技术和关键领域面临"卡脖子"问题，关键技术和数字经济底层架构基础较弱。数字技术是支撑贸易便利化进一步完善的基础条件，数字技术核心能力的缺失将制约数字贸易发展和传统货物贸易的数字化水平提升，成为中国参与全球贸易的障碍。

中国公共服务产业化进程启动较晚、服务竞争力较弱、数字化水平较低，公共服务发展的自主性和国内服务产业体系面临挑战。社会保障、教育文化、交通运输、基础设施、医疗卫生等公共服务产品表现出高投入低效率的特征（余江等，2021）。目前中国数据要素市场化配置尚处于起步阶段，数据大规模交易的制约较多，在数据确权、开放共享、自由流动和数据安全等方面仍面临阻碍。数据跨境流动规则是全球治理焦点，中国需把握主动融入全球规则和保护本国数据安全之间的平衡。

（三）数字经济加速全球产业链重构，中国需权衡产业开放与自主可控性

参与 DEPA 并深度融入全球数字经济治理合作，将加快中国与全球产业链深度融合，但同时产业链面临的外部风险增加。从产业链整体来看，数字经济嵌入使得全球价值链呈现出数字化、服务化、去中介化以及定制化等新趋势，显著改变了价值链分工的空间布局、生产长度和治理模式（齐俊妍和任奕达，2020）。从产业链内部来看，受外部市场环境与应用场景变化的双重驱动，产业链组织分工边界趋向模糊化，组织形态趋向扁平化、协同化与柔性化，不同分工环节价值

分配差距缩小，分工环节内企业间竞合关系凸显（李春发等，2020）。产业链与供应链各环节联系更为灵活，中间流通环节减少，使国际分工趋势向区域化和内向化发展，产业链脱钩与重构风险显著增加。

中国既要拓宽数字经济国际合作的领域，加深数字经济嵌入全球生产的程度；也要致力于构建相对完整的数字经济全产业链，防范全球生产分割在数字经济时代激烈演化带来的产业链风险。对数字经济外部产业链的过度依赖不利于国内数字技术和数字产业自主创新能力的培育。相应地，中国应充分发挥在跨境电商、平台经济、共享经济等数字经济应用领域的规模优势和技术优势，避免因全球产业开放和资本流动导致的产业竞争力和话语权下降。

第三节 中国推动数字经济开放的相关举措

一、中国发展数字经济的主要措施

（一）优化信息网络基础设施，有序推进基础设施智能升级

我国在电信业方面的支撑能力大幅提高，并积极推进网络强国建设，以实现5G网络全覆盖和基础设施升级。2020年电信业务收入累计完成1.36万亿元，比上年增长3.6%，互联网宽带接入用户总数达4.84亿户。在2018年举办的首届数字中国建设峰会上，我国提出打造数字教育小镇和整合数字教育产业链的相关计划，提出了全球数字资源生产基地建设的相关倡议。2024年9月4日，工业和信息化部等11个部门联合印发《关于推动新型信息基础设施协调发展有关事项的通知》，持续推动信息网络基础设施高质量发展。截至目前，我国已形成了八个算力枢纽，十大数字中心集群的"东数西算"全面发展产业格局，建成全球规模最大、技术领先的5G网络、光纤宽带网络和移动物联网络，网络、算力和新一代数字技术基础设施规模和水平位居前列，工业机器人、生成式人工智能、区块链、量子信息等新技术设施蓬勃兴起，融合应用加速向行业渗透转化。

（二）出台数字化转型支持政策

2020年4月，国家发展改革委、中央网信办联合印发《关于推进"上云用数赋智"行动 培育新经济发展实施方案》，以数字技术为支撑，依托产业互联网平台，推动企业数字化转型。2020年5月，国家发展改革委等17个部门联合发起了"数字化转型伙伴行动"，推出了数字化转型评估服务，为企业数字化转型、破除发展障碍保驾护航。2020年7月，国家发展改革委等13个

部门联合发布《关于支持新业态新模式健康发展激活消费市场带动扩大就业的意见》，发展线上线下新业态和新模式，建立"政府—金融机构—平台—中小微企业"联动机制，助力数字化转型。2020 年 8 月，国务院国资委发布《关于加快推进国有企业数字化转型工作的通知》，积极引导企业在数字经济时代发展新动能。2020 年 12 月，工业和信息化部发布《工业互联网创新发展行动计划（2021—2023 年）》，要求增加基础设施供给，为加快产业数字化进程筑牢根基。

（三）建立数字政府，统筹推进政务服务、数字治理、数据治理

一是坚持并践行服务型政府建设理念，致力于政府运行方式、业务流程和服务模式数字化智能化，降低制度型交易成本。二是主张用数据来引导各种变革，构建统一的国家开放数据平台，集约建设政务云平台和数据中心体系，不断提升数字政府建设效能。

（四）实施数字经济新业态培育工程

一是鼓励新型在线业务的持续发展，推动互联网医院发展并推广在线问诊、远程会诊等互联网医疗服务，加快远程办公产品和服务优化升级进展。二是深入发展共享经济。鼓励共享出行等商业模式创新，培育线上高端品牌，探索错时共享、有偿共享新机制；培育发展共享制造平台，推动研发设计、制造能力、供应链管理等资源共享。三是有序引导新个体经济，支持线上多样化社交、短视频平台有序发展，鼓励个人通过电子商务、社交软件等新型平台就业创业，促进灵活就业。

（五）深入实施工业互联网创新发展战略

一是政府鼓励工业企业利用 5G、时间敏感网络等技术改造升级企业内外网。完善标识解析体系，打造若干具有国际竞争力的工业互联网平台，提升安全保障能力，推动各行业加快数字化转型。二是加大新基建投资力度。新型基础设施建设投资构筑了基础设施体系，5G、数据中心、工业互联网、智慧城市等基础设施为综合数字能力建设提供了重要支撑。以 5G 为例，2020 年，移动、电信和联通三大运营商的财报显示，5G 投资额分别为 1100 亿元、397 亿元和 350 亿元。

（六）实施智慧强国战略，提升社会服务数字化普惠水平

一是在物流方面，大力发展智慧物流，加快对传统物流设施的数字化改造升级，促进现代物流业与农业、制造业等产业融合发展，加快建设跨行业、跨区域的物流信息服务平台，实现需求、库存和物流信息的实时共享，探索推进电子提单应用。建设智能仓储体系，提升物流仓储的自动化、智能化水平。二是在教育方面，推进智慧教育示范区建设，完善教育新型基础设施建设，构建高质量教育

支撑体系及国家数字教育资源公共服务体系，提高在线教育支撑服务能力，依托互联网、广播电视网络等渠道推进优质教育资源覆盖农村及偏远地区的学校。三是在社区方面，充分依托已有资源，推动集约化、联网规范化、应用智能化、资源社会化，实现系统集成、数据共享和业务协同，从而更好地提供养老、物业等社区服务资源，推动社区服务智能化，提升城乡社区服务效能。四是构建智慧城市和数字乡村，加强新型智慧城市总体规划与顶层设计，创新智慧城市建设与运用新模式，推进智慧城市规划、设计、建设、运营的一体化、协同化，建立智慧城市长效发展的运营机制。打造数字乡村建设工程，在乡村拓展基本公共服务，推动线上线下一体化办理涉农服务，推动农业农村大数据应用，构建乡村综合信息服务内容，推动农村在政策评估、资源管理等方面的决策支持服务。

二、中国数字经济开放的重大战略

（一）依托"数字丝绸之路"深入发展数字经济，调整优化国际市场布局

我国围绕区域多边经贸协定，构建贸易投资开放格局，拓展与东盟、欧盟的数字经济合作伙伴关系，同时与非盟和非洲国家研究开展数字经济领域的合作。根据当地的需求与条件，在境外统筹开展数字基础设施合作，与共建"一带一路"国家和地区开展跨境光缆建设合作，保障互联网基础设施互联互通。基于区块链应用支撑平台，为广泛开展数字经济合作提供基础保障，同时推动智能计算等新兴服务向全球化发展，通过"一带一路"建设强化我国与共建国家和地区在金融、物流、电子商务等领域的合作模式创新，支持我国数字经济企业"走出去"，积极参与国际合作。

（二）建立数字服务贸易合作示范区

一是要加强与经合组织、世界银行等在服务贸易领域的合作，深化与金砖国家、上海合作组织成员国、中东欧国家的服务贸易多边合作机制。基于国际组织论坛构建数字服务贸易国际合作网络，完善服务贸易国际合作与促进机制，推动合作方式的创新。二是充分利用RCEP等协定，推动与主要经济体在数字贸易重点领域的合作。开展国际高水平自由贸易协定对接先行先试，进一步推动全球经贸规则中数字贸易工作的深入发展，在高标准区域自由贸易协定中探索制定数字经贸规则。

（三）构建跨境电商综合试验区

首先，在数字经济开放战略上，加大对服务业的开放力度，探索放宽数字经济新业态准入规则或条款，积极引进高质量企业和团队，加强国际创新资源引入。借助我国自由贸易试验区、自由贸易港及数字服务出口基地来构建安全可靠

的国际互联网数据专用通道和国际化信息专用通道。其次，在国际合作中，大力发展跨境电商，推进跨境电商综合试验区建设，打造依托数字经济的跨境电商产业链和生态圈。

三、中国参与全球数字经贸规则制定的重大行动

（一）申请加入 DEPA

2021 年习近平主席在出席二十国集团领导人第十六次峰会时宣布，中国高度重视数字经济国际合作，已经决定申请加入 DEPA。该协定在数字贸易管理上超越了 CPTPP，致力于在数字贸易问题上建立新方法和新合作，突出协定的"开创性"。该协定采用模块化框架，对数字经济新兴领域的数字身份、人工智能等条款作出了相关规定，提供了更加具有扩展性、灵活性的数字治理平台，促进了全球政府间数字经济国际合作，推动了各合作伙伴在新兴领域的合作，清除了数字经济障碍。

（二）参与 APEC 数字经济合作，积极申请 CBPRs 认证

APEC 是亚太地区最具影响的经济合作组织。2005 年中国举办了亚太经济合作组织知识产权高级别研讨会和亚太经济合作组织食品安全研讨会等活动。在参与 APEC 数字经济合作的过程中，中国积极申请 CBPRs 认证，强化数字安全保护的体制机制保障。2020 年 APEC 建立了虚拟数字经济研究所，中国应该在保证自身数据安全的基础上，与其他国家和地区开展数字经济合作。首先，中国可以鼓励企业参与 CBPRs 认证，为今后保障数字安全奠定基础，与成员方共同强化数字安全预警能力。其次，中国应该建立健全数据产权制度，完善数字治理政策和规则，同时加强与成员方在数字安全保护领域的互联互通。最后，中国可以利用自身优势和经验，通过项目合作的方式为合作成员方提供人员、技术、资金等扶持，助力其数字基础设施建设，助力其他经济体加入 CBPRs。

（三）提出并建立中国—东盟自由贸易区

中国—东盟自由贸易区是我国提出并建立的第一个自由贸易区，代表我国迈入了区域经济合作，象征着我国与东盟的合作进入了一个全新的阶段。2002 年中国与东盟成功签署了《全面经济合作框架协议》，开启了中国—东盟自由贸易区的进程，协议议题包括货物及服务贸易、信息通信技术、投资和经济合作等内容。以 2004 年中国与东盟签署的《货物贸易协议》为依据，从 2005 年 7 月起，中国与东盟开始实行全面的关税减让。2010 年中国和东盟成员国在绝大多数产品上取消了关税，和新成员基本实现货物贸易自由化。未来中国和东盟自由贸易区将是亚洲地区最大的自由贸易区，也是发展中国家中最大的自由贸易区。

（四）与智利、新西兰、巴基斯坦等国建立自由贸易区

党的十八大以来，我国签署了9个自由贸易协定，包括8个与单个国家签署的自由贸易协定。2005年11月，中国与智利签署《中华人民共和国政府和智利共和国政府自由贸易协定》，该协定是继东盟之后中国对外签署的第二个自由贸易协定，也是中国与拉美国家建立的第一个自由贸易协定。这表明我国与拉美国家在中小企业、文化科技教育、知识产权等方面都展开了进一步的合作。2004年，中国与新西兰开始进行谈判并成立了中国—新西兰自由贸易区，双方在海关、服务业等方面进行了贸易合作。2008年，新西兰成为发达国家中第一个与中国签署自由贸易协定的国家，也是发达国家中第一个承认中国完全市场经济地位的国家。2005年4月，中国与巴基斯坦谈判并签署了《中华人民共和国政府与巴基斯坦伊斯兰共和国政府关于自由贸易协定早期收获计划的协议》，该协议的实施为未来建立中巴自由贸易区奠定了基础，实现了互利共赢。

2015年，澳大利亚成为继新西兰后与中国签署自由贸易协定的第二个发达国家。2021年在中非合作论坛上，中国将对非合作从"八大行动"提升为"九大工程"，推动了"一带一路"倡议下中非合作深化，在非洲大陆自贸区展开互利共赢的经贸合作，签订了《非洲大陆自贸区协定》，聚焦商业服务、通信服务、金融服务、运输服务和旅游服务五大领域，鼓励营造有利于数字经济发展的区域贸易市场环境。

第四节 推动更高水平数字经济开放的政策建议

2021年12月中央经济工作会议提出，我国应主动对标高标准国际经贸规则，以高水平开放促进深层次改革、推动高质量发展。境内自贸试验区和自由贸易港是中国对外开放的前沿阵地，是推动数字经济开放的关键节点，是形成可复制、可推广的创新经验与模式的先行区域。针对数据流动、数字技术、数字产品、数据驱动创新、网络安全等参与DEPA的关键领域，结合高水平参与DEPA的重点产业和先发地区，我国应依托自贸区（港）开放政策，推动形成以数字自由贸易港为核心、以数字营商环境示范区为抓手、以数字经济产业先行区为重点、以数字经济国际合作区为纽带、以数字经济创新发展试验区为动能的"一港四区"格局，推动中国数字经济开放发展、创新发展。

数字自由贸易港是核心，有助于实现数据自由流动，是实现数字经济高质量发展的根本保障；数字营商环境示范区是抓手，有助于实现数字技术和数字产品

等领域的贸易便利化，是实现数字经济开放发展的重要基础；数字经济产业先行区是重点，有助于实现基于数字媒介的服务贸易跨越式发展，是实现数字经济开放发展的重点领域；数字经济国际合作区是纽带，有助于实现制度领域的互联互通，是实现数字经济开放发展的必然要求；数字经济创新发展试验区是动力源，有助于实现数字技术创新迭代，是实现数字经济开放发展的关键动能。

一、建立开放安全的数据跨境流动新体系

中共中央、国务院印发的《海南自由贸易港建设总体方案》提出，海南是中国最大的经济特区，具有实施全面深化改革和试验最高水平开放政策的独特优势。海南自由贸易港在数据安全有序流动方面发挥着先行先试的试点作用，是中国推动数字经济创新发展和对外开放的关键区域。在中国高水平参与 DEPA 的背景下，我国应充分发挥海南自由贸易港在扩大开放中的引领作用，在现有的数据安全有序流动试点的基础上，探索设立综合性、战略性、先导性的国家级数字自由贸易港。

（一）探索实施有效的数据跨境有序流动规则体系

优势龙头企业应积极开展数据跨境流动实践，在基础电信和增值电信等较为成熟的项目上进行试点。集成电路、人工智能、云服务、生物医药等领域应率先出台数据跨境流动行业标准与重要数据指南。科研机构可运用人工智能技术汇集、分析、挖掘跨境数据，提供智能化、便捷化决策参考，联合成立中国数据跨境流动研究中心，提升数据跨境应用价值。

（二）探索实施有效的数据跨境安全监管体系

数据监管应采取灵活化分级分类模式，强化与《通用数据保护条例》《跨境隐私规则体系》等国际规则的对接，建立数据流动备份审查机制。在此基础上，完善数据跨境流动和交易风险评估、数据安全事件快速响应等管理体制，推进数据保护能力充分性认证制度，建立数据跨境流动白名单。

（三）发挥数字自由贸易港溢出效应

探索数据流动标准国际化战略与技术路线。数字自由贸易港相关标准和技术路线既要在国内推广，形成全国统一的数据流动相关制度安排；也要积极"走出去"，提升共建"一带一路"国家和地区的共享水平。

二、构建高效便利的数字化营商新环境

率先推动贸易便利化是促进数字经济开放发展的重要基础，以营商环境建设为抓手是提升贸易便利化的重要保障。在数字经济条件下，贸易便利化重点体现在货物贸易运输、通关、结算、争端解决等诸多环节，需要建立"一线放开、二

线高效管住"的有效试点机制。各自贸试验区和跨境电商综合试验区可打造成为数字营商环境改革示范区。

（一）数字营商环境示范区要加强科技应用，持续优化跨境贸易通关流程

推动非涉密监管证件网上申报、网上办理、联网核查、自动对比，扩大相关证书的国际联网核查范围，实施出入境通关全过程无纸化作业。口岸查验作业要扩大"先期机验""智能识别"试点，降低验核式管理成本，提升智能化水平。

（二）数字营商环境示范区要深化数字改革，探索创新跨境贸易监管模式

示范区要加强"单一窗口"建设，纳入数字贸易管理体系，对接全国版跨境电商线上综合服务平台。示范区要加快通关一体化改革，探索建设跨境交易大数据平台，推行"申报放行""验证放行""抽样放行""监管放行"等模式。示范区应探索建立争议解决机制，通过集中管辖跨境贸易纠纷，形成相关案件国际管辖和裁判规则。示范区应建立推广"数字围网"智慧监管体系，构建系统、智能的物流服务体系、产品溯源体系。

（三）数字营商环境示范区要强化制度对接，建立完善的贸易便利化服务体系

跨境贸易数字化综合服务系统（TEGGS）等贸易便利化公共服务平台应及时更新发布国别贸易投资环境信息，提升政府、行业数字化服务水平，提高法律、信息和贸易促进服务效能。物流领域要加快制定国际运输多边、双边协定，扩大海关经认证的经营者（Authorized Economic Operator，AEO）国际互认范围。支付领域要加快颁布电子支付相关法律法规，鼓励国内电子发票系统对接国际标准。

三、奠定全球领先的数字服务贸易产业新格局

"十四五"时期，受到中国国内要素禀赋动态转换和服务贸易可贸易性提升的综合性影响，服务贸易发展成为促进数字经济高质量发展的重点领域。以服务贸易为主的产业先行发展是强化数字经济的重要基础。

（一）推动研发设计、营销推广、商务咨询等服务的贸易数字化转型

北京是新一轮服务业扩大开放综合试点城市，积累了大量高质量推进制度型开放的先进经验，可以北京为核心，以上海、海南、杭州等服务贸易和数字经济发展基础较好的地区为节点，深入推进服务贸易创新发展试点工作，择优设立数字经济产业先行区。

（二）数字经济产业先行区应推动数字全产业链发展，拓展数字服务贸易发展空间

应强化数字技术与服务贸易深度融合，创新"数字+服务"供给模式。先行区应聚焦大数据、云计算、物联网等数字经济重点产业，统筹规划数字产业特色园区；培育数字产业集群，招引上下游核心配套项目，补齐断链断供环节，构建

大中小微企业协同共生的数字经济产业生态；培育数字经济领航企业，深度融入、高度嵌入全球供应链、产业链和价值链，提升全球要素资源配置能力、国际市场网络布局能力。

（三）先行区应推进管理体制机制改革，打造数字服务贸易开放高地

高水平建设国家数字服务出口基地。实施跨境数字贸易负面清单管理模式，健全技术贸易促进体系；加大开放压力测试，对接国际高标准经贸规则；研究制定数字贸易知识产权保护指南，研究出台数字贸易标准框架，引领建立电子认证、在线交易、跨境支付、跨境物流、通关、商检等标准规范。

四、创设互利共赢的数字经济国际合作新平台

率先推动制度联通是促进数字经济开放发展的必然要求，以制度联通为基础推动数字经济国际合作区建设是筑牢数字经济全球共建共享的重要基石。"十四五"时期，中国应继续以"一带一路"建设为引领，推动构建高标准自由贸易区网络和境内自贸试验区，提供数字经济开放合作制度框架的中国方案。

（一）应立足境内自由贸易试验区，率先对接数字经济国际标准

境内自贸试验区可作为联通国内外制度框架的关键节点，可以在有条件的自贸试验区推动数字经济国际合作的压力测试。海南自由贸易港、上海自贸试验区、广东自贸试验区、浙江自贸试验区等地区应择优设立数字经济国际合作区，鼓励企业、高校、科研机构、社会组织等开展国际科技合作，支持互联网企业加强国际市场拓展合作，积极参与数字经济领域国际标准制定，持续提升数字技术和数字产品的国际竞争力。

（二）自贸试验区积极开展数字经济"沙盒监管"试点

对标 CPTPP、USMCA 等高标准自由贸易协定中数字经济开放条款，聚焦人工智能、智能网联、自动驾驶、金融科技等领域，率先采用"沙盒监管"这一包容性较高的方式，对风险较大的创新项目进行先行试点，探索建立可复制、可推广的数字经济国际合作监管制度框架。

（三）推动与共建"一带一路"国家和地区联合制定区域数字经济制度，催生跨境制度联通新优势

以 RCEP 全面生效为契机，我国应加快推动与共建"一带一路"国家和地区深化数字经济国际合作，依托亚洲基础设施投资银行等机构，实施数字经济区域合作示范项目和工程；推动共建区域联合数字经济合作信息港，搭建区域数字经济战略联盟，共建网络空间命运共同体。

五、打造数字技术核心领域的全球创新高地

推动数字技术发展是促进数字经济创新发展的关键，以数字技术为引领推动数字经济关键领域和核心技术的自立自强，是促进发展中国家数字经济发展的根本保障。中国应坚持企业创新主体地位，深化产学研结合，重点发挥北京国家级金融科技示范区、上海浦东新区的引领作用和国家数字经济创新发展试验区的先行作用，加快推进数字技术研发和应用体制机制改革。

（一）平衡数字技术创新与监管，构建数据驱动型产业创新体系

数字经济创新发展试验区聚焦人工智能、区块链、量子信息、数字孪生、机器人流程自动化等，部署重点研发计划项目，开展数据确权、采集共享、交易流通、跨境传输等关键共性数字技术标准研制；促进数据要素与制造业、金融业深度融合，丰富数据应用场景，强化数据驱动原始创新，培育多元、开放、共享、共赢的数据技术产业生态体系。

（二）推进数据共享机制，提升数据生产要素配置效率

各级政府应探索实施政务数据开放共享"负面清单"管理模式，完善公共数据资源目录体系，构建政府开放数据应用程序编程接口（Application Programming Interface，API），推进公共数据资源的统一采集、集中存储、集中管理、分级分类、依法有序公开；逐步打通政府和企业间数据流通通道，促进协同创新。企业和政府应共同致力于探索完善数字中小企业的国际对话机制，以数字技术为支撑打造高水平开放的功能型信息共享平台，共享投资、采购需求等信息。

本章复习题

一、简答题

1. 数字技术的发展带来了哪些社会经济问题？有什么表现？

2. 中国数字经济制度与规则建设在哪些方面可以为世界提供经验？

3. 运用国际贸易理论解释中国与 DEPA 成员国之间的贸易结构？

4. 近年来中国政府推动数字经贸规则开发的举措对全球数字经贸治理有何意义？

5. 与 DEPA 相比，我国在数字经贸规则哪些方面需进一步提升？

二、案例分析

请阅读以下材料，回答问题。

"数字丝绸之路" 重在规则建设

"数字丝绸之路" 正成为推动新型全球化的数字桥梁。但是，目前大部分共建 "一带一路" 国家和地区仍处于数字化转型的起步期，巨大的数字增长潜能有待释放，特别是相关数字治理规则滞后已成为制约其经济发展的主要短板。为此，亟待构建适合 "一带一路" 发展的数字治理规则框架，助力建设互联互通的 "数字丝绸之路"，共同促进更具包容性和可持续性的新型全球化。

近年来，经济全球化严重受阻。然而，以数字化驱动为特征的新一轮全球化却保持高速增长，正在重塑全球化格局。数字化驱动新一轮经济全球化，表现为数据跨境流动与数字贸易大幅增长。

据研究，2009～2018 年，全球数据跨境流动对全球经济增长贡献度高达10.1%，预计 2025 年数据跨境流动对全球经济增长贡献有望突破 11 万亿美元。数据流动支撑了商品、服务、资本、物流等几乎所有类型的全球化活动，成为推动经济全球化的重要力量，数字贸易超越传统贸易成为国际贸易新引擎。

我国亟待构建数字经济规则框架是为把握重构全球价值链、产业链、供应链的新机遇。全球正处于新一轮科技及产业革命爆发期，中国信通院发布的《全球数字经济白皮书》显示，2020 年全球数字经济规模达到 32.6 万亿美元，同比名义增长 3.0%，占 GDP 的比重为 43.7%。联合国贸易和发展会议数据显示，2019年全球数字服务贸易（出口）规模达到 31925.9 亿美元，逆势增长 3.75%，增速超过同期货物贸易和服务贸易，占全球贸易比重上升至 12.9%。新冠病毒感染疫情加速了全球数字化转型，共建 "一带一路" 国家和地区也面临着打破发展失衡、弥补 "数字鸿沟" 和实现数字化转型的历史机遇。

我国数字红利转化为 "一带一路" 区域红利空间巨大。2020 年我国数字经济规模达到 39.2 万亿元，占 GDP 的比重为 38.6%，同比名义增长 9.7%，由2005 年的 14.2% 提升至 2020 年的 38.6%。2014～2020 年，我国数字经济对 GDP的增长始终保持在 50% 以上的贡献率，成为驱动经济增长的核心关键力量。在跨境电子商务方面，我国更具有先发优势。

我国正寻求突破战略围堵与 "规则合围" 的重要路径选择。数据、算力、算法等正在重新定义数字时代的关键生产力，数字技术、数字规则、数字主权等正在成为大国博弈的新焦点。近年来，各国围绕 "数字主权" 的利益诉求、立场分歧与博弈全面展开，美日欧等纷纷行使立法、执法和司法管辖权，为数字空间 "定规立制"。从国内局势来看，当前我国数字贸易规模占数字经济总产值不到 1%，大型平台企业全球竞争力对比差距较大，平台企业海外业务收入占比较低。

我国数字治理规则体系仍不完善，仍处于国际谈判博弈相对弱势的地位。近年来，我国跨境电子商务、数字贸易、数字基础设施等新业态、新技术发展进入快车道。以数字贸易为例，"十四五"期间数字贸易进出口总额有望超过 4500 亿美元，占对外贸易总额的 7% 以上。然而，与发展速度和规模不尽相称的是，数字贸易发展的相关基础性制度尚不完善，规制谈判的话语权不足。目前，我国已与 26 个国家和地区签订了 19 个自由贸易协定（Free Trade Agreement，FTA），但只有 2015 年后的 7 个缔结 FTA 包含议题有限的电子商务章节，另有 8 个包含电子商务议题的 FTA 处于谈判中。这些电子商务章节涵盖了数字产品待遇、数字便利化等电子商务传统议题，但对数据跨境流动、个人隐私保护、源代码与知识产权、数字服务市场准入等新议题覆盖不够或未有涉及，不仅缺乏数字贸易规则与谈判策略的体系性设计，而且主要立场与高标准规则存在较大差距，在多边、双边数字贸易规则谈判博弈中处于话语权相对弱势的地位。

（选自《经济日报》，2021 年 8 月 19 日）

1. 结合材料说明中国政府推动数字经济开放的相关举措。
2. 结合材料说明 DEPA 对中国的机遇与挑战。
3. 结合本章内容与上述材料，提出推动更高水平数字经济开放的政策建议。

参考文献

［1］ Adlung R, Mamdouh H. How to Design Trade Agreements in Services: Top down or Bottom up? ［J］. Journal of World Trade, 2014, 48 (2): 191-218.

［2］ Ahmed P K, Hardaker G. The Role of On-line Communities on the Internet for Sustainable Development ［J］. Business Strategy and the Environment, 1999, 8 (1): 75-81.

［3］ Amuso V, Poletti G, Montibello D. The Digital Economy: Opportunities and Challenges ［J］. Global Policy, 2020, 11 (1): 124-127.

［4］ Bukht R, Heeks R. Defining, Conceptualising and Measuring the Digital Economy ［R］. GDI Development Informatics Working Papers, No. 68, 2017.

［5］ Bygrave L A. Privacy and Data Protection in an International Perspective ［J］. Scandinavian Studies in Law, 2010, 56 (8): 165-200.

［6］ Farrell J, Katz M L. Competition or Predation? Schumpeterian Rivalry in Network Markets ［R］. UC Berkeley Competition Policy Center Working Paper, No. CPC01-23, 2001.

［7］ Gilder G. Telecoms: The World after Bandwidth Abundance ［M］. New York: Simon and Schuster, 2000.

［8］ Gordon R J. Does the "New Economy" Measure up to the Great Inventions of the Past? ［J］. Journal of Economic Perspectives, 2000, 14 (4): 49-74.

［9］ Gordon R J. The Rise and Fall of American Growth ［M］. New York: Princeton University Press, 2017.

［10］ Gupta M, George J F. Toward the Development of a Big Data Analytics Capability ［J］. Information and Management, 2016, 53 (8): 1049-1064.

［11］ Haucap J, Heimeshoff U. Google, Facebook, Amazon, eBay: Is the Internet Driving Competition or Market Monopolization? ［J］. International Economics and Economic Policy, 2014, 11 (2): 49-61.

［12］ Heeks R. Researching ICT-based Enterprise in Developing Countries

〔R〕. Development Informatics Working Paper 30, IDPM, University of Manchester, UK, 2008.

〔13〕 Hui K L, Chau P Y K. Classifying Digital Products 〔J〕. Communication of the ACM, 2002, 45 (6): 73-79.

〔14〕 International Telecommunications Union (ITU). How Can We Close the Digital Gender Gap? 〔C〕. Geneva: ITU, 2016.

〔15〕 Internet Association. Modernizing NAFTA for Today's Economy 〔EB/OL〕. 〔2017-07-10〕. https://internetassociation.org/.

〔16〕 Knickrehm M, Berthon B, Daugherty P. Digital Disruption: The Growth Multiplier 〔R〕. Dublin: Accenture, 2016.

〔17〕 Korka D. Project on Measuring Exports of ICT-enabled Services 〔R〕. Geneva: United Nations Conference on Trade and Development (UNCTAD), 2018.

〔18〕 Lane N. Advancing the Digital Economy into the 21st Century 〔J〕. Information Systems Frontiers, 1999, 1 (3): 317-320.

〔19〕 Margherio L, et al. The Emerging Digital Economy 〔R〕. Washington D. C.: Department of Commerce, 1999.

〔20〕 Mesenbourg T L. Measuring the Digital Economy 〔R〕. Washington D. C.: U. S. Bureau of the Census, 2001.

〔21〕 Rechkoski R. The Importance of National Cyber Security Strategy of the Republic of Macedonia 〔J〕. International Journal of Publication and Social Studies, Asian Economic and Social Society, 2020, 5 (1): 69-78.

〔22〕 Shapiro C, Varian H R. Information Rules: A Strategic Guide to the Network Economy 〔M〕. Cambridge: Harvard Business School Press, 1998.

〔23〕 Tapscott D. The Digital Economy: Promise and Peril in the Age of Networked Intelligence 〔M〕. New York: McGraw-Hill, 1996.

〔24〕 United Nations Conference on Trade and Development (UNCTAD). Maximizing the Development Gains from E-Commerce and the Digital Economy 〔R〕. Geneva: UNCTAD, 2017.

〔25〕 United Nations Conference on Trade and Development (UNCTAD). Information Economy Report 2017: Digitalization, Trade and Development 〔R〕. Geneva: UNCTAD, 2017.

〔26〕 白洁, 张达, 王悦. 数字贸易规则的演进与中国应对 〔J〕. 亚太经济, 2021 (5): 53-61.

〔27〕 白洁, 张达. 数字贸易规则研究: 演进、启示与对策 〔C〕. 新兴经济体

研究会 2018 年会暨第 6 届新兴经济体论坛，2018.

［28］陈红娜.国际数字贸易规则谈判前景与中国面临的挑战［J］.新经济导刊，2021（1）：15-20.

［29］陈寰琦，周念利.从 USMCA 看美国数字贸易规则核心诉求及与中国的分歧［J］.国际经贸探索，2019，35（6）：104-114.

［30］陈健，陈志.数字技术重塑全球贸易：我国的机遇与挑战［J］.科技中国，2020（5）：57-59.

［31］陈洁，曾磊.网络犯罪全球治理的现实挑战及应对之策［J］.西南大学学报（社会科学版），2021，47（4）：48-58+228.

［32］陈儒丹.WTO 框架下数字产品在线跨境交易的法律性质［J］.法学，2008（7）：87-94.

［33］陈维涛，朱柿颖.数字贸易理论与规则研究进展［J］.经济学动态，2019（9）：114-126.

［34］陈禹，王明明.信息经济学教程：第 2 版［M］.北京：清华大学出版社，2011.

［35］陈月华，陈发强，王佳实.新型智慧城市网络安全发展探析［J］.信息安全研究，2022（9）：947-951.

［36］程军军，杜少雄，姚轶崭.对数字经济环境下数据安全与开放共享的思考［J］.中国信息安全，2021（5）：52-54.

［37］戴艺晗.WTO 数字贸易政策与区域主义多边化进程［J］.国际贸易，2021（11）：15-22+43.

［38］杜江萍，薛智韵，高平.数字产品免费价格策略探析［J］.企业经济，2005（5）：61-63.

［39］段平方，候淑娟.基于美式模板和欧式模板下中国数字贸易规则体系的构建［J］.南华大学学报（社会科学版），2019，20（5）：51-59.

［40］范文彬.数字经济视角下我国知识产权保护问题研究［J］.法制博览，2021（23）：6-9.

［41］方元欣.数据本地化政策的全球博弈分析［J］.中国信息化，2019（12）：101-104.

［42］冯洁菡，周濛.跨境数据流动规制：核心议题、国际方案及中国因应［J］.深圳大学学报（人文社会科学版），2021，38（4）：88-97.

［43］高凌云，樊玉.全球数字贸易规则新进展与中国的政策选择［J］.国际经济评论，2020（2）：8+162-172.

［44］高媛，王涛.TISA 框架下数字贸易谈判的焦点争议及发展趋向研

判 [J]. 国际商务（对外经济贸易大学学报），2018（1）：149-156.

［45］桂学文，陈雪.我国数字产品研究综述［J］.济源职业技术学院学报，2007（1）：1-4+36.

［46］郭玉军，张函.WTO 体制下数字产品的法律规制［J］.求索，2007（1）：84-87.

［47］何帆，刘红霞.数字经济视角下实体企业数字化变革的业绩提升效应评估［J］.改革，2019（4）：137-148.

［48］黄宁，李杨."三难选择"下跨境数据流动规制的演进与成因［J］.清华大学学报（哲学社会科学版），2017，32（5）：172-182+199.

［49］黄先海，王瀚迪.数字产品进口、知识存量与企业数字创新［J］.浙江大学学报（人文社会科学版），2022，52（2）：28-43.

［50］韩兆安，吴海珍，赵景峰.数字经济驱动创新发展——知识流动的中介作用［J］.科学学研究，2022，40（11）：2055-2064+2101.

［51］江涛，王号杰.数字贸易壁垒：一种新型的贸易限制措施［J］.中国商论，2022（5）：66-69.

［52］金丹凤.网络经济下的数字产品定价策略［J］.市场周刊：理论研究，2006（8）：54-55.

［53］荆文君，孙宝文.数字经济促进经济高质量发展：一个理论分析框架［J］.经济学家，2019（2）：66-73.

［54］卡尔·夏皮罗，哈尔·R.范里安.信息规则：网络经济的策略指导［M］.张帆，译.北京：中国人民大学出版社，2002.

［55］柯静.WTO 电子商务谈判与全球数字贸易规则走向［J］.国际展望，2020，12（3）：43-62+154-155.

［56］李春发，李冬冬，周驰.数字经济驱动制造业转型升级的作用机理——基于产业链视角的分析［J］.商业研究，2020（2）：73-82.

［57］李墨丝.超大型自由贸易协定中数字贸易规则及谈判的新趋势［J］.上海师范大学学报（哲学社会科学版），2017，46（1）：100-107.

［58］李娜，谭寒冰.WTO 规则下的中美数字贸易立场与启示［J］.对外经贸实务，2020（8）：49-52.

［59］李倩倩.构建网络犯罪全球治理的路径［J］.法制博览，2022（3）：154-156.

［60］李晓华."新经济"与产业的颠覆性变革［J］.财经问题研究，2018（3）：3-13.

［61］李晓华.数字技术推动下的服务型制造创新发展［J］.改革，2021

（10）：72-83.

[62] 李晓华. 数字经济新特征与数字经济新动能的形成机制 [J]. 改革，2019（11）：40-51.

[63] 刘晨哲，宾建成. 数字贸易国际规则的进展与中国应对 [J]. 中国经贸导刊（中），2021（9）：18-19.

[64] 刘宏松，程海烨. 跨境数据流动的全球治理——进展、趋势与中国路径 [J]. 国际展望，2020（6）：65-88+148-149.

[65] 刘佳琪，孙浦阳. 数字产品进口如何有效促进企业创新——基于中国微观企业的经验分析 [J]. 国际贸易问题，2021（8）：38-53.

[66] 刘亚军，邵思蒙. FTA 中数字知识产权规则研究 [J]. 北方法学，2020，14（2）：108-117.

[67] 刘毅群，章昊渊，吴硕伟. 美欧数字贸易规则的新主张及其对中国的启示 [J]. 学习与实践，2020（6）：49-56.

[68] 罗秦. 国际税收治理从双边到多边的演进：新格局、新挑战及新趋势 [J]. 国际税收，2021（1）：20-26.

[69] 吕国民. WTO 对数字化产品贸易的规制问题探析 [J]. 河北法学，2006（8）：38-41.

[70] 吕晗. 国际贸易知识产权数字壁垒研究 [J]. 技术经济与管理研究，2021（10）：26-31.

[71] 毛丰付，张帆. 中国地区数字经济的演变：1994～2018 [J]. 数量经济技术经济研究，2021，38（7）：3-25.

[72] 裴长洪，倪江飞，李越. 数字经济的政治经济学分析 [J]. 财贸经济，2018，39（9）：5-22.

[73] 彭德雷，张子琳. RCEP 核心数字贸易规则及其影响 [J]. 中国流通经济，2021，35（8）：18-29.

[74] 彭云. 大数据环境下数据确权问题研究 [J]. 现代电信科技，2016，46（5）：17-20.

[75] 齐俊妍，高明. 服务业开放的边境内措施对服务贸易的影响：基于 OECD-STRI 数据库的经验分析 [J]. 世界经济研究，2019（2）：37-48+135-136.

[76] 齐俊妍，任奕达. 东道国数字经济发展水平与中国对外直接投资——基于"一带一路"沿线 43 国的考察 [J]. 国际经贸探索，2020，36（9）：55-71.

[77] 裘莹，郭周明. 数字经济推进我国中小企业价值链攀升的机制与政策

研究 [J]. 国际贸易, 2019 (11): 12-20+66.

[78] 裴莹, 袁红林, 戴明辉. DEPA 数字贸易规则创新促进中国数字价值链构建与演进研究 [J]. 国际贸易, 2021 (12): 34-42.

[79] 阙天舒, 王子玥. 数字经济时代的全球数据安全治理与中国策略 [J]. 国际安全研究, 2022 (1): 130+154-158.

[80] 任吉蕾, 孟月明. 国际数字贸易及规则新动向研究 [J]. 东北亚经济研究, 2022, 6 (1): 109-120.

[81] 沈费伟, 诸靖文. 数据赋能: 数字政府治理的运作机理与创新路径 [J]. 政治学研究, 2021 (1): 104-115+158.

[82] 沈玉良, 金晓梅. 数字产品、全球价值链与国际贸易规则 [J]. 上海师范大学学报 (哲学社会科学版), 2017, 46 (1): 90-99.

[83] 沈玉良, 彭羽, 马源. 塑造面向数字贸易的国际经贸新规则 [N]. 中国经济时报, 2019-11-08 (005).

[84] 盛斌, 高疆. 超越传统贸易: 数字贸易的内涵、特征与影响 [J]. 国外社会科学, 2020 (4): 18-32.

[85] 石磊, 王舟. 当前全球数字贸易国际规则的新发展及中国的应对策略 [J]. 价格月刊, 2021 (10): 67-72.

[86] 孙超群, 胡承武. 计算机网络犯罪的立法现状及完善对策 [J]. 法制博览, 2021 (26): 132-133.

[87] 孙玉琴, 卫慧妮. "一带一路" 背景下中国与中东欧国家开展数字贸易的思考 [J]. 国际贸易, 2022 (1): 76-87.

[88] 孙志燕, 郑江淮. 从 "低成本" 优势向数字经济大国优势转变的政策选择 [J]. 改革, 2021 (12): 59-68.

[89] 汤霞. 数据安全与开放之间: 数字贸易国际规则构建的中国方案 [J]. 政治与法律, 2021 (12): 26-38.

[90] 汤扬, 武悦, 董晓颖. 全球数字贸易规则发展趋势及我国基本对策 [J]. 互联网天地, 2022 (3): 12-17.

[91] 王亮. 美国自贸协定中的电子商务条款研究 [D]. 重庆: 西南政法大学, 2017.

[92] 王梦颖, 张诚. 数字产品进口与服务出口升级——基于跨国面板的分析 [J]. 国际经贸探索, 2021, 37 (8): 38-52.

[93] 王蕊, 潘怡辰, 袁波, 等. 从 CPTPP 与 RCEP 差异看我国应对数字贸易规则竞争的思路 [J]. 国际贸易, 2022 (3): 12-18.

[94] 王世伟. 论信息安全、网络安全、网络空间安全 [J]. 中国图书馆学

报，2015，41（2）：72-84.

[95] 王中美.跨境数据流动的全球治理框架：分歧与妥协 [J].国际经贸探索，2021，37（4）：98-112.

[96] 翁国民，宋丽.《美墨加协定》对国际经贸规则的影响及中国之因应——以 NAFTA 与 CPTPP 为比较视角 [J].浙江社会科学，2020（8）：20-29+44+155-156.

[97] 夏杰长，王鹏飞.数字经济赋能公共服务高质量发展的作用机制与重点方向 [J].江西社会科学，2021，41（10）：2+38-47+254.

[98] 项莹，杨华.数字产品中间投入与健康服务业发展研究 [J].社会科学战线，2018（4）：95-103.

[99] 谢康，肖静华，赵刚.电子商务经济学 [M].北京：电子工业出版社，2003.

[100] 谢新洲，朱垚颖.信息资源管理视角下的欧盟数字版权保护研究 [J].信息资源管理学报，2020，10（6）：60-70.

[101] 熊鸿儒，马源，陈红娜，等.数字贸易规则：关键议题、现实挑战与构建策略 [J].改革，2021（1）：65-73.

[102] 熊鸿儒，田杰棠.突出重围：数据跨境流动规则的"中国方案"[J].人民论坛·学术前沿，2021（17）：54-62.

[103] 徐德顺，马凡慧.基于 RTA 研究全球数字贸易规则演进特点与中国方略 [J].对外经贸实务，2021（4）：4-9.

[104] 徐金海，周蓉蓉.数字贸易规则制定：发展趋势、国际经验与政策建议 [J].国际贸易，2019（6）：61-68.

[105] 阎学通，徐舟.数字时代初期的中美竞争 [J].国际政治科学，2021，6（1）：24-55.

[106] 杨文溥.数字经济与区域经济增长：后发优势还是后发劣势？[J].上海财经大学学报，2021，23（3）：19-31+94.

[107] 杨泽瑞.DEPA 对亚太合作意味着什么 [J].世界知识，2020（23）：68-69.

[108] 叶海君.跨境数据流动的国际规制研究 [D].泉州：华侨大学，2020.

[109] 伊万·沙拉法诺夫，白树强.WTO 视角下数字产品贸易合作机制研究——基于数字贸易发展现状及壁垒研究 [J].国际贸易问题，2018（2）：149-163.

[110] 易宪容，陈颖颖，位玉双.数字经济中的几个重大理论问题研究——基于现代经济学的一般性分析 [J].经济学家，2019（7）：23-31.

［111］于欢，姚莉，何欢浪.数字产品进口如何影响中国企业出口技术复杂度［J］.国际贸易问题，2022（3）：35-50.

［112］于鹏.WTO电子商务规则谈判新进展及前景［J］.中国经贸导刊，2019（22）：19-22.

［113］于永茁.网络环境下计算机信息安全与合理维护探讨［J］.网络安全技术与应用，2022（9）：168-169.

［114］余东华，李云汉.数字经济时代的产业组织创新——以数字技术驱动的产业链群生态体系为例［J］.改革，2021（7）：24-43.

［115］余加喜，陈虎.论数字经济时代国内税法和国际税法的良性互动［J］.税务研究，2020（1）：91-95.

［116］余江，靳景，温雅婷.转型背景下公共服务创新中的数字技术及其创新治理：理论追溯与趋势研判［J］.科学学与科学技术管理，2021，42（2）：45-58.

［117］俞明南，鲍琳琳.数字产品的经济特征分析［J］.情报杂志，2008（7）：105-107.

［118］袁红，陈伟哲.数字产品成本结构的特殊性及其应用［J］.情报杂志，2007（10）：123-125.

［119］岳云嵩，霍鹏.WTO电子商务谈判与数字贸易规则博弈［J］.国际商务研究，2021，42（1）：73-85.

［120］张焕国，韩文报，来学嘉，等.网络空间安全综述［J］.中国科学：信息科学，2016，46（2）：125-164.

［121］张如旭.威胁信息蓝皮报告的七大关键点［J］.计算机与网络，2021，47（24）：46-47.

［122］张幼文.生产要素的国际流动与全球化经济的运行机制——世界经济学的分析起点与理论主线［J］.世界经济研究，2015（12）：3-11+124.

［123］赵龙跃，高红伟.中国与全球数字贸易治理：基于加入DEPA的机遇与挑战［J］.太平洋学报，2022，30（2）：13-25.

［124］赵旸頔，彭德雷.全球数字经贸规则的最新发展与比较——基于对《数字经济伙伴关系协定》的考察［J］.亚太经济，2020（4）：58-69+149.

［125］中国信息通信研究院.G20国家数字经济发展研究报告（2018年）［R/OL］.（2018-12-19）.http：//www.caict.ac.cn/kxyj/qwfb/bps/201812/t20181218_190857.htm.

［126］中国信息通信研究院.中国数字经济发展白皮书（2017年）［R/OL］.（2017-07-13）.http：//www.caict.ac.cn/kxyj/qwfb/bps/201804/t20180426_158452.htm.

［127］周念利，李玉昊.数字知识产权规则"美式模板"的典型特征及对中国的挑战［J］.国际贸易，2020（5）：90-96.

［128］周念利，于美月.中国应如何对接 DEPA——基于 DEPA 与 RCEP 对比的视角［J］.理论学刊，2022（2）：55-64.

［129］张铭洪.对网络经济条件下垄断模式的理论诠释［J］.经济研究参考，2002（63）：7-31.

［130］张铭洪，陈蓉.数字产品定价策略［J］.商业时代，2002（7）：88-89.

［131］张夏恒.移动电子商务生态系统构建路径研究［J］.北京邮电大学学报（社会科学版），2016，18（1）：40-44.

［132］上海社会科学院互联网研究中心.全球数据跨境流动政策与中国战略研究报告［R］.2019.